航海数学

HANGHAI SHUXUE

主　编　张　峰
副主编　李洪岩　王在高
主　审　雷长森

合肥工業大學出版社

图书在版编目(CIP)数据

航海数学/张峰主编．—合肥：合肥工业大学出版社，2016．3
ISBN 978-7-5650-2668-3

Ⅰ．①航… Ⅱ．①张… Ⅲ．①航海学—应用数学—高等职业教育—教材 Ⅳ．①U675．11

中国版本图书馆CIP数据核字(2016)第032173号

航海数学

张　峰　主编　　　　责任编辑　张择瑞

出　版	合肥工业大学出版社	版　次	2016年3月第1版
地　址	合肥市屯溪路193号	印　次	2016年4月第1次印刷
邮　编	230009	开　本	787毫米×1092毫米　1/16
电　话	理工编辑部：0551-62903204	印　张	9．75
	市场营销部：0551-62903198	字　数	235千字
网　址	www．hfutpress．com．cn	印　刷	安徽昶颉包装印务有限责任公司
E-mail	hfutpress@163．com	发　行	全国新华书店

ISBN 978-7-5650-2668-3　　　　定价：20．00元

前　言

航海职业教育系列教材是交通部科教司为适应《STCW78/95公约》和我国海事局颁发的《中华人民共和国海船船员适任考试、评估和发证规则》而组织编写的。《航海数学》是航海类专业学生必修的一门专业基础课，是学生学习航海专业知识所必需的工具。本教材基于高职高专教育的特殊性、层次教学的要求和课程的特点，结合学生自身特点，同时依据交通部科教司颁发的《航海职业教育教学计划和教学大纲》（高职教育），在不违背科学性、系统性的前提下，尽量淡化数学的严密性，减少理论论证，提供直观、通俗的说明和解释，同时坚持必需够用的原则而编写。书中带 * 部分为选学部分。

本教材的特点：

（1）基础性：以一元函数微积分和多元函数微分学的基本知识和计算技能为主线，注重培养学生应用数学的意识、兴趣和计算能力，注重培养学生学会用数学的思维方式分析解决实际问题的能力。重视理论联系实际，强调工具的运用，重视学生能够将所学的基础理论与专业知识融会贯通，灵活地综合应用于后续的专业课程和工作中，为今后学习和工作打下坚实的数学基础。

（2）专业性：以球面几何、球面三角为主要教学内容，注重让学生掌握与航海专业知识相关的必需够用的数学知识和方法，培养学生能运用数学知识和方法分析解决专业学习过程中遇到的与数学有关的问题的能力，特别是要求学生掌握航程和航向的计算。

本教材的第一章由安徽交通职业技术学院李洪岩编写，第二章由安徽交通职业技术学院王敬丰编写，第三章由安徽交通职业技术学院张峰编写，第四章由安徽交通职业技术学院王在高、刘超（其中王在高编写第一节至第四节，刘超编写第五节至第六节）编写。全书由张峰统稿，由雷长森审稿。感谢安徽交通职业技术学院祖济胜和福建交通职业技术学院唐寒秋的大力支持！

由于作者水平有限，书中难免存在错误与不足之处，恳请使用人员批评指正。

编　者

2016年3月

目　　录

第一章　函数的极限与连续

第一节　预备知识

一、基本初等函数

我们在中学阶段学习过函数的定义，讨论了函数的单调性、奇偶性、周期性和有界性等函数的性质，为了学习方便，现简要复习一下关于函数的有关知识.

定义 1.1.1　设数集 $D \subset R$，若对 $\forall x \in D$，通过一法则 f，总有唯一的 y 与之对应，则称 $f: D \to R$ 为定义在 D 上的函数，通常简记为

$$y = f(x), x \in D,$$

其中 x 称为自变量，y 称为因变量，D 称为定义域，记作 D. 所有的 y 构成的集合称为值域.

注：

(1) 记号 f 和 $f(x)$ 不同

前者表示自变量 x 和因变量 y 之间的对应法则，而后者表示与自变量 x 对应的函数值. 但为了叙述方便，习惯上常用记号“$f(x), x \in D$”或“$y = f(x), x \in D$”来表示定义在 D 上的函数，这时应理解为由它所确定的函数 f.

(2) 函数符号

函数 $y = f(x)$ 中表示对应关系的记号 f 也可改用其他字母，例如“F”“φ”等. 此时函数就记作 $y = \varphi(x), y = F(x)$.

(3) 函数的两要素

函数是从实数集到实数集的映射，其值域总在 R 内，因此构成函数的要素是定义域 D_f 及对应法则 f. 如果两个函数的定义域相同，对应法则也相同，那么这两个函数就是相同的，否则就是不同的. 例如：$y = \sqrt{x^2}$ 和 $y = |x|$ 是同一函数，而 $y = \dfrac{x^2 - 1}{x - 1}$ 和 $y = x + 1$ 不是同一个函数.

(4) 函数的定义域

函数的定义域通常按以下两种情形来确定：一种是对有实际背景的函数，根据实际背景中变量的实际意义确定；另一种是解析式表达的函数，定义域应该是式子有意义.

(5) 定义域的表示方法

定义域的表示方法有集合法、区间法. 在区间表示法中有一种特殊的表示方法 ——

领域.

定义 1.1.2 在数轴上,以点 a 为中心,某个正数 δ 为半径的小开区间称为点 a 的邻域,记作 $U(a,\delta)$ 或 $U(a)$. 即开区间 $(a-\delta,a+\delta)$ 为点 a 的 δ 邻域,

$$U(a,\delta)=\{x \mid a-\delta<x<a+\delta\}.$$

去心邻域 $\mathring{U}(a,\delta)$:$\mathring{U}(a,\delta)=\{x \mid 0<|x-a|<\delta\}$.

例 1 求下列函数的定义域:

(1) $y=\dfrac{1}{x^2-1}+\sqrt{1-x^2}$;

(2) $y=\lg\dfrac{x}{x-2}$.

解 (1) 由题知:$x^2-1\neq 0$ 且 $1-x^2\geqslant 0$,得定义域 $\{x \mid -1<x<1\}$;

(2) 由题知:$\dfrac{x}{x-2}>0$,得定义域 $(-\infty,0)\cup(2,+\infty)$.

二、初等函数

1. 反函数

设 $y=f(x)$,$x\in D$,$y\in W$,如果 $\forall y\in W$,通过法则 f^{-1},总有唯一的 $x\in D$ 与之对应,则 $x=f^{-1}(y)$,$y\in W$,$x\in D$ 称为反函数.

2. 基本初等函数

常数函数:$y=C$;

幂函数:$y=x^u$($u\in R$ 是常数);

指数函数:$y=a^x$($a>0$ 且 $a\neq 1$);

对数函数:$y=\log_a x$($a>0$ 且 $a\neq 1$,特别当 $a=\mathrm{e}$ 时,记为 $y=\ln x$);

三角函数:$y=\sin x$,$y=\cos x$,$y=\tan x$,$y=\cot x$,$y=\sec x$,$y=\csc x$;

反三角函数:$y=\arcsin x$,$y=\arccos x$,$y=\arctan x$,$y=\mathrm{arccot}\, x$.

具体见表 1.1.1.

3. 四则运算

设 $f(x)$,$x\in D_1$;$g(x)$,$x\in D_2$,且 $D_1\cap D_2\neq\varphi$,则在 $D_1\cap D_2$ 内,$f(x)$ 和 $g(x)$ 可以进行四则运算,分母不能为零.

由基本初等函数经过有限次的四则运算所得到的函数称为简单函数. 例如:$y=3\cdot 2^x-1$.

4. 复合函数

设 $y=f(u)$,$u\in D_1$;$u=g(x)$,$x\in D_2$,$u\in W_2$,当 $W_2\in D_1$ 时,$y=f[g(x)]$ 称为由 $y=f(u)$ 以及 $u=g(x)$ 复合而成的复合函数. 其中 u 称为中间变量.

注:如果有多个函数复合,中间变量可用 $u,v,w\cdots$

表 1.1.1

函数		定义域、值域	图像	特性
幂函数	$y = x$	$x \in (-\infty, +\infty)$ $y \in (-\infty, +\infty)$	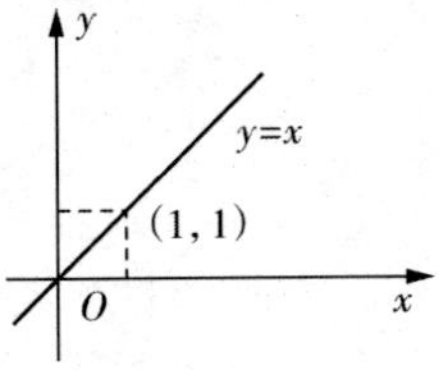	奇函数，单调增加
	$y = x^2$	$x \in (-\infty, +\infty)$ $y \in [0, +\infty)$	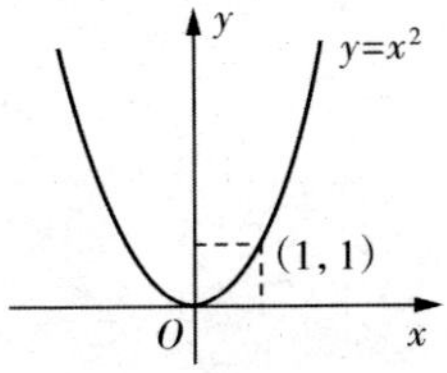	奇函数，在$(-\infty, 0)$内单调减少，在$(0, +\infty)$内单调增加
	$y = x^3$	$x \in (-\infty, +\infty)$ $y \in (-\infty, +\infty)$	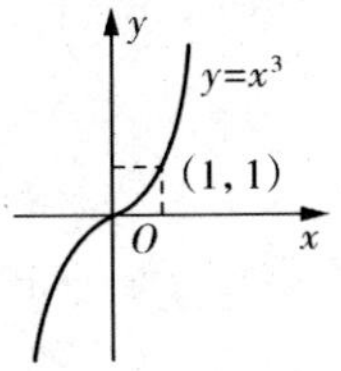	奇函数，在$(-\infty, +\infty)$内单调增加
	$y = x^{-1}$	$x \in (-\infty, 0) \cup (0, +\infty)$ $y \in (-\infty, 0) \cup (0, +\infty)$	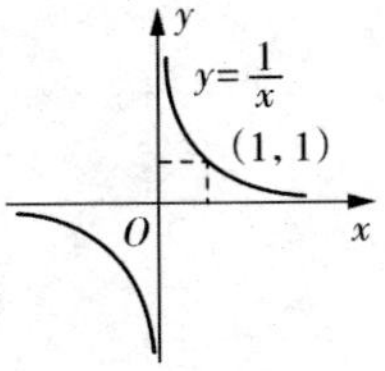	奇函数，单调减少
	$y = x^{\frac{1}{2}}$	$x \in [0, = \infty)$ $y \in [0, = \infty)$	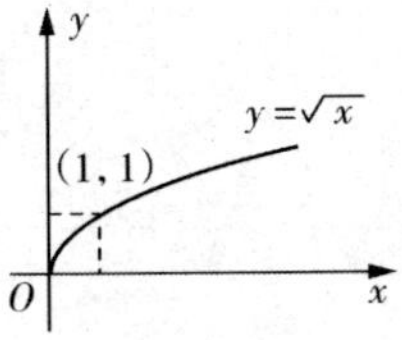	单调增加
指数函数	$y = a^x$ $(a > 1)$	$x \in (-\infty, +\infty)$ $y \in (0, +\infty)$	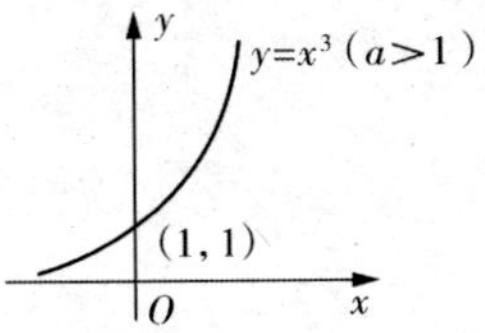	单调增加
	$y = a^x$ $(0 < a < 1)$	$x \in (-\infty, +\infty)$ $y \in (0, +\infty)$	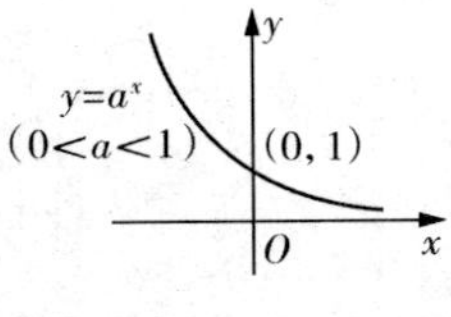	单调减少

(续表)

函数		定义域、值域	图像	特性
对数函数	$y=\log_a x$ $(a>0)$	$x\in(0,+\infty)$ $y\in(-\infty,+\infty)$	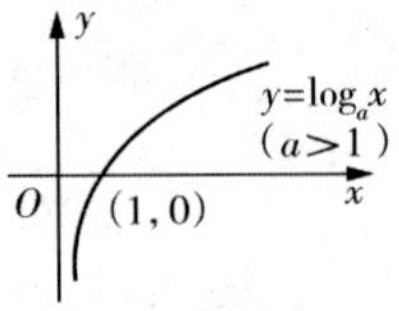	单调增加
	$y=\log_a x$ $(0<a<1)$	$x\in(0,+\infty)$ $y\in(-\infty,+\infty)$	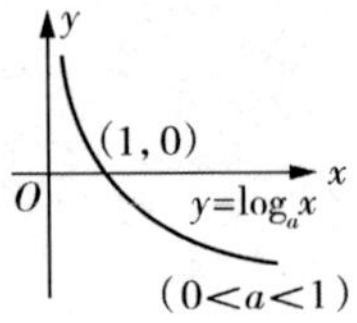	单调减少
三角函数	$y=\sin x$	$x\in(-\infty,+\infty)$ $y\in[-1,+1]$	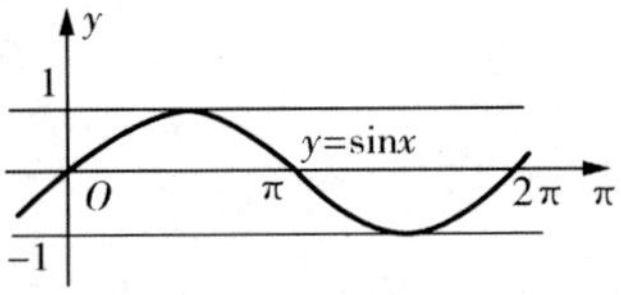	奇函数，周期 2π，在 $(2k\pi-\frac{\pi}{2},k\pi+\frac{\pi}{2})$ 内单调增加，在 $(2k\pi+\frac{\pi}{2},k\pi+\frac{3\pi}{2})$ 内单调减少
	$y=\cos x$	$x\in(-\infty,+\infty)$ $y\in[-1,+1]$	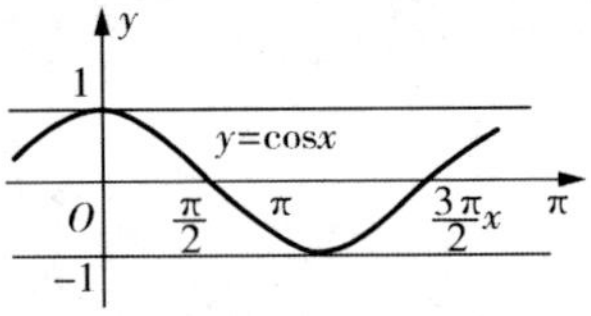	偶函数，周期 2π，在 $(2k\pi,2k\pi+\pi)$ 内单调减少，在 $(2k\pi+\pi,k\pi+2\pi)$ 内单调增加
	$y=\tan x$	$x\neq k\pi+\frac{\pi}{2}$ $(k\in z)$ $y\in(-\infty,+\infty)$	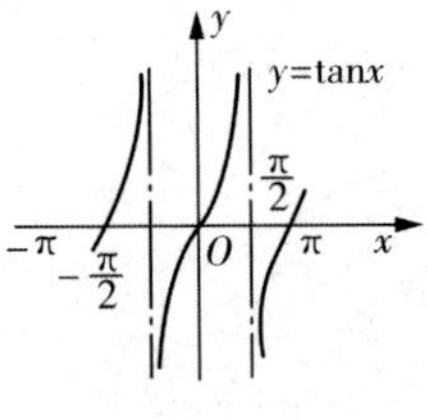	奇函数，周期 π，在 $(k\pi-\frac{\pi}{2},k\pi+\frac{\pi}{2})$ 内单调增加
	$y=\cot x$	$x\neq k\pi$ $(k\in z)$ $y\in(-\infty,+\infty)$	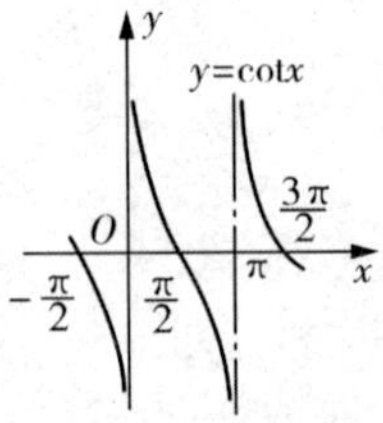	奇函数，周期 π，在 $(k\pi,k\pi+\pi)$ 内单调减少

（续表）

函数		定义域、值域	图像	特性
反三角函数	$y=\arcsin x$	$x\in[-1,+1]$ $y\in\left[-\frac{\pi}{2},\frac{\pi}{2}\right]$	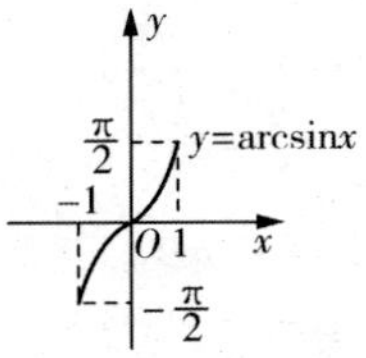	奇函数，单调增加，有界
	$y=\arccos x$	$x\in[-1,+1]$ $y\in[0,\pi]$	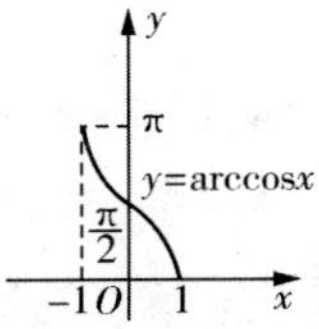	单调减少，有界
	$y=\arctan x$	$x\in(-\infty,+\infty)$ $y\in\left(-\frac{\pi}{2},\frac{\pi}{2}\right)$	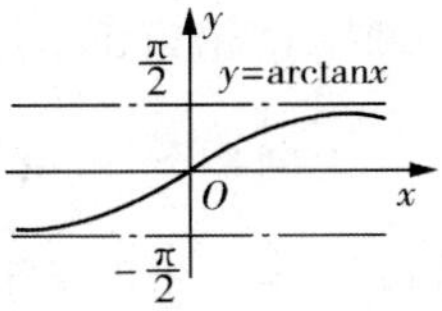	奇函数，单调增加，有界
	$y=\operatorname{arccot} x$	$x\in(-\infty,+\infty)$ $y\in(0,\pi)$	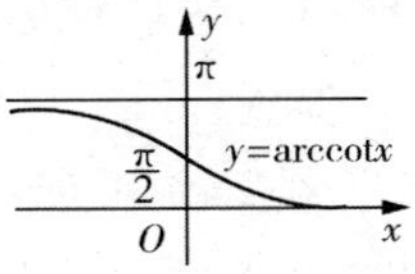	单调减少，有界

例 2　下列函数能否复合？如果可以，请复合.

(1) $y=\sqrt{u}$，$u=x^2$；

(2) $y=\sin u$，$u=x^2+2$.

解　(1) 由题知 $y=\sqrt{u}$ 的定义域为 $(0,+\infty)$，而 $u=x^2$ 的定义域为 $(0,+\infty)$，故可以复合. 复合函数为 $y=\sqrt{x^2}$.

(2) 由题知 $y=\sin u$ 的定义域为 $[-1,1]$，而 $u=x^2+2$ 的定义域为 $[2,+\infty]$，故不可以复合.

5. 初等函数

由基本初等函数经过有限次的四则运算和有限次的函数复合步骤所构成并可用一个式子表示的函数，称为初等函数. 例如

$$y=\sqrt{1-x^2},\quad y=\sin^2 x,\quad y=\sqrt{\cot\frac{x}{2}}$$

等都是初等函数.

例 3 指出下列函数的复合过程：

(1) $y=(\sin x)^2$；

(2) $y=\log_a\sqrt{1-x^2}$.

解 (1) $y=(\sin x)^2$ 由 $y=u^2$ 以及 $u=\sin x$ 复合而成；

(2) $y=\log_a\sqrt{1-x^2}$ 由 $y=\log_a u$，$u=\sqrt{v}$ 以及 $v=1-x^2$ 复合而成.

三、空间直角坐标系及点的坐标

1. 空间直角坐标系

为了沟通空间图形与方程的关系，需要建立空间点与有序数组之间的联系. 为此，我们引进空间直角坐标系.

过空间一个定点 O，作三条互相垂直的数轴，它们都以 O 为原点，一般具有相同的长度单位. 这三条轴分别称为 x 轴（横轴）、y 轴（纵轴）和 z 轴（竖轴），统称为坐标轴. 通常把 x 轴和 y 轴配置在水平面上，而 z 轴则是铅直的，它们的正方向符合右手规则，即以右手握住 z 轴，当右手的四个手指从 x 轴的正向以 $\frac{\pi}{2}$ 角度转向 y 轴正向时大拇指的方向就是 z 轴的正方向. 这样的三条坐标轴就组成了一个空间直角坐标系，记作 $Oxyz$，点 O 叫做坐标原点（如图 1.1.1）. x 轴和 y 轴所确定的平面叫做 Oxy 面，y 轴和 z 轴所确定的平面叫做 Oyz 面，x 轴和 z 轴所确定的平面叫做 Oxz 面，它们统称为坐标面. 三个坐标面将空间分成八个部分，每一部分叫做卦限. 含有 x 轴、y 轴和 z 轴正半轴的那个卦限叫做第一卦限；第二、三、四卦限均在 Oxy 面的上方，按逆时针方向确定；第五、六、七、八卦限在 Oxy 面的下方，依次位于第一、二、三、四卦限之下（如图 1.1.2）. 这八个卦限分别用字母 Ⅰ、Ⅱ、Ⅲ、Ⅳ、Ⅴ、Ⅵ、Ⅶ、Ⅷ 表示.

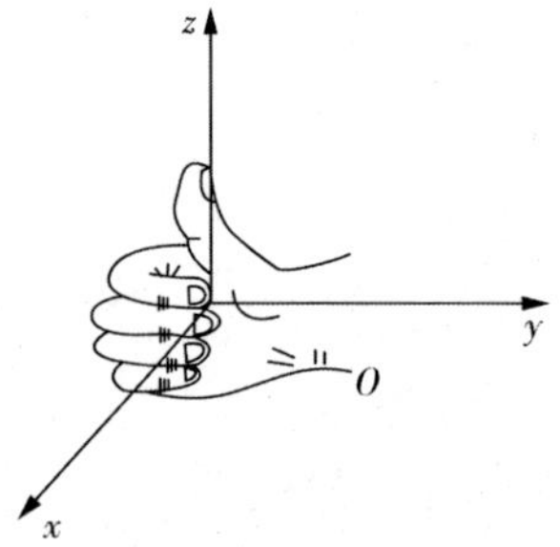

图 1.1.1

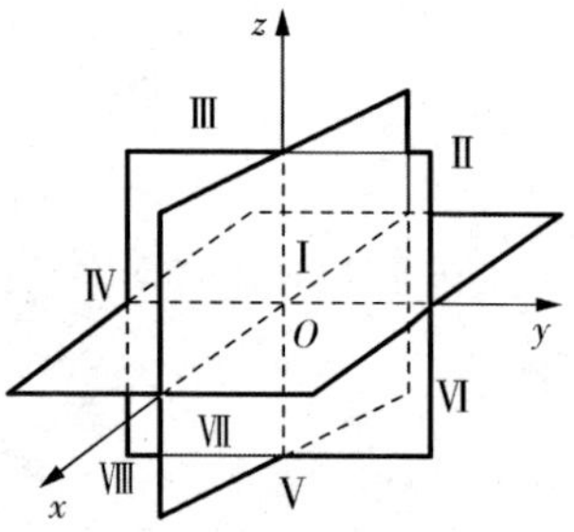

图 1.1.2

取定了空间直角坐标系之后，就可以建立空间中点与有序数组之间的一一对应关系. 设 M 是空间中的一个点，过点 M 作三个平面分别垂直于 x 轴、y 轴、z 轴，它们与坐标轴的交点依次为 P、Q、R（如图 1.1.3），这三个点在三个坐标轴上的坐标依次为 x、y、z. 于是空间中一点 M 就唯一地确定了一个有序数组 (x,y,z)；反之，已知一个有序数组 (x,y,z)，我们在 x 轴、y 轴、z 轴上找到坐标分别为 x、y、z 的三个点 P、Q、R，过这三个点各作一平面分别垂直于所属的坐标轴，这三个平面就唯一地确定了一个交点 M. 这样，空间中的点 M 就与有序数组 (x,y,z) 之间建立了一一对应关系. 这个有序数组 (x,y,z) 叫做点 M 的坐标，其中 x、y、z 依次称为点 M 的横坐标、纵坐标及竖坐标，此时点 M 记作 $M(x,y,z)$.

原点、坐标面上和坐标轴上的点，其坐标各有一定特点，如坐标原点的坐标为 $(0,0,0)$，x 轴上点的坐标为 $(x,0,0)$，y 轴上点的坐标为 $(0,y,0)$，z 轴上点的坐标为 $(0,0,z)$，Oxy 面上点的坐标为 $(x,y,0)$，Oyz 面上点的坐标为 $(0,y,z)$，Oxz 面上点的坐标为 $(x,0,z)$.

2. 两点间的距离公式

设 $M_1(x_1,y_1,z_1)$、$M_2(x_2,y_2,z_2)$ 为空间两点，过 M_1、M_2 两点作六个与坐标轴垂直的平面，这六个面围成一个以 M_1M_2 为对角线的长方体（如图 1.1.4）. 由于 $\triangle M_1NM_2$ 为直角三角形，$\angle M_1NM_2$ 为直角，所以

$$d^2=|M_1M_2|^2=|M_1N|^2+|NM_2|^2.$$

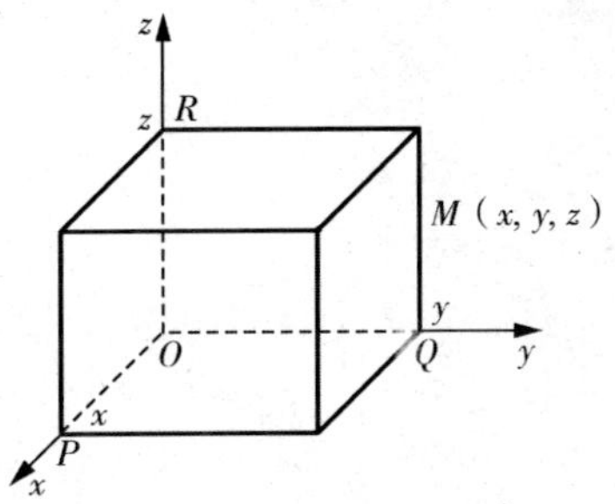

图 1.1.3

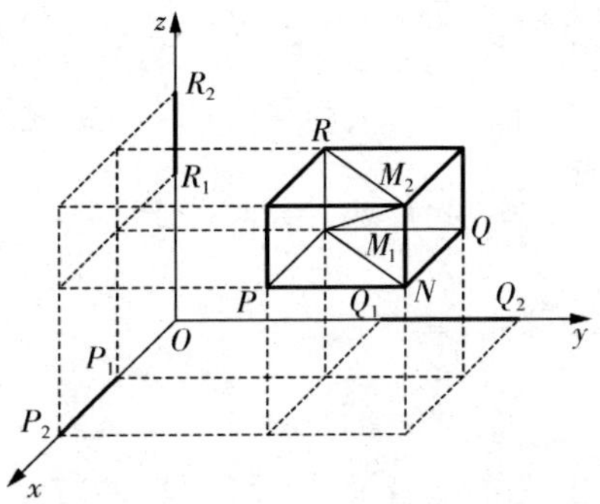

图 1.1.4

又知 $\triangle M_1PN$ 也是直角三角形，且 $|M_1N|^2=|M_1P|^2+|PN|^2$，所以

$$d^2=|M_1M_2|^2=|M_1P|^2+|PN|^2+|NM_2|^2.$$

由于

$$|M_1P|=|P_1P_2|=|x_2-x_1|,$$
$$|PN|=|Q_1Q_2|=|y_2-y_1|,$$
$$|NM_2|=|R_1R_2|=|z_2-z_1|,$$

所以

$$d=|M_1M_2|=\sqrt{(x_2-x_1)^2+(y_2-y_1)^2+(z_2-z_1)^2} \qquad (1-1)$$

这就是空间两点间的距离公式.

特殊地，点 $M(x,y,z)$ 与坐标原点 $O(0,0,0)$ 的距离为

$$d=|OM|=\sqrt{x^2+y^2+z^2}. \qquad (1-2)$$

例 4 在 z 轴上求与点 $A(-4,1,7)$ 和点 $B(3,5,-2)$ 等距离的点.

解 因为所求的点 M 在 z 轴上,所以设该点为 $M(0,0,z)$,依题意有

$$\sqrt{(0+4)^2+(0-1)^2+(z-7)^2}=\sqrt{(3-0)^2+(5-0)^2+(-2-z)^2}.$$

去根号解得

$$z=\frac{14}{9}.$$

所以,所求的点为 $M\left(0,0,\frac{14}{9}\right)$.

例 5 求证以 $M_1(4,3,1)$、$M_2(7,1,2)$、$M_3(5,2,3)$ 为顶点的三角形是一个等腰三角形.

解 $|M_1M_2|^2=(7-4)^2+(1-3)^2+(2-1)^2=14,$

$|M_2M_3|^2=(5-7)^2+(2-1)^2+(3-2)^2=6,$

$|M_3M_1|^2=(4-5)^2+(3-2)^2+(1-3)^2=6,$

所以 $|M_2M_3|=|M_3M_1|$,原结论成立.

四、多元函数

定义 1.1.3 在空间直角坐标系 $xOyz$ 内,设 D 是 xOy 平面内的一块区域,称映射 $f:D\to R$ 为定义在 D 上的二元函数,通常记为

$$z=f(x,y),(x,y)\in D(\text{或 } z=f(P),P\in D)$$

其中点集 D 称为该函数的定义域;x、y 称为自变量;z 称为因变量.

上述定义中,与自变量 x、y 的一对值 (x,y) 相对应的因变量 z 的值,也称为 f 在点 (x,y) 处的函数值,记作 $f(x,y)$,即 $z=f(x,y)$.

值域:$f(D)=\{z\mid z=f(x,y),(x,y)\in D\}$.

函数的其他符号:$z=z(x,y)$,$z=g(x,y)$ 等.

类似地可定义三元函数 $u=f(x,y,z)[(x,y,z)\in D]$ 以及三元以上的函数.

关于函数定义域的约定:在一般地讨论用算式表达的多元函数 $u=f(x)$ 时,就以使这个算式有意义的变元 x 的值所组成的点集为这个多元函数的自然定义域.因而,对这类函数,它的定义域不再特别标出.例如,

函数 $z=\ln(x+y)$ 的定义域为 $\{(x,y)\mid x+y>0\}$(无界开区域);

函数 $z=\arcsin(x^2+y^2)$ 的定义域为 $\{(x,y)\mid x^2+y^2\leqslant 1\}$(有界闭区域).

二元函数的图形:点集 $\{(x,y,z)\mid z=f(x,y),(x,y)\in D\}$ 称为二元函数 $z=f(x,y)$ 的图形.二元函数的图形是一张曲面.

例如:$z=ax+by+c$ 是一张平面,而函数 $z=x^2+y^2$ 的图形是旋转抛物.

习　题　一

1. 下列各题中所给的两个函数是否相等？为什么？

(1) $y=x$ 和 $y=\sqrt{x^2}$；　(2) $y=x$ 和 $y=(\sqrt{x})^2$；

(3) $y=2-x$ 和 $y=\dfrac{4-x^2}{2+x}$；　(4) $y=\ln x^2$ 和 $y=2\ln x$.

2. 求下列函数的定义域：

(1) $y=\sqrt{3x+4}$；　(2) $y=\dfrac{2}{x^2-3x+2}$；

(3) $y=\sqrt{1-|x|}$；　(4) $y=\ln\dfrac{1+x}{1-x}$；

(5) $y=\sqrt{2+x}+\dfrac{1}{\ln(1+x)}$；　(6) $y=\arccos\sqrt{2x}$；

(7) $y=\dfrac{x}{\tan x}$.

3. 设 $f(x)=\arcsin x$，求 $f(0)$，$f(-1)$，$f\left(\dfrac{\sqrt{3}}{2}\right)$，$f\left(-\dfrac{\sqrt{2}}{2}\right)$，$f(1)$.

4. 设 $f(x)=\begin{cases}0, & x<0,\\ 2x, & 0\leqslant x<\dfrac{1}{2},\\ 2(1-x), & \dfrac{1}{2}\leqslant x<1,\\ 0, & x\geqslant 1.\end{cases}$ 求 $f\left(-\dfrac{1}{2}\right)$，$f\left(\dfrac{1}{3}\right)$，$f\left(\dfrac{3}{4}\right)$，$f(2)$ 的值.

5. 指出下列函数的复合过程：

(1) $y=\sqrt{3x-1}$；

(2) $y=3^{\cos x}$；

(3) $y=\cos^2(2x+1)$；

(4) $y=\ln\tan x$；

(5) $y=\arcsin(x^2-1)$.

6. 有一边长为 a 的正方形铁片，从它的四个角截取相等的小正方形，然后折起各边做一个无盖的小盒子，求它的容积与截取的小正方形边长之间的函数关系，并说明定义域.(如图 1.1.5)

7. 有一个底半径为 R、高为 H 的圆锥形量杯，为了在它的侧面刻上表示容积的刻度，需要找出溶液的容积与其对应高度之间的函数关系，试写出其表达式，并指明定义域.(如图 1.1.6)

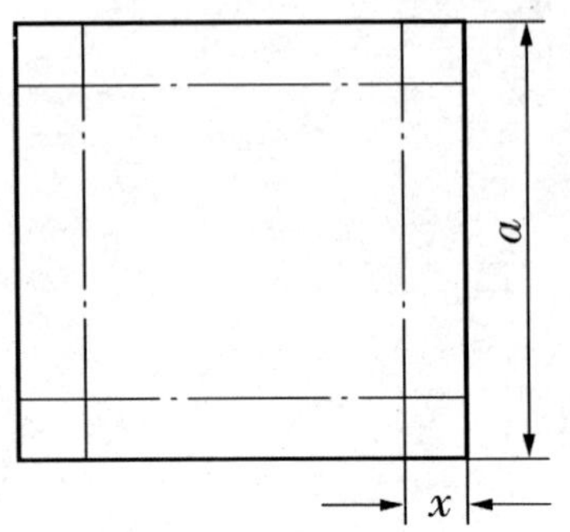

图 1.1.5

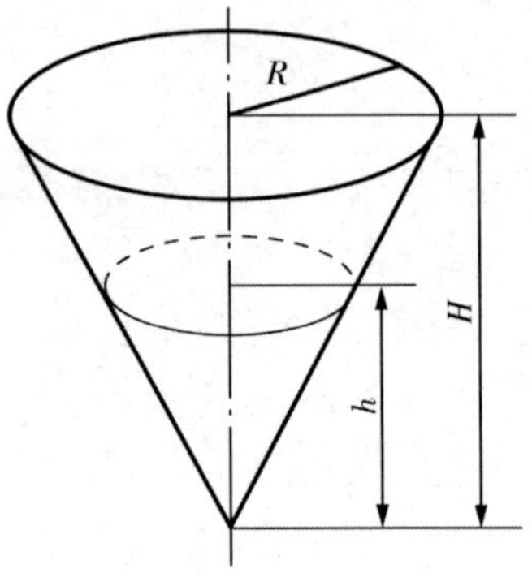

图 1.1.6

8. 在半径为 R 的球内做内接圆柱体，试将圆柱体的体积 V 表示为高 h 的函数，并指明定义域.

9. 火车站收取行李费的规定如下：当行李不超过 50kg 时，按基本运费计算，每 kg 收费 0.15 元；当超过 50kg 时，超重部分按每 kg0.25 元收费. 试求运费 y(元) 与重量 x(kg) 之间的函数关系式，并作出这函数的图像.

10. 梯形如图 1.1.7. 当垂直于 x 轴的直线扫过该梯形时，若直线与 x 轴的交点坐标为 $(x,0)$，求直线扫过的面积 S 与 x 之间的函数关系，指明定义域，并求 $S(1)$，$S(3)$，$S(5)$，$S(6)$ 的值.

11. 在底为 $AC=b$ 和高为 $BD=h$ 的三角形 ABC 之中(如图 1.1.8)，内接一个高为 $NM=x$ 的矩形 $KLMN$. 把矩形 $KLMN$ 的周长 p 及面积 S 分别表示为 x 的函数. 指出定义域，并作出函数的图像.

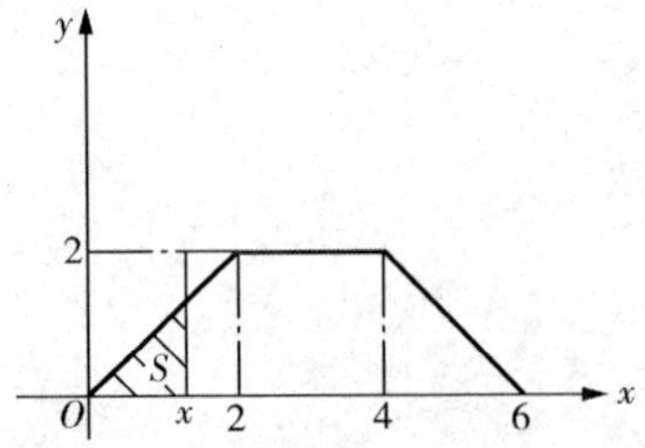

图 1.1.7

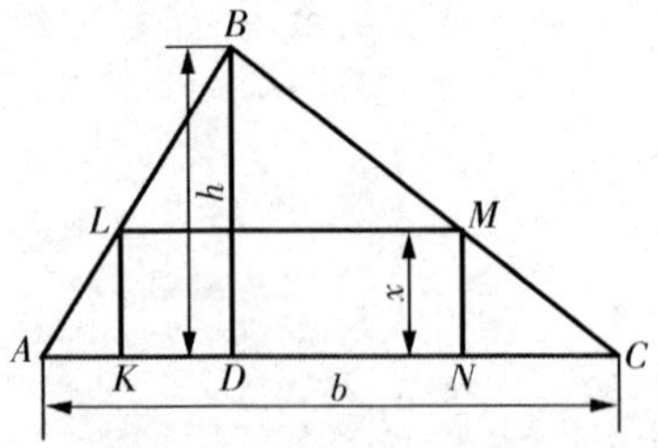

图 1.1.8

第二节　函数的极限

一、函数极限的定义

1. $x \to x_0$ 时，$f(x)$ 的极限

定义 1.2.1(通俗定义) 如果当 x 无限接近于 x_0，函数 $f(x)$ 的值无限接近于某个常数 A，则 A 称为当 x 趋于 x_0 时，$f(x)$ 的极限.记作

$$\lim_{x \to x_0} f(x) = A \quad 或 \quad f(x) \to A(当\ x \to x_0).$$

注：$x \to x_0$ 是指 $x \to x_0$ 而 $x \neq x_0$ 时 $f(x)$ 的极限，因此 $\lim\limits_{x \to x_0} f(x)$ 是否存在与 $f(x)$ 在 x_0 处是否有意义无关，与 $f(x)$ 在 x_0 处取何值无关；$x \to x_0$ 指从 x_0 两侧同时趋于 x_0.

例 1　观察并写出下列函数的极限：

(1) $\lim\limits_{x \to x_0} \sin x$.

解　如图 1.2.1，由极限定义得：$\lim\limits_{x \to x_0} \sin x = \sin x_0$.

(2) $\lim\limits_{x \to -2} x^2$.

解　如图 1.2.2，由极限定义得：$\lim\limits_{x \to -2} x^2 = 4$.

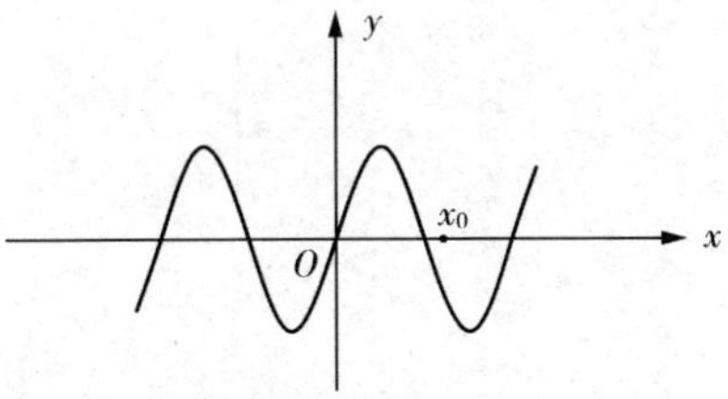

图 1.2.1

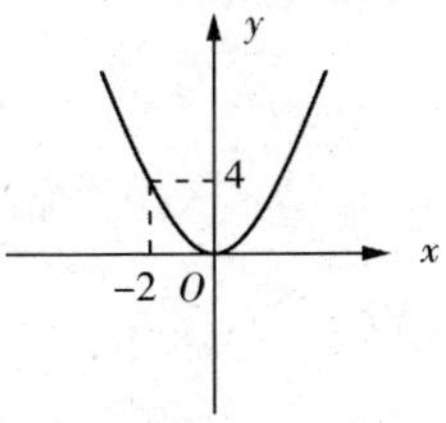

图 1.2.2

(3) $\lim\limits_{x \to x_0} C$.

解　如图 1.2.3，由极限定义得：$\lim\limits_{x \to x_0} C = C$.

(4) $\lim\limits_{x \to 1} \dfrac{x^2 - 1}{x - 1}$.

解　如图 1.2.4，由极限定义得：$\lim\limits_{x \to 1} \dfrac{x^2 - 1}{x - 1} = 2$.

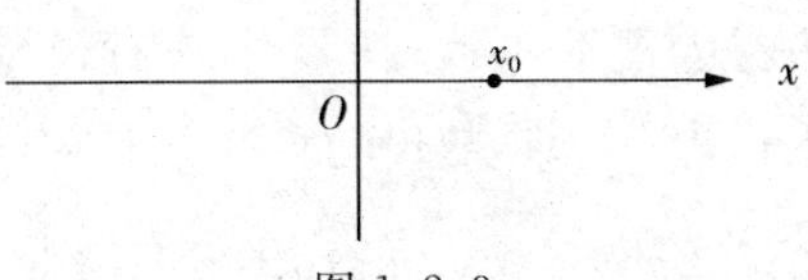

图 1.2.3

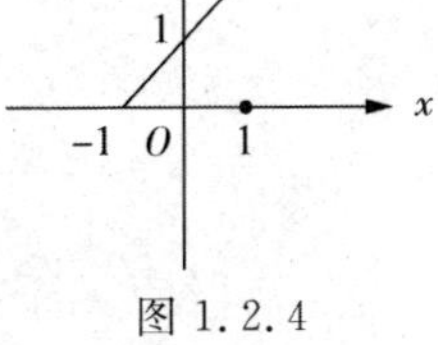

图 1.2.4

2. 单侧极限

定义 1.2.2 当 x 从 x_0 左侧附近趋于 x_0（记：$x\to x_0^-$）时，$f(x)$ 无限接近于某常数 A，则常数 A 叫做函数 $f(x)$ 当 $x\to x_0$ 时的左极限，记为 $\lim\limits_{x\to x_0^-}f(x)=A$ 或 $f(x_0^-)\to A$ 或 $f(x_0-0)=A$；当 x 从 x_0 右侧附近趋于 x_0（记：$x\to x_0^+$）时，$f(x)$ 无限接近于某常数 A，则常数 A 叫做函数 $f(x)$）当 $x\to x_0$ 时的右极限，记为 $\lim\limits_{x\to x_0^+}f(x)=A$ 或 $f(x_0^+)\to A$ 或 $f(x_0+0)=A$.

当 $x\to x_0$ 时函数 $f(x)$ 的左右极限与当 $x\to x_0$ 时函数 $f(x)$ 的极限之间的关系怎样？

定理 1.2.1 $\lim\limits_{x\to x_0^-}f(x)=A,\lim\limits_{x\to x_0^+}f(x)=A\Leftrightarrow\lim\limits_{x\to x_0}f(x)=A$.

注：(1) 此定理主要用于判别分段函数在分段点处是否有极限的问题，即如果在分段点左右两侧函数表达式不一致，则用此定理判别；

(2) 若在 x_0 处所求极限不唯一，则用左右极限求解.

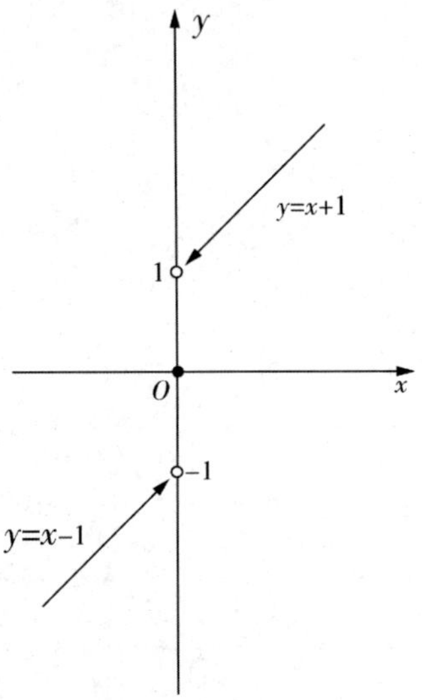

图 1.2.5

例 2 讨论函数 $f(x)=\begin{cases}x-1, & x<0,\\ 0, & x=0,\\ x+1, & x>0.\end{cases}$ 当 $x\to 0$ 时的极限是否存在.

解 由图 1.2.5 可知：$\lim\limits_{x\to 0^-}f(x)=\lim\limits_{x\to 0^-}(x-1)=-1$，

$\lim\limits_{x\to 0^+}f(x)=\lim\limits_{x\to 0^+}(x+1)=1$，

所以有 $\lim\limits_{x\to 0^-}f(x)\neq\lim\limits_{x\to 0^+}f(x)$.

故 $\lim\limits_{x\to x_0}f(x)$ 不存在.

例 3 设 $f(x)=\begin{cases}\dfrac{x^2}{x}, & x\neq 0,\\ 1, & x=0,\end{cases}$ 求 $\lim\limits_{x\to 0}f(x)$.

解 $\lim\limits_{x\to 0}f(x)=\lim\limits_{x\to 0}\dfrac{x^2}{x}=0$.

例 4 求 $\lim\limits_{x\to 0}e^{\frac{1}{x}}$.

解 因为 $\lim\limits_{x\to 0^-}e^{\frac{1}{x}}=0,\lim\limits_{x\to 0^+}e^{\frac{1}{x}}=+\infty$，所以 $\lim\limits_{x\to 0}e^{\frac{1}{x}}$ 不存在.

例 5 已知 $f(x)=\begin{cases}x+1, & -\infty<x<0,\\ x^2-1, & 0\leqslant x\leqslant 1,\\ 1-x, & x>1,\end{cases}$ 求 $\lim\limits_{x\to 0}f(x),\lim\limits_{x\to 1}f(x),\lim\limits_{x\to 2}f(x)$.

解 因为 0 为分段点，且在 0 的左右附近表达式不一致，所以用左右极限求解，而 $\lim\limits_{x\to 0^-}f(x)=\lim\limits_{x\to 0^-}(x+1)=1,\lim\limits_{x\to 0^+}f(x)=\lim\limits_{x\to 0^+}(x^2-1)=-1$，故 $\lim\limits_{x\to 0}f(x)$ 不存在；

因为 1 为分段点，且在 1 的左右附近表法式不一致，所有用左右极限求解，而

$\lim\limits_{x\to 1^+} f(x)=\lim\limits_{x\to 1^+}(1-x)=0$，$\lim\limits_{x\to 1^-} f(x)=\lim\limits_{x\to 1^-}(x^2-1)=0$，故$\lim\limits_{x\to 1} f(x)=0$；

因为 2 不是分段点，所以$\lim\limits_{x\to 2} f(x)=\lim\limits_{x\to 2}(1-x)=-1$.

3. $x\to\infty$ 时，$f(x)$ 的极限

定义 1.2.3 当 $x\to\infty$（即 $x\to+\infty$ 和 $x\to-\infty$）时，$f(x)$ 无限接近于一固定的常数 A，则常数 A 叫做函数 $f(x)$ 当 $x\to\infty$ 时的极限. 记为：

$$\lim_{x\to\infty} f(x)=A \text{ 或 } f(x)\to A(\text{当 } x\to\infty).$$

注：$x\to\infty$ 指 $x\to+\infty$ 和 $x\to-\infty$ 同时出现.

类似地可定义

$$\lim_{x\to-\infty} f(x)=A \text{ 和 } \lim_{x\to+\infty} f(x)=A.$$

定理 1.2.2 $\lim\limits_{x\to\infty} f(x)=A \Leftrightarrow \lim\limits_{x\to-\infty} f(x)=A$ 且 $\lim\limits_{x\to+\infty} f(x)=A$.

注：此定理用于判断 $x\to\infty$ 时，$f(x)$ 是否有极限的问题.

例 6 判断$\lim\limits_{x\to\infty}\arctan x$ 是否存在；若存在，求出极限.

解 当 $\lim\limits_{x\to-\infty}\arctan x=-\dfrac{\pi}{2}$，$\lim\limits_{x\to+\infty}\arctan x=\dfrac{\pi}{2}$，由定理 2 可知，$\lim\limits_{x\to\infty}\arctan x$ 不存在.

例 7 求$\lim\limits_{x\to\infty} e^x$.

解 由图 1.2.6 可知：$\lim\limits_{x\to-\infty} e^x=0$，$\lim\limits_{x\to+\infty} e^x=+\infty$. 由定理 2 可知，$\lim\limits_{x\to\infty} e^x$ 不存在.

例 8 求 $\lim\limits_{x\to+\infty} e^{-x}$，$\lim\limits_{x\to-\infty} e^{+x}$.

解 由图 1.2.6 和图 1.2.7 可知：$\lim\limits_{x\to+\infty} e^{-x}=0$，$\lim\limits_{x\to-\infty} e^{+x}=0$.

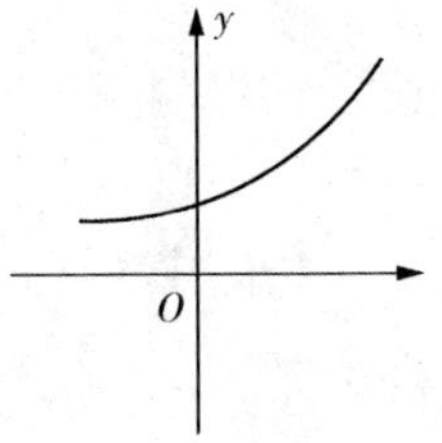

图 1.2.6

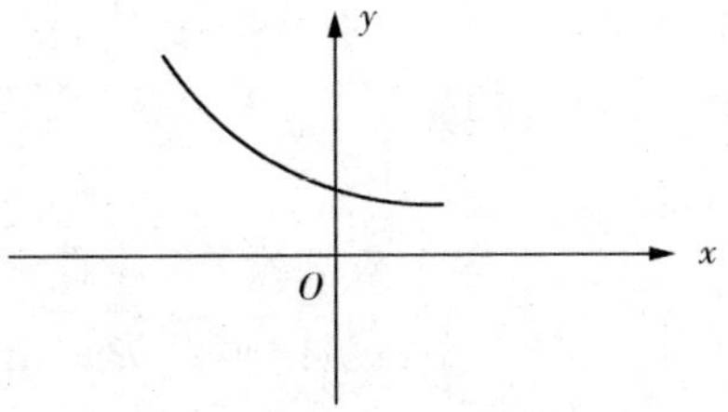

图 1.2.7

二、函数极限的性质

定理 1.2.3 （函数极限的唯一性）如果极限$\lim\limits_{x\to x_0} f(x)$ 存在，那么这极限唯一.

三、二元函数的极限

与一元函数的极限概念类似.

定义 1.2.4 当点 $P(x,y)$ 以任何一种方式趋向点 $P_0(x_0,y_0)$ 时，对应的函数值 $f(x,$

y）无限接近于一个确定的常数 A，则称 A 是函数 $f(x,y)$ 当 $(x,y)\to(x_0,y_0)$ 时的极限.记为：$\lim\limits_{(x,y)\to(x_0,y_0)} f(x,y)=A$ 或 $f(x,y)\to A((x,y)\to(x_0,y_0))$；也记作

$$\lim_{P\to P_0} f(P)=A \text{ 或 } f(P)\to A(P\to P_0).$$

上述定义的极限也称为二重极限.

注：(1) 二重极限存在，是指 P 以任何方式趋于 P_0 时，函数都无限接近于 A.

(2) 如果当 P 以两种不同方式趋于 P_0 时，函数趋于不同的值，则函数的极限不存在.

例 9 讨论：函数 $f(x,y)=\begin{cases}\dfrac{xy}{x^2+y^2}, & x^2+y^2\neq 0,\\ 0, & x^2+y^2=0\end{cases}$ 在点(0,0)有无极限?

解 当点 $P(x,y)$ 沿 x 轴趋于点(0,0)时，

$$\lim_{(x,y)\to(0,0)} f(x,y)=\lim_{x\to 0} f(x,0)=\lim_{x\to 0} 0=0;$$

当点 $P(x,y)$ 沿 y 轴趋于点(0,0)时，

$$\lim_{(x,y)\to(0,0)} f(x,y)=\lim_{y\to 0} f(0,y)=\lim_{y\to 0} 0=0.$$

当点 $P(x,y)$ 沿直线 $y=kx$ 有

$$\lim_{\substack{(x,y)\to(0,0)\\ y=kx}} \frac{xy}{x^2+y^2}=\lim_{x\to 0}\frac{kx^2}{x^2+k^2x^2}=\frac{k}{1+k^2}.$$

因此，函数 $f(x,y)$ 在(0,0)处无极限.

总结二元函数的极限 $\lim\limits_{\substack{x\to x_0\\ y\to y_0}} f(x,y)$ 存在，即要求点 $P(x,y)$ 以任意方式趋于 $P_0(x_0,y_0)$ 时，函数 $f(x,y)$ 极限不仅要存在，而且都要相等. 则若当点 $P(x,y)$ 趋向于 $P_0(x_0,y_0)$ 时，

(1) 任何路径下函数极限值恒为定值，极限存在；

(2) 特殊路径下函数极限值不相等，极限不存在；

(3) 特殊路径下函数极限值相等，极限存在性不定；

相比较而言，上述三点中较实用的是第(2)种情况，用来判断二元函数极限不存在. 一般判断方法如下：令 $P(x,y)$ 沿 $y=kx$ 趋向于 $P_0(x_0,y_0)$，若二元函数的值与 k 有关，则函数的极限不存在.

例 10 $\lim\limits_{\substack{x\to 0\\ y\to 2}} \dfrac{\sin xy}{x}$.

解 $\lim\limits_{\substack{x\to 0\\ y\to 2}} \dfrac{\sin xy}{x}=\lim\limits_{\substack{x\to 0\\ y\to 2}} \dfrac{\sin xy}{xy}y=2.$

习题二

1.观察并写出下列极限.

(1) $\lim\limits_{x\to\infty}\frac{1}{x^2}$;　　(2) $\lim\limits_{x\to-\infty}\frac{1}{x^2}$;

(3) $\lim\limits_{x\to+\infty}\left(\frac{1}{10}\right)^x$;　　(4) $\lim\limits_{x\to\infty}\left(2+\frac{1}{x}\right)$.

2.观察并写出下列极限.

(1) $\lim\limits_{x\to1}\ln x$;　　(2) $\lim\limits_{x\to\frac{\pi}{4}}\tan x$;

(3) $\lim\limits_{x\to-1}\frac{x^2-1}{x+1}$;　　(4) $\lim\limits_{x\to3}(x^2-6x+8)$.

3.设函数 $f(x)=\begin{cases}x-1, & x\leqslant 0,\\ x+1, & x>0,\end{cases}$ 画出它的图像,并求当 $x\to0$ 时,函数 $f(x)$ 的左、右极限,从而说明在 $x\to0$ 时,函数 $f(x)$ 的极限是否存在.

4.证明函数

$$f(x)=\begin{cases}x^2+1, & x<1,\\ 1, & x=1,\\ -1, & x>1\end{cases}$$

在 $x\to1$ 时的极限不存在.

第三节　极限运算法则

一、极限的四则运算

如果 $\lim f(x)=A,\lim g(x)=B$,那么

法则1　$\lim[f(x)\pm g(x)]=\lim f(x)\pm\lim g(x)=A\pm B$;

法则2　$\lim[f(x)\cdot g(x)]=\lim f(x)\cdot\lim g(x)=A\cdot B$;

法则3　$\lim\frac{f(x)}{g(x)}=\frac{\lim f(x)}{\lim g(x)}=\frac{A}{B}(B\neq0)$.

证明略.

推论1　如果 $\lim f(x)$ 存在,而 c 为常数,则 $\lim[cf(x)]=c\lim f(x)$.

推论2　如果 $\lim f(x)$ 存在,而 n 是正整数,则 $\lim[f(x)]^n=[\lim f(x)]^n$.

注:(1)对 $x\to x_0$ 和 $x\to\infty$ 等情形都成立.

(2) 法则 1 和法则 2 可推广至有限个函数.

(3) 三个法则成立的前提必须是 $\lim f(x)=A$ 和 $\lim g(x)=B$ 都存在.

例 1 求 $\lim\limits_{x\to 1}(2x-1)$.

解 $\lim\limits_{x\to 1}(2x-1)=\lim\limits_{x\to 1}2x-\lim\limits_{x\to 1}1=2\lim\limits_{x\to 1}x-1=2\times 1-1=1$.

讨论:若 $P(x)=a_0x^n+a_1x^{n-1}+\cdots+a_{n-1}x+a_n$,则 $\lim\limits_{x\to x_0}P(x)$ 等于多少?

若 $P(x)=a_0x^n+a_1x^{n-1}+\cdots+a_n$,则 $\lim\limits_{x\to x_0}P(x)=P(x_0)$.

例 2 求 $\lim\limits_{x\to 2}\dfrac{x^3-1}{x^2-5x+3}$.

解
$$\lim_{x\to 2}\frac{x^3-1}{x^2-5x+3}=\frac{\lim\limits_{x\to 2}(x^3-1)}{\lim\limits_{x\to 2}(x^2-5x+3)}=\frac{\lim\limits_{x\to 2}x^3-\lim\limits_{x\to 2}1}{\lim\limits_{x\to 2}x^2-5\lim\limits_{x\to 2}x+\lim\limits_{x\to 2}3}$$
$$=\frac{2^3-1}{2^2-10+3}=-\frac{7}{3}.$$

例 3 求 $\lim\limits_{x\to 3}\dfrac{x-3}{x^2-9}$.

解 $\lim\limits_{x\to 3}\dfrac{x-3}{x^2-9}=\lim\limits_{x\to 3}\dfrac{x-3}{(x+3)(x-3)}=\lim\limits_{x\to 3}\dfrac{1}{x+3}=\dfrac{1}{6}$.

例 4 求 $\lim\limits_{x\to 1}\dfrac{2x-3}{x^2-5x+4}$.

解 $\lim\limits_{x\to 1}\dfrac{x^2-5x+4}{2x-3}=\dfrac{1^2-5\times 1+4}{2\times 1-3}=0$,所以有
$$\lim_{x\to 1}\frac{2x-3}{x^2-5x+4}=\infty.$$

提问:如下写法是否正确?
$$\lim_{x\to 1}\frac{2x-3}{x^2-5x+4}=\frac{\lim\limits_{x\to 1}(2x-3)}{\lim\limits_{x\to 1}(x^2-5x+4)}=\frac{-1}{0}=\infty.$$

讨论:有理函数的极限 $\lim\limits_{x\to x_0}\dfrac{P(x)}{Q(x)}$ 等于多少?

提示:

当 $Q(x_0)\neq 0$ 时,$\lim\limits_{x\to x_0}\dfrac{P(x)}{Q(x)}=\dfrac{P(x_0)}{Q(x_0)}$;

当 $Q(x_0)=0$ 且 $P(x_0)\neq 0$ 时,$\lim\limits_{x\to x_0}\dfrac{P(x)}{Q(x)}=\infty$;

当 $Q(x_0)=P_0(x_0)=0$ 时,先将分子分母的公因式 $(x-x_0)$ 约去.

例 5 求 $\lim\limits_{x\to 0}\dfrac{\sqrt{x+1}-1}{x}$.

解 $\lim\limits_{x\to 0}\dfrac{\sqrt{x+1}-1}{x}=\lim\limits_{x\to 0}\dfrac{(\sqrt{x+1}-1)(\sqrt{x+1}+1)}{x(\sqrt{x+1}+1)}=\lim\limits_{x\to 0}\dfrac{x}{x(\sqrt{x+1}+1)}$

$$=\lim_{x\to 0}\frac{1}{\sqrt{x+1}+1}=\frac{1}{2}.$$

例 6 求$\lim\limits_{x\to\infty}\dfrac{3x^3+4x^2+2}{7x^3+5x^2-3}$.

解 先用 x^3 去除分子及分母,然后取极限:

$$\lim_{x\to\infty}\frac{3x^3+4x^2+2}{7x^3+5x^2-3}=\lim_{x\to\infty}\frac{3+\dfrac{4}{x}+\dfrac{2}{x^3}}{7+\dfrac{5}{x}-\dfrac{3}{x^3}}=\frac{3}{7}.$$

例 7 求$\lim\limits_{x\to\infty}\dfrac{3x^2-2x-1}{2x^3-x^2+5}$.

解 先用 x^3 去除分子及分母,然后取极限:

$$\lim_{x\to\infty}\frac{3x^2-2x-1}{2x^3-x^2+5}=\lim_{x\to\infty}\frac{\dfrac{3}{x}-\dfrac{2}{x^2}-\dfrac{1}{x^3}}{2-\dfrac{1}{x}+\dfrac{5}{x^3}}=\frac{0}{2}=0.$$

例 8 求$\lim\limits_{x\to\infty}\dfrac{2x^3-x^2+5}{3x^2-2x-1}$.

解 因为$\lim\limits_{x\to\infty}\dfrac{3x^2-2x-1}{2x^3-x^2+5}=0$,所以

$$\lim_{x\to\infty}\frac{2x^3-x^2+5}{3x^2-2x-1}=\infty.$$

讨论:

有理函数的极限$\lim\limits_{x\to\infty}\dfrac{a_0x^n+a_1x^{n-1}+\cdots+a_n}{b_0x^m+b_1x^{m-1}+\cdots+b_m}$等于多少?

提示:

$$\lim_{x\to\infty}\frac{a_0x^n+a_1x^{n-1}+\cdots+a_n}{b_0x^m+b_1x^{m-1}+\cdots+b_m}=\begin{cases}0, & n<m,\\ \dfrac{a_0}{b_0}, & n=m,\\ \infty, & n>m.\end{cases}$$

定理 1.3.1 (复合函数的极限运算法则)设函数 $y=f[g(x)]$ 是由函数 $y=f(u)$ 与函数 $u=g(x)$ 复合而成,$y=f[g(x)]$ 在点 x_0 的某去心邻域内有定义,若 $\lim\limits_{x\to x_0}g(x)=u_0$,$\lim\limits_{u\to u_0}f(u)=A$,且在 x_0 的某去心邻域内 $u_0\neq g(x)$,则

$$\lim_{x\to x_0} f[g(x)]=\lim_{u\to u_0} f(u)=A.$$

注：把定理中$\lim\limits_{x\to x_0} g(x)=u_0$换成$\lim\limits_{x\to x_0} g(x)=\infty$或$\lim\limits_{x\to\infty} g(x)=\infty$，而把$\lim\limits_{u\to u_0} f(u)=A$换成$\lim\limits_{u\to\infty} f(u)=A$可得类似结果.

例 9 求$\lim\limits_{x\to 3}\sqrt{\dfrac{x^2-9}{x-3}}$.

解 $y=\sqrt{\dfrac{x^2-9}{x-3}}$是由$y=\sqrt{u}$与$u=\dfrac{x^2-9}{x-3}$复合而成的.

因为$\lim\limits_{x\to 3}\dfrac{x^2-9}{x-3}=6$，所以$\lim\limits_{x\to 3}\sqrt{\dfrac{x^2-9}{x-3}}=\lim\limits_{u\to 6}\sqrt{u}=\sqrt{6}$.

例 10 $\lim\limits_{x\to+\infty}\dfrac{2^x+3^x}{3^{x+1}-2^{x+1}}$.

解 原式$=\lim\limits_{x\to+\infty}\dfrac{\left(\dfrac{2}{3}\right)^x+1}{3-2\cdot\left(\dfrac{2}{3}\right)^x}=\dfrac{1}{3}$.

例 11 $\lim\limits_{x\to+\infty}\dfrac{(3x-2)^{30}}{(x+2)^{10}(2x-3)^{20}}$.

解 原式$=\lim\limits_{x\to+\infty}\dfrac{1}{\left(\dfrac{x+2}{3x-2}\right)^{10}\left(\dfrac{2x-3}{3x-2}\right)^{20}}=\lim\limits_{x\to+\infty}\dfrac{1}{\left(\dfrac{1+\dfrac{2}{x}}{3-\dfrac{2}{x}}\right)^{10}\left(\dfrac{2-\dfrac{3}{x}}{3-\dfrac{2}{x}}\right)^{20}}=\dfrac{3^{30}}{2^{20}}$.

例 12 $\lim\limits_{x\to 1}\left(\dfrac{1}{x-1}-\dfrac{2}{x^2-1}\right)$.

解 原式$=\lim\limits_{x\to 1}\dfrac{x+1-2}{x^2-1}=\lim\limits_{x\to 1}\dfrac{x-1}{x^2-1}=\lim\limits_{x\to 1}\dfrac{1}{x+1}=\dfrac{1}{2}$.

二、两个重要极限公式

1.重要极限一 $\lim\limits_{x\to 0}\dfrac{\sin x}{x}=1\left(\text{或}\lim\limits_{x\to 0}\dfrac{x}{\sin x}=1\right)$

应注意的问题：在极限$\lim\dfrac{\sin[\alpha(x)]}{\alpha(x)}$中，只要$\alpha(x)$在某一极限过程中趋向于零，就有

$$\lim\frac{\sin\alpha(x)}{\alpha(x)}=1.$$

这是因为，令$u=\alpha(x)$，则$u\to 0$，于是$\lim\dfrac{\sin[\alpha(x)]}{\alpha(x)}=\lim\limits_{u\to 0}\dfrac{\sin u}{u}=1$.

$$\lim_{x\to 0}\frac{\sin x}{x}=1,\quad \lim\frac{\sin[\alpha(x)]}{\alpha(x)}=1[\alpha(x)\to 0].$$

例 13 求$\lim\limits_{x \to 0} \dfrac{\sin 2x}{5x}$.

解 $\lim\limits_{x \to 0} \dfrac{\sin 2x}{5x} = \lim\limits_{x \to 0} \left(\dfrac{\sin 2x}{2x} \cdot 2x \cdot \dfrac{1}{5x} \right) = \dfrac{2}{5}$.

例 14 求$\lim\limits_{x \to 0} \dfrac{\tan x}{x}$.

解 $\lim\limits_{x \to 0} \dfrac{\tan x}{x} = \lim\limits_{x \to 0} \left(\dfrac{\sin x}{x} \cdot \dfrac{1}{\cos x} \right) = \lim\limits_{x \to 0} \dfrac{\sin x}{x} \cdot \lim\limits_{x \to 0} \dfrac{1}{\cos x} = 1$.

例 15 求$\lim\limits_{x \to 0} \dfrac{1 - \cos x}{x^2}$.

解
$$\lim_{x \to 0} \frac{1 - \cos x}{x^2} = \lim_{x \to 0} \frac{2 \sin^2 \frac{x}{2}}{x^2} = \frac{1}{2} \lim_{x \to 0} \frac{\sin^2 \frac{x}{2}}{\left(\frac{x}{2}\right)^2}$$
$$= \frac{1}{2} \lim_{x \to 0} \left(\frac{\sin \frac{x}{2}}{\frac{x}{2}} \right)^2 = \frac{1}{2} \times 1^2 = \frac{1}{2}.$$

例 16 求$\lim\limits_{x \to 0} \dfrac{\tan x - \sin x}{x^3}$.

解
$$\lim_{x \to 0} \frac{\tan x - \sin x}{x^3} = \lim_{x \to 0} \frac{\tan x (1 - \cos x)}{x^3} = \lim_{x \to 0} \left(\frac{\sin x}{\cos x} \cdot \frac{2 \sin^2 \frac{x}{2}}{x^3} \right)$$
$$= \lim_{x \to 0} \left[\frac{1}{\cos x} \cdot \frac{\sin x}{x} \cdot \frac{2 \sin^2 \frac{x}{2}}{4 \left(\frac{x}{2}\right)^2} \right] = \frac{1}{2}.$$

例 17 求$\lim\limits_{x \to \pi} \dfrac{\tan x}{x - \pi}$.

解 令 $x - \pi = t$,

所以$\lim\limits_{x \to \pi} \dfrac{\tan x}{x - \pi} = \lim\limits_{t \to 0} \dfrac{\tan(\pi + t)}{t} = \lim\limits_{t \to 0} \dfrac{\tan t}{t} = \lim\limits_{t \to 0} \left(\dfrac{\sin t}{t} \cdot \dfrac{1}{\cos t} \right) = 1$.

2. 重要极限二 $\lim\limits_{x \to \infty} \left(1 + \dfrac{1}{x}\right)^x = e$

在极限 $\lim\,[1 + \alpha(x)]^{\frac{1}{\alpha(x)}}$ 中,只要 $\alpha(x)$ 在某一极限过程中趋向于零,就有
$$\lim\,[1 + \alpha(x)]^{\frac{1}{\alpha(x)}} = e.$$

关于第二个重要极限公式的应用方法如下:如果在某一极限过程中 $f(x) \to 0, g(x) \to \infty$,则 $\lim\,[1 + f(x)]^{g(x)}$ 可转化为如下形式:
$$\lim\,[1 + f(x)]^{g(x)} = e^{\lim[f(x) \cdot g(x)]}$$

例 18 求$\lim\limits_{x\to\infty}\left(1+\dfrac{2}{x}\right)^{x}$.

解 $\lim\limits_{x\to\infty}\left(1+\dfrac{2}{x}\right)^{x}=\lim\limits_{x\to\infty}\left(1+\dfrac{2}{x}\right)^{\frac{x}{2}\cdot 2}=\lim\limits_{x\to\infty}\left\{\left(1+\dfrac{2}{x}\right)^{\frac{x}{2}}\right\}^{2}=\mathrm{e}^{2}$.

例 19 求$\lim\limits_{x\to\infty}\left(1-\dfrac{1}{x}\right)^{x}$.

解 $\lim\limits_{x\to\infty}\left(1-\dfrac{1}{x}\right)^{x}=\mathrm{e}^{\lim\limits_{x\to\infty}\left[x\cdot\left(-\frac{1}{x}\right)\right]}=\mathrm{e}^{-1}$.

例 20 求$\lim\limits_{x\to 0}(1-2x)^{\frac{2}{3x}}$.

解 $\lim\limits_{x\to 0}(1-2x)^{\frac{2}{3x}}=\lim\limits_{x\to 0}[1+(-2x)]^{\frac{-1}{2x}\cdot\frac{-4}{3}}=\lim\limits_{x\to 0}\{[1+(-2x)]^{\frac{-1}{2x}}\}^{\frac{-4}{3}}=\mathrm{e}^{-\frac{4}{3}}$.

例 21 求$\lim\limits_{x\to 0}\left(\dfrac{2+x}{2-x}\right)^{\frac{1}{x}}$.

解 $\lim\limits_{x\to 0}\left(\dfrac{2+x}{2-x}\right)^{\frac{1}{x}}=\lim\limits_{x\to 0}\left(1+\dfrac{2x}{2-x}\right)^{\frac{1}{x}}=\mathrm{e}^{\lim\limits_{x\to 0}\left[\frac{2x}{2-x}\cdot\frac{1}{x}\right]}=\mathrm{e}$.

例 22 求$\lim\limits_{x\to\infty}\left(\dfrac{3x-1}{3x+1}\right)^{2x-1}$.

解 $\lim\limits_{x\to\infty}\left(\dfrac{3x-1}{3x+1}\right)^{2x-1}=\lim\limits_{x\to\infty}\left[1+\left(-\dfrac{2}{3x+1}\right)\right]^{2x-1}$.

$$=\lim_{x\to\infty}\left[1+\left(-\frac{2}{3x+1}\right)\right]^{\left(-\frac{3x+1}{2}\right)\left(-\frac{2}{3x+1}\right)(2x-1)}=\mathrm{e}^{-\frac{4}{3}}.$$

习 题 三

1. 计算下列各极限.

(1) $\lim\limits_{x\to -1}\dfrac{x^{2}+2x-2}{x^{2}+1}$;

(2) $\lim\limits_{x\to 2}\dfrac{x^{2}-4}{x-2}$;

(3) $\lim\limits_{x\to\sqrt{2}}\dfrac{x^{2}-2}{x^{2}+1}$;

(4) $\lim\limits_{x\to 3}\dfrac{x-3}{\sqrt{x}-\sqrt{3}}$;

(5) $\lim\limits_{x\to\infty}\dfrac{x^{2}-1}{2x^{2}-x}$;

(6) $\lim\limits_{x\to\infty}\left(1+\dfrac{1}{x}\right)\left(2-\dfrac{1}{x^{2}}\right)$;

(7) $\lim\limits_{n\to\infty}\dfrac{(n+1)(n+2)(n+3)}{3n^{3}}$;

(8) $\lim\limits_{x\to 3}\left(\dfrac{1}{x-3}-\dfrac{6}{x^{2}-9}\right)$;

(9) $\lim\limits_{h\to 0}\dfrac{(x+h)^{3}-x^{3}}{h}$;

(10) $\lim\limits_{x\to\infty}\dfrac{4x^{3}-2x^{2}+8x}{3x^{2}+1}$;

(11) $\lim\limits_{x\to\infty}\dfrac{e^n-1}{e^{2n}+1}$；　　(12) $\lim\limits_{x\to\infty}\dfrac{1+2+3+\cdots+n}{1+3+5+\cdots+(2n-1)}$；

(13) $\lim\limits_{x\to 1}\dfrac{x^2+1}{x-1}$；　　(14) $\lim\limits_{x\to\infty}\dfrac{(3x-2)^{30}}{(x+2)^{10}(2x-3)^{20}}$.

2. 计算下列极限.

(1) $\lim\limits_{x\to 0}\dfrac{\sin 3x}{\sin 2x}$；　　(2) $\lim\limits_{x\to 0}\dfrac{\tan 3x}{x}$；

(3) $\lim\limits_{x\to 0}\dfrac{1-\cos 2x}{x\sin x}$；　　(4) $\lim\limits_{x\to 0}\dfrac{x(x+3)}{\sin x}$；

(5) $\lim\limits_{h\to 0}\dfrac{\cos(x+h)-\cos x}{h}$；　　(6) $\lim\limits_{x\to\infty}x^2\sin^2\dfrac{1}{x}$；

(7) $\lim\limits_{x\to\pi}\dfrac{\sin x}{\pi-x}$；　　(8) $\lim\limits_{x\to 0}\dfrac{x}{\sqrt{1-\cos x}}$.

3. 计算下列极限.

(1) $\lim\limits_{x\to 0}(1+2x)^{\frac{1}{x}}$；　　(2) $\lim\limits_{x\to\infty}\left(\dfrac{1+x}{x}\right)^{2x}$；

(3) $\lim\limits_{x\to\frac{\pi}{2}}(1+\cos x)^{3\sec x}$；　　(4) $\lim\limits_{x\to 0}(1-3x)^{\frac{1}{x}}$；

(5) $\lim\limits_{x\to\infty}\left(\dfrac{2x+3}{2x+1}\right)^{x+\frac{1}{2}}$.

第四节　无穷小与无穷大

一、无穷小

定义 1.4.1　若当 $x\to x_0$（或 $x\to\infty$）时函数 $f(x)$ 的极限为零，那么称函数 $f(x)$ 为当 $x\to x_0$（或 $x\to\infty$）时的无穷小.

例如，因为 $\lim\limits_{x\to\infty}\dfrac{1}{x}=0$，所以函数 $\dfrac{1}{x}$ 为当 $x\to\infty$ 时的无穷小；

因为 $\lim\limits_{x\to 1}(x-1)=0$，所以函数 $x-1$ 为当 $x\to 1$ 时的无穷小；

因为 $\lim\limits_{n\to\infty}\dfrac{1}{n+1}=0$，所以数列 $\left\{\dfrac{1}{n+1}\right\}$ 为当 $n\to\infty$ 时的无穷小.

注：(1) 说无穷小时必须强调 x 的变化过程；

(2) 无穷小不是很小的数，是以零为极限的变量；

(3) 常数中，零为唯一的无穷小.

无穷小与函数极限的关系：

定理 1.4.1 在自变量的同一变化过程 $x \to x_0$（或 $x \to \infty$）中，函数 $f(x)$ 具有极限 A 的充分必要条件是 $f(x)=A+\alpha$，其中 α 是无穷小.

证明略.

二、无穷大

定义 1.4.2 如果当 $x \to x_0$（或 $x \to \infty$）时，函数 $f(x)$ 的图像无限上升或下降，则称函数 $f(x)$ 为当 $x \to x_0$（或 $x \to \infty$）时的无穷大.记为

$$\lim_{x \to x_0} f(x)=\infty \quad (\text{或} \lim_{x \to \infty} f(x)=\infty).$$

注：(1) 当 $x \to x_0$（或 $x \to \infty$）时为无穷大的函数 $f(x)$，按函数极限定义来说，极限是不存在的.但为了便于叙述函数的这一性态，我们也说"函数的极限是无穷大"，并记作

$$\lim_{x \to x_0} f(x)=\infty \quad (\text{或} \lim_{x \to \infty} f(x)=\infty).$$

(2) 说无穷大时，也必须强调 x 的变化过程.

正无穷大与负无穷大：

$$\lim_{\substack{x \to x_0 \\ (x \to \infty)}} f(x)=+\infty, \qquad \lim_{\substack{x \to x_0 \\ (x \to \infty)}} f(x)=-\infty.$$

铅直渐近线：

如果 $\lim\limits_{x \to x_0} f(x)=\infty$，则称直线 $x=x_0$ 是函数 $y=f(x)$ 的图形的铅直渐近线.

例如，直线 $x=1$ 是函数 $y=\dfrac{1}{x-1}$ 的图形的铅直渐近线.

定理 1.4.2 （无穷大与无穷小之间的关系）

在自变量的同一变化过程中，如果 $f(x)$ 为无穷大，则 $\dfrac{1}{f(x)}$ 为无穷小；反之，如果 $f(x)$ 为无穷小，且 $f(x) \neq 0$，则 $\dfrac{1}{f(x)}$ 为无穷大.

证明略.

例 1 求 $\lim\limits_{x \to 1} \dfrac{x^2+1}{x-1}$.

解 令 $f(x)=\dfrac{x^2+1}{x-1}$，则 $\dfrac{1}{f(x)}=\dfrac{x-1}{x^2+1}$，且 $\lim\limits_{x \to 1} \dfrac{1}{f(x)}=\lim\limits_{x \to 1} \dfrac{x-1}{x^2+1}=0$，所以 $\dfrac{1}{f(x)}$ 为 $x \to 1$ 时的无穷小，由无穷小与无穷大的关系可知：

$$\lim_{x \to 1} \frac{x^2+1}{x-1}=\infty.$$

三、无穷小的性质

定理 1.4.3 有限个无穷小的和也是无穷小.

例如，当 $x\to 0$ 时，x 与 $\sin x$ 都是无穷小，$x+\sin x$ 也是无穷小.

定理 1.4.4 有界函数与无穷小的乘积是无穷小.

例如，当 $x\to\infty$ 时，$\frac{1}{x}$ 是无穷小，$\arctan x$ 是有界函数，所以 $\frac{1}{x}\arctan x$ 也是无穷小.

推论 1 常数与无穷小的乘积是无穷小.

推论 2 有限个无穷小的乘积也是无穷小.

例 2 求 $\lim\limits_{x\to 0}x\sin\frac{1}{x}$.

解 当 $x\to 0$ 时，x 为无穷小，$\sin\frac{1}{x}$ 的极限虽然不存在，但它有界. 由性质 2 可知：

$$\lim_{x\to 0}x\sin\frac{1}{x}=0.$$

例 3 求 $\lim\limits_{x\to\infty}\frac{\sin x}{x}$.

解 当 $x\to\infty$ 时，$\frac{1}{x}$ 为无穷小，$\sin x$ 的极限虽然不存在，但它有界. 由性质 2 可知：

$$\lim_{x\to\infty}\frac{\sin x}{x}=0.$$

四、无穷小阶的比较

设 α 与 β 为 x 在同一变化过程中的两个无穷小，

(1) 若 $\lim\frac{\beta}{\alpha}=0$，就说 β 是 α 高阶的无穷小，记为 $\beta=o(\alpha)$；

(2) 若 $\lim\frac{\beta}{\alpha}=\infty$，就说 β 是 α 低阶的无穷小；

(3) 若 $\lim\frac{\beta}{\alpha}=C\neq 0$，就说 β 是 α 同阶的无穷小；

(4) 若 $\lim\frac{\beta}{\alpha}=1$，就说 β 与 α 是等价无穷小，记为 $\alpha\sim\beta$.

下面介绍几种常见的等价无穷小：

当 $x\to 0$ 时，有

$$\sin x\sim x,\quad \tan x\sim x,\quad 1-\cos x\sim\frac{x^2}{2},\quad \arctan x\sim x,$$

$$\arcsin x\sim x,\quad e^x-1\sim x,\quad \ln(1+x)\sim x.$$

关于等价无穷小在极限运算过程中能起到简化极限运算的功效，下面举例说明.

例 4 求 $\lim\limits_{x\to 0}\frac{\sin 5x}{\sin 3x}$.

解 当 $x\to 0$ 时，$\sin 5x\sim 5x$，$\sin 3x\sim 3x$，所以

$$\lim_{x\to 0}\frac{\sin 5x}{\sin 3x}=\lim_{x\to 0}\frac{5x}{3x}=\frac{5}{3}.$$

例 5 求$\lim\limits_{x\to 0}\dfrac{(e^{x^2}-1)\cdot\arcsin x}{\ln(1+2x)\cdot(1-\cos 2x)}$.

解 因为当 $x\to 0$ 时,

$$e^{x^2}-1\sim x^2,\quad \arcsin x\sim x,\quad \ln(1+2x)\sim 2x,\quad 1-\cos 2x\sim\frac{(2x)^2}{2}=2x^2,$$

所以

$$\lim_{x\to 0}\frac{(e^{x^2}-1)\cdot\arcsin x}{\ln(1+2x)\cdot(1-\cos 2x)}=\lim_{x\to 0}\frac{x^2\cdot x}{2x\cdot 2x^2}=\frac{1}{4}.$$

注:在利用等价无穷小求极限时,如果分子分母无穷小是若干个无穷小的乘积组成,则可以分别用它们的等价无穷小替换;如果分子分母无穷小是由若干个无穷小的和(差)构成,则一般不能分别用它们的等价无穷小替换.

例如:$\lim\limits_{x\to 0}\dfrac{\tan x-\sin x}{x^3}$,这个极限我们在后面的例题中会讲解,若用等价无穷小替换,则得到错误的结果 0.

习　题　四

1. 下列函数在自变量怎样变化时是无穷小? 无穷大?

(1) $y=\dfrac{1}{x^2}$;　　(2) $y=\dfrac{1}{x+1}$;

(3) $y=\cot x$;　　(4) $y=\ln x$.

2. 计算下列极限.

(1) $\lim\limits_{x\to 1}\dfrac{x}{x-1}$;　　(2) $\lim\limits_{x\to 2}\dfrac{x^3+2x^2}{(x-2)^2}$;

(3) $\lim\limits_{x\to\infty}(2x^3-x+1)$;　　(4) $\lim\limits_{x\to\infty}\dfrac{\sin 2x}{x^2}$;

(5) $\lim\limits_{x\to\frac{\pi}{2}}\left[\left(\dfrac{\pi}{2}-x\right)\cos\left(\dfrac{\pi}{2}-x\right)\right]$;　　(6) $\lim\limits_{x\to\infty}\dfrac{x-\sin x}{x+\sin x}$;

(7) $\lim\limits_{x\to 0}\dfrac{\tan 2x}{x}$;　　(8) $\lim\limits_{x\to\pi}\dfrac{\sin 3x}{x-\pi}$;

(9) $\lim\limits_{x\to 0}\dfrac{\sin 3x}{\sin 6x}$;　　(10) $\lim\limits_{x\to 1}\dfrac{\tan(x^2-1)}{x-1}$.

3. 当 $x\to 0$ 时,$2x-x^2$ 与 x^2-x^3 相比,哪一个是较高阶的无穷小?

4. 证明：当 $x \to -3$ 时，x^2+6x+9 是比 $x+3$ 较高阶的无穷小.

5. 当 $x \to 1$ 时，无穷小 $1-x$ 和 $\frac{1}{2}(1-x^2)$ 是否同阶？是否等价？

当 $x \to 1$ 时，$1-x$ 与 $1-\sqrt[3]{x}$ 是否同阶？是否等价？

第五节　函数的连续性与间断点

一、函数的连续性

很多自然现象，如水的时钟的运行、气温的变化、水的流动等等，这些现象反映在数学上就是函数的连续性.

1. 函数的增量

定义 1.5.1　设变量 x 从它的一个初值 x_1 变到终值 x_2，终值与初值的差 x_2-x_1 就叫做变量 x 的增量，记作 Δx，即 $\Delta x = x_2 - x_1$.

注：Δx 为一整体，可正可负可以为零.

设函数 $y=f(x)$ 在点 x_0 的某一个邻域内是有定义的.当自变量 x 在这邻域内从 x_0 变到 $x_0+\Delta x$ 时，函数 y 相应地从 $f(x_0)$ 变到 $f(x_0+\Delta x)$，因此函数 y 的对应增量为

$$D\Delta y = f(x_0+\Delta x) - f(x_0) .$$

2. 函数连续的定义

由图 1.5.1(a) 知函数 $y=f(x)$ 在点 x_0 处连续是指曲线 $y=f(x)$ 在横坐标为 x_0 的点处没有断开.

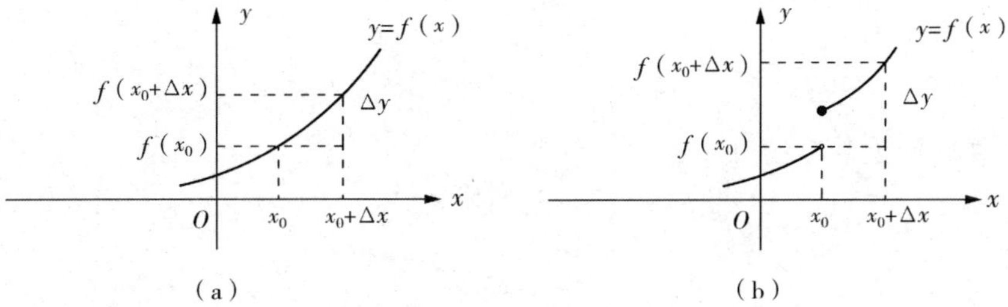

图 1.5.1

在图 1.5.1(a) 中有当 $\Delta x \to 0$(即 $x \to x_0$) 时，$\Delta y \to 0$(即 $y \to y_0$)，而图 1.5.1(b) 没有此特点，由此得 $y=f(x)$ 在 x_0 处的连续概念：

定义 1.5.2　设函数 $y=f(x)$ 在点 x_0 的某一个邻域内有定义，如果当自变量的增量 $\Delta x = x - x_0$ 趋于零时，对应函数的增量 $\Delta y = f(x_0+\Delta x) - f(x_0)$ 也趋于零，即

$$\lim_{\Delta x \to 0} \Delta y = 0，\text{或} \lim_{x \to x_0} f(x) = f(x_0)，$$

那么就称函数 $y=f(x)$ 在点 x_0 处连续，否则称在 x_0 处间断.

设 $x_0+\Delta x=x$，则当 $\Delta x\to 0$ 时，$x\to x_0$，$f(x)\to f(x_0)$，因此有：

定义 1.5.2′ 设函数 $y=f(x)$ 在点 x_0 的某一个邻域内有定义，如果 $\lim\limits_{x\to x_0}f(x)=f(x_0)$，则称函数 $y=f(x)$ 在点 x_0 处连续，否则称在 x_0 处间断.

左右连续性：

定义 1.5.3 如果 $\lim\limits_{x\to x_0^-}f(x)=f(x_0)$，则称 $y=f(x)$ 在点 x_0 处左连续；

如果 $\lim\limits_{x\to x_0^+}f(x)=f(x_0)$，则称 $y=f(x)$ 在点 x_0 处右连续.

定理 1.5.1 左右连续与连续的关系：

函数 $y=f(x)$ 在点 x_0 处连续等价于函数 $y=f(x)$ 在点 x_0 处既左连续又右连续，即：

$$\lim_{x\to x_0}f(x)=f(x_0)\Leftrightarrow \lim_{x\to x_0^-}f(x)=\lim_{x\to x_0^+}f(x)=f(x_0).$$

注：此定理主要用于判别函数在分段点处是否连续的问题.

思考：判别函数在某点处的连续性，是否都需要从左右极限考虑？

例 1 判别 $f(x)=\begin{cases}1+x, & x\geqslant 0,\\ 1-x, & x<0\end{cases}$ 在 $x=0$ 处是否连续.

解 因为 $\lim\limits_{x\to 0^+}f(x)=\lim\limits_{x\to 0^+}(1+x)=1=f(0)$；

$\lim\limits_{x\to 0^-}f(x)=\lim\limits_{x\to 0^-}(1-x)=1=f(0)$.

由定理 1.5.1 得：$f(x)$ 在 $x=0$ 处连续.

例 2 判别 $f(x)=\begin{cases}x\sin\dfrac{1}{x}, & x\neq 0,\\ 0, & x=0\end{cases}$ 在 $x=0$ 处的连续性.

解 $\lim\limits_{x\to 0}f(x)=\lim\limits_{x\to 0}\left(x\sin\dfrac{1}{x}\right)=0=f(0)$，故 $f(x)$ 在 $x=0$ 处连续.

3. 函数在区间上的连续性

定义 1.5.4 若 $f(x)$ 在 (a,b) 内每一点都连续，则称 $f(x)$ 在 (a,b) 内连续，而 (a,b) 称为连续区间.

注：(1) 如果区间包括端点，那么函数在右端点连续是指左连续，在左端点连续是指右连续；

(2) 一般地，初等函数在其定义域内均是连续的，即初等函数的连续区间为其定义域.

二、函数的间断点

1. 间断定义

定义 1.5.5 设函数 $f(x)$ 在点 x_0 的某去心邻域内有定义. 在此前提下，如果函数 $f(x)$ 有下列三种情形之一：

(1) 在 x_0 没有定义；

(2) 虽然在 x_0 有定义，但 $\lim\limits_{x \to x_0} f(x)$ 不存在；

(3) 虽然在 x_0 有定义且 $\lim\limits_{x \to x_0} f(x)$ 存在，但 $\lim\limits_{x \to x_0} f(x) \neq f(x_0)$，

则函数 $f(x)$ 在点 x_0 为不连续，而点 x_0 称为函数 $f(x)$ 的不连续点或间断点.

2.间断点的分类

通常把间断点分成两类：如果 x_0 是函数 $f(x)$ 的间断点，但左极限 $f(x_0-0)$ 及右极限 $f(x_0+0)$ 都存在，那么 x_0 称为函数 $f(x)$ 的第一类间断点；不是第一类间断点的任何间断点，称为第二类间断点.在第一类间断点中，左、右极限相等者称为可去间断点，不相等者称为跳跃间断点.无穷间断点和振荡间断点显然是第二间断点.

间断点类型 $\begin{cases} \text{第一类间断点：间断点 } x_0 \text{ 处的左、右极限存在的间断点；} \\ \text{第二类间断点：除第一类间断点之外的间断点.} \end{cases}$

第一类间断点 $\begin{cases} \text{左右极限相等即极限存在的间断点称为可去间断点；} \\ \text{左右极限不相等的间断点成为跳跃间断点.} \end{cases}$

第二类间断点 $\begin{cases} \text{左右极限至少有一个趋向无穷大的间断点成为无穷间断点；} \\ \text{当 } x \text{ 趋向间断点 } x_0 \text{ 时，} f(x) \text{ 在某一区间中来回取值的间断点称为} \\ \text{振荡间断点.} \end{cases}$

例 1 正切函数 $y=\tan x$ 在 $x=\frac{\pi}{2}$ 处没有定义，所以点 $x=\frac{\pi}{2}$ 是函数 $\tan x$ 的间断点.

因为 $\lim\limits_{x \to \frac{\pi}{2}} \tan x = \infty$，故称 $x=\frac{\pi}{2}$ 为函数 $\tan x$ 的无穷间断点.

例 2 函数 $y=\sin\frac{1}{x}$ 在点 $x=0$ 处没有定义，所以点 $x=0$ 是函数 $\sin\frac{1}{x}$ 的间断点.

当 $x \to 0$ 时，函数值在 -1 与 1 之间变动无限多次，所以点 $x \to 0$ 称为函数 $\sin\frac{1}{x}$ 的振荡间断点.

例 3 函数 $y=\frac{x^2-1}{x-1}$ 在 $x=1$ 处没有定义，所以点 $x=1$ 是函数的间断点.

因为 $\lim\limits_{x \to 1}\frac{x^2-1}{x-1}=\lim\limits_{x \to 1}(x+1)=2$，如果补充定义：令 $x=1$ 时 $y=2$，则所给函数在 $x=1$ 处成为连续，所以 $x=1$ 称为该函数的可去间断点.

例 4 设函数 $y=f(x)=\begin{cases} x, & x \neq 1, \\ \frac{1}{2}, & x=1. \end{cases}$

因为 $\lim\limits_{x \to 1} f(x)=\lim\limits_{x \to 1} x=1$，$f(1)=\frac{1}{2}$，$\lim\limits_{x \to 1} f(x) \neq f(1)$，所以 $x=1$ 是函数 $f(x)$ 的间断点.

如果改变函数 $f(x)$ 在 $x=1$ 处的定义：令 $f(1)=1$，则函数 $f(x)$ 在 $x=1$ 处成为连续，

所以 $x=1$ 也称为该函数的可去间断点.

例 5 设函数 $f(x)=\begin{cases} x-1, & x<0, \\ 0, & x=0, \\ x+1, & x>0. \end{cases}$

解 因为

$$\lim_{x\to 0^-} f(x)=\lim_{x\to 0^-}(x-1)=-1, \lim_{x\to 0^+} f(x)=\lim_{x\to 0^+}(x+1)=1, \lim_{x\to 0^+} f(x)\neq \lim_{x\to 0^+} f(x),$$

所以极限 $\lim\limits_{x\to 0} f(x)$ 不存在，$x=0$ 是函数 $f(x)$ 的间断点.因函数 $f(x)$ 的图形在 $x=0$ 处产生跳跃现象，我们称 $x=0$ 为函数 $f(x)$ 的跳跃间断点.

例 6 求 $f(x)=\dfrac{x+1}{x^2-2x-3}$ 的间断点和连续区间.

解 令 $x^2-2x-3=0$，得 $x=-1, x=3$，所以 $f(x)$ 的连续区间是 $(-\infty,-1)\cup(-1,3)\cup(3,+\infty)$，间断点是 $x=-1, x=3$.

例 7 已知 $f(x)=\begin{cases} \dfrac{1}{x-1}, & x\geqslant 0 \\ x^2, & x<0, \end{cases}$ 求 $f(x)$ 的连续区间.

解 因为 $f(x)$ 在 $x=1$ 处，无意义，所以 $x=1$ 为间断点.

又因为 $x>0$ 且 $x\neq 1$ 以及 $x<0$ 为 $f(x)$ 的定义域，因此连续.

主要看 $f(x)$ 在分隔点 $x=0$ 处是否连续.

因 $\lim\limits_{x\to 0^+} f(x)=\lim\limits_{x\to 0^+}\dfrac{1}{x-1}=-1, \lim\limits_{x\to 0^-} f(x)=\lim\limits_{x\to 0^-} x^2=0$，所以 $\lim\limits_{x\to 0} f(x)$ 不存在.

故 $f(x)$ 连续区间为 $(-\infty,0)\cup(0,1)\cup(1,+\infty)$.

例 8 已知 $f(x)=\begin{cases} \dfrac{x-1}{x^2-1}, & x\neq 0, \\ 1, & x=0, \end{cases}$ 求 $f(x)$ 的连续区间.

解 $x=0$ 为分隔点，需要判别.

因 $\lim\limits_{x\to 0} f(x)=\lim\limits_{x\to 0}\dfrac{x-1}{x^2-1}=1=f(0)$，所以 $f(x)$ 在 $x=0$ 处连续.

而 $f(x)$ 在 $x=1$ 和 $x=-1$ 处，无意义，所以间断.

故 $f(x)$ 的连续区间是 $(-\infty,-1)\cup(-1,1)\cup(1,+\infty)$.

例 9 设 $f(x)=\begin{cases} \ln(1+2x)^{\frac{1}{x}}, & x\neq 0, \\ k, & x=0, \end{cases}$ 问如何选取 k，使 $f(x)$ 在 $x=0$ 处连续？

解 如使 $f(x)$ 在 $x=0$ 处连续，即 $\lim\limits_{x\to 0} f(x)=f(0)=k$，则

$$\lim_{x\to 0} f(x)=\lim_{x\to 0}\ln(1+2x)^{\frac{1}{x}}=\lim_{x\to 0}\ln(1+2x)^{\frac{1}{2x}\cdot 2}=2=k.$$

三、闭区间上连续函数的性质

定义 1.5.6 对于在区间 I 上有定义的函数 $f(x)$，如果有 $x_0 \in I$，使得对于任一 $x \in I$ 都有

$$f(x) \leqslant f(x_0) \quad [f(x) \geqslant f(x_0)],$$

则称 $f(x_0)$ 是函数 $f(x)$ 在区间 I 上的最大值（最小值）.

例如，函数 $f(x)=1+\sin x$ 在区间 $[0,2]$ 上有最大值 2 和最小值 0.

定理 1.5.2 （最大值和最小值定理）在闭区间上连续的函数在该区间上一定能取得它的最大值和最小值.

定理 1.5.2 说明，如果函数 $f(x)$ 在闭区间 $[a,b]$ 上连续，那么至少有一点 $x_1 \in [a,b]$，使 $f(x_1)$ 是 $f(x)$ 在 $[a,b]$ 上的最大值，又至少有一点 $x_2 \in [a,b]$，使 $f(x_2)$ 是 $f(x)$ 在 $[a,b]$ 上的最小值.

注：如果函数在开区间内连续，或函数在闭区间上有间断点，那么函数在该区间上就不一定有最大值或最小值.例如在开区间 (a,b) 考察函数 $y=x$.

定理 1.5.3 （有界性定理）在闭区间上连续的函数一定在该区间上有界.

定义 1.5.7 如果 x_0 使 $f(x_0)=0$，则 x_0 称为函数 $f(x)$ 的零点.

定理 1.5.4 （零点定理）设函数 $f(x)$ 在闭区间 $[a,b]$ 上连续，且 $f(a)$ 与 $f(b)$ 异号，那么在开区间 (a,b) 内至少有一点 x_0 使 $f(x_0)=0$.

定理 1.5.5 （介值定理）设函数 $f(x)$ 在闭区间 $[a,b]$ 上连续，且在这区间的端点取不同的函数值

$$f(a)=A \text{ 及 } f(b)=B,$$

那么，对于 A 与 B 之间的任意一个数 C，在开区间 (a,b) 内至少有一点 x_0，使得

$$f(x_0)=C .$$

定理 1.5.5 的几何意义：连续曲线弧 $y=f(x)$ 与水平直线 $y=C$ 至少交于一点.

推论：在闭区间上连续的函数必取得介于最大值 M 与最小值 m 之间的任何值.

例 10 证明方程 $x^3-3x+1=0$ 在 $(0,1)$ 内至少有一实根.

证明 设 $f(x)=x^3-3x+1$，因为 $f(x)$ 为初等函数，所以 $f(x)$ 在 $[0,1]$ 上连续，且 $f(0)=1, f(1)=-1$. 由零点定理可知，方程 $x^3-3x+1=0$ 在 $(0,1)$ 内至少有一实根.

习　题　五

1. 设函数 $y=f(x)=x^3-2x+5$，求适合下列条件的自变量的增量和对应的函数的增量：(1) 当 x 由 2 变到 3；(2) 当 x 由 2 变到 1.

2. 讨论函数 $y=f(x)=3x-2$ 在 $x=0$ 处的连续性.

3. 讨论函数 $f(x)=\begin{cases}x^2-1, & 0\leqslant x<1,\\ x+3, & x\geqslant 1\end{cases}$ 在 $x=\frac{1}{2},x=1,x=2$ 各点的连续性.

4. 讨论函数 $f(x)=\begin{cases}x+1, & x<0,\\ 2-x, & x\geqslant 0\end{cases}$ 在 $x=0$ 处的连续性,并画出它的图像.

5. 求函数 $f(x)=\dfrac{x^3+3x^2-x-3}{x^2+x-6}$ 的连续区间,并求极限 $\lim\limits_{x\to 0}f(x)$, $\lim\limits_{x\to 2}f(x)$ 及 $\lim\limits_{x\to -3}f(x)$.

6. 求下列函数的间断点并说明其类型. 如果是可去间断点则补充或改变定义使其连续.

(1) $y=\dfrac{1}{1+x}$;

(2) $y=\dfrac{x^2-1}{x^2-3x+2}$;

(3) $y=\dfrac{1-\cos x}{x^2}$;

(4) $y=\begin{cases}x-1, & x\leqslant 1,\\ 2-x, & x>1;\end{cases}$

(5) $y=\begin{cases}3+x^2, & x\geqslant 0,\\ \dfrac{\sin 3x}{x}, & x<0.\end{cases}$

7. 设函数 $f(x)=\begin{cases}\dfrac{\sin 2x}{x}, & x\neq 0,\\ k, & x=0\end{cases}$ 应当怎样选择 k,使得 $f(x)$ 在 $(-\infty,+\infty)$ 内处处连续.

8. 设函数

$$f(x)=\begin{cases}\sqrt{x^2-1}, & x<-1,\\ b, & x=-1,\\ a+\arccos x, & -1<x\leqslant 1\end{cases}$$

在 $x=-1$ 处连续,求常数 a,b.

9. 求下列各极限.

(1) $f(x)=\dfrac{1}{\sqrt[3]{x^2-3x+2}}$,并求 $\lim\limits_{x\to 0}f(x)$;

(2) $f(x)=\ln(2-x)$,求 $\lim\limits_{x\to -8}f(x)$.

10. 求下列各极限.

(1) $\lim\limits_{x\to 0}\sqrt{x^2-2x+5}$;

(2) $\lim\limits_{x\to \frac{\pi}{4}}(\sin 2x)^3$;

(3) $\lim\limits_{x\to \frac{\pi}{9}}(2\cos 3x)$;

(4) $\lim\limits_{x\to \frac{\pi}{4}}\dfrac{\sin 2x}{2\cos(\pi-x)}$.

11. 求下列各极限.

(1) $\lim\limits_{x\to 0}\ln\dfrac{\sin x}{x}$；

(2) $\lim\limits_{x\to 0}\cos\left(\dfrac{\sin\pi x}{x}\right)$；

(3) $\lim\limits_{x\to 0}(1+3\tan^2 x)^{\cot^2 x}$；

(4) $\lim\limits_{x\to\frac{\pi}{2}}(1+\cos x)^{2\sec x}$；

(5) $\lim\limits_{x\to 1}\dfrac{\sqrt{5x-4}-\sqrt{x}}{x-1}$；

(6) $\lim\limits_{x\to\infty}[\sqrt{x}(\sqrt{x+1}-\sqrt{x-1})]$.

12. 已知$\lim\limits_{x\to 1}\dfrac{x^2+ax+b}{1-x}=1$，试求 a 与 b 的值.

13. 证明方程 $x^4-3x^2+1=0$ 在 1 与 2 之间至少存在一实根.

第二章　微分学

第一节　导数概念

一、引例

1. 直线运动的速度

设一质点在坐标轴上作非匀速运动，时刻 t 质点的坐标为 s，s 是 t 的函数：

$$s = f(t),$$

求动点在时刻 t_0 的瞬时速度.

考虑比值

$$\bar{v} = \frac{s - s_0}{t - t_0} = \frac{\Delta s}{\Delta t},$$

这个比值可认为是动点在时间间隔 $t - t_0$ 内的平均速度.如果时间间隔选较短，即 $t - t_0 = \Delta t$ 很小时，这个比值在实践中也可用来说明动点在时刻 t_0 的速度.但这样做是不精确的，更确切地应当这样：

$$v(t_0) = \lim_{\Delta t \to 0} \frac{\Delta s}{\Delta t}.$$

2. 切线问题

如图 2.1.1，设有曲线 C 及 C 上的一点 M，在点 M 外另取 C 上一点 N，作割线 MN.当点 N 沿曲线 C 趋于点 M 时，割线 MN 的极限位置 MT，就称为曲线 C 有点 M 处的切线.

设曲线 C 就是函数 $y = f(x)$ 的图形.现在要确定曲线在点 $M(x_0, y_0)$ 处的切线，只要定出切线的斜率就行了.为此，在点 M 外另取 C 上一点 $N(x, y)$，于是割线 MN 的斜率为

$$\tan\varphi = \frac{y - y_0}{x - x_0} = \frac{\Delta y}{\Delta x},$$

其中 φ 为割线 MN 的倾角.当点 N 沿曲线 C 趋于点 M 时，即 $\Delta x \to 0$.若 $\lim\limits_{\Delta x \to 0} \frac{\Delta y}{\Delta x}$ 存在，则此极限即是割线斜率的极限，也就是切线的斜率.

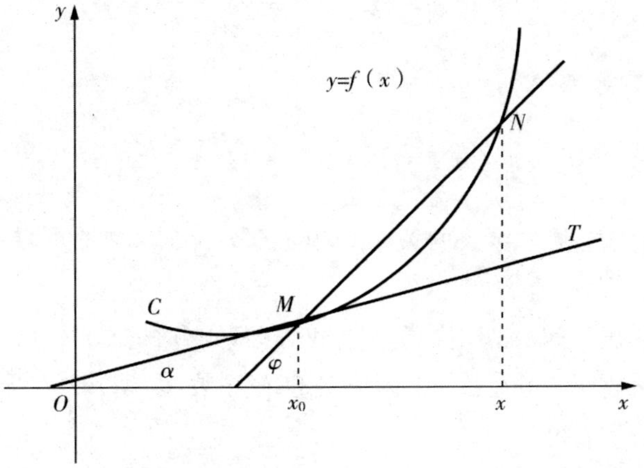

图 2.1.1

二、导数的定义

从上面所讨论的问题中可以看出，虽然背景不同，但最终都归结为

$$\lim_{\Delta x\to 0}\frac{\Delta y}{\Delta x}.$$

由此得到导数的定义.

定义 2.1.1 设函数 $y=f(x)$ 在点 x_0 的某个邻域内有定义，当给 x_0 处一增量 Δx（点 $\Delta x+x_0$ 仍在该邻域内）时，相应地函数 y 也有增量 $\Delta y=f(x_0+\Delta x)-f(x_0)$；如果 $\lim\limits_{\Delta x\to 0}\dfrac{\Delta y}{\Delta x}$ 存在，则称函数 $y=f(x)$ 在点 x_0 处可导，并称此极限为函数 $y=f(x)$ 在点 x_0 处的导数，记为 $y'\big|_{x=x_0}$，$f'(x_0)$，$\dfrac{\mathrm{d}y}{\mathrm{d}x}\Big|_{x=x_0}$ 或 $\dfrac{\mathrm{d}}{\mathrm{d}x}f(x)\Big|_{x=x_0}$，即

$$f'(x_0)=\lim_{\Delta x\to 0}\frac{\Delta y}{\Delta x}.$$

因为 $\Delta x=x-x_0$，$\Delta y=f(x)-f(x_0)=f(x_0+\Delta x)-f(x_0)$，故

$$f'(x_0)=\lim_{\Delta x\to 0}\frac{\Delta y}{\Delta x}=\lim_{\Delta x\to 0}\frac{f(x_0+\Delta x)-f(x_0)}{\Delta x}=\lim_{x\to x_0}\frac{f(x)-f(x_0)}{x-x_0}.$$

函数 $f(x)$ 在点 x_0 处可导有时也说成 $f(x)$ 在点 x_0 具有导数或导数存在.如果上式极限不存在，则称函数 $f(x)$ 在点 x_0 处不可导.

在实际中，需要讨论各种具有不同意义的变量的变化“快慢”问题，在数学上就是所谓函数的变化率问题.导数概念就是函数变化率这一概念的精确描述.

单侧导数：

定义 2.1.2 $f(x)$ 在 x_0 处的左导数：

$$f'_-(x_0)=\lim_{x\to x_0^-}\frac{f(x)-f(x_0)}{x-x_0};$$

$f(x)$ 在 x_0 处的右导数：

$$f'_+(x_0)=\lim_{x\to x_0^+}\frac{f(x)-f(x_0)}{x-x_0}.$$

定理 2.1.1 （导数与左右导数的关系）函数 $f(x)$ 在点 x_0 处可导的充分必要条件是左右导数都存在且相等.

如果函数 $f(x)$ 在开区间 (a,b) 内任一点处可导，则称函数 $f(x)$ 在 (a,b) 内可导，(a,b) 称为可导区间；如果函数 $f(x)$ 在 (a,b) 内可导且右导数 $f'_+(a)$ 和左导数 $f'_-(b)$ 都存在，就说 $f(x)$ 在闭区间 $[a,b]$ 上可导.

定义 2.1.3 如果函数 $y=f(x)$ 在开区间 (a,b) 内可导，这时，对于任一 $x\in(a,b)$，都对应着 $f(x)$ 的一个确定的导数值.这样就构成了一个新的函数，这个函数叫做原来函数 $y=f(x)$ 的导函数，记作 y'，$f'(x)$，$\frac{\mathrm{d}y}{\mathrm{d}x}$，或 $\frac{\mathrm{d}f(x)}{\mathrm{d}x}$.

导函数的定义式：

$$y'=\lim_{\Delta x\to 0}\frac{f(x+\Delta x)-f(x)}{\Delta x}.$$

$f'(x_0)$ 与 $f'(x)$ 之间的关系：

函数 $f(x)$ 在点 x_0 处的导数 $f'(x_0)$ 就是导函数 $f'(x)$ 在点 $x=x_0$ 处的函数值，即

$$f'(x_0)=f'(x)\Big|_{x=x_0}.$$

导函数 $f'(x)$ 简称导数，而 $f'(x_0)$ 是 $f(x)$ 在 x_0 处的导数或导数 $f'(x)$ 在 x_0 处的值.

三、求导数举例

例 1 求函数 $f(x)=C$（C 为常数）的导数.

解 $f'(x)=\lim\limits_{h\to 0}\frac{f(x+h)-f(x)}{h}=\lim\limits_{h\to 0}\frac{C-C}{h}=0$，即

$$(C)'=0.$$

例 2 求 $f(x)=\frac{1}{x}$ 的导数.

解 $$f'(x)=\lim_{h\to 0}\frac{f(x+h)-f(x)}{h}=\lim_{h\to 0}\frac{\frac{1}{x+h}-\frac{1}{x}}{h}$$

$$=\lim_{h\to 0}\frac{-h}{h(x+h)x}=-\lim_{h\to 0}\frac{1}{(x+h)x}=-\frac{1}{x^2}.$$

例 3 求 $f(x)=\sqrt{x}$ 的导数.

解 $f'(x)=\lim\limits_{h\to 0}\dfrac{f(x+h)-f(x)}{h}=\lim\limits_{h\to 0}\dfrac{\sqrt{x+h}-\sqrt{x}}{h}$

$$=\lim_{h\to 0}\frac{h}{h(\sqrt{x+h}+\sqrt{x})}=\lim_{h\to 0}\frac{1}{\sqrt{x+h}+\sqrt{x}}=\frac{1}{2\sqrt{x}}.$$

例 4 求函数 $f(x)=\sin x$ 的导数.

解 $f'(x)=\lim\limits_{h\to 0}\dfrac{f(x+h)-f(x)}{h}=\lim\limits_{h\to 0}\dfrac{\sin(x+h)-\sin x}{h}$

$$=\lim_{h\to 0}\frac{1}{h}\cdot 2\cos\left(x+\frac{h}{2}\right)\sin\frac{h}{2}=\lim_{h\to 0}\cos\left(x+\frac{h}{2}\right)\cdot\frac{\sin\frac{h}{2}}{\frac{h}{2}}=\cos x.$$

用类似的方法,可求得 $(\cos x)'=-\sin x$.

例 5 求函数 $f(x)=\log_a x\ (a>0,a\neq 1)$ 的导数.

解 $f'(x)=\lim\limits_{h\to 0}\dfrac{f(x+h)-f(x)}{h}=\lim\limits_{h\to 0}\dfrac{\log_a(x+h)-\log_a x}{h}$

$$=\lim_{h\to 0}\frac{1}{h}\log_a\frac{x+h}{x}=\frac{1}{x}\lim_{h\to 0}\frac{x}{h}\log_a\left(1+\frac{h}{x}\right)=\frac{1}{x}\lim_{h\to 0}\log_a\left(1+\frac{h}{x}\right)^{\frac{x}{h}}$$

$$=\frac{1}{x}\log_a \mathrm{e}=\frac{1}{x\ln a}.$$

即

$$(\log_a x)'=\frac{1}{x\ln a}.$$

特殊地

$$(\ln x)'=\frac{1}{x}.$$

例 6 判断函数 $f(x)=\begin{cases}1+x, & x\geqslant 0,\\ x, & x<0\end{cases}$ 在 $x=0$ 处是否可导.

解 因 $f'_-(0)=\lim\limits_{x\to 0^-}\dfrac{f(x)-f(0)}{x}=\lim\limits_{x\to 0^-}\dfrac{x-1}{x}=+\infty$,

$$f'_+(0)=\lim_{x\to 0^+}\frac{f(x)-f(0)}{x}=\lim_{x\to 0^-}\frac{x}{x}=1.$$

故 $f(x)=\begin{cases}1+x, & x\geqslant 0\\ x, & x<0\end{cases}$ 在 $x=0$ 处不可导.

四、导数的几何意义

函数 $y=f(x)$ 在点 x_0 处的导数 $f'(x_0)$ 在几何上表示曲线 $y=f(x)$ 在点 $M(x_0,f(x_0))$

处的切线的斜率，即

$$f'(x_0)=\tan\alpha.$$

其中 α 是切线的倾角.

如果 $y=f(x)$ 在点 x_0 处的导数为无穷大，这时曲线 $y=f(x)$ 的割线以垂直于 x 轴的直线 $x=x_0$ 为极限位置，即曲线 $y=f(x)$ 在点 $M(x_0,f(x_0))$ 处具有垂直于 x 轴的切线 $x=x_0$. 由直线的点斜式方程，可知曲线 $y=f(x)$ 在点 $M(x_0,f(x_0))$ 处的切线方程为

$$y-f(x_0)=f'(x_0)(x-x_0).$$

过切点 $M(x_0,f(x_0))$ 且与切线垂直的直线叫做曲线 $y=f(x)$ 在点 M 处的法线，如果 $f'(x_0)\neq 0$，则法线的斜率为 $-\dfrac{1}{f'(x_0)}$，从而法线方程为

$$y-f(x_0)=-\frac{1}{f'(x_0)}(x-x_0).$$

例 7 求等边双曲线 $y=\dfrac{1}{x}$ 在点 $\left(\dfrac{1}{2},2\right)$ 处的切线的斜率，并写出在该点处的切线方程和法线方程.

解 $y'=-\dfrac{1}{x^2}$，所求切线及法线的斜率分别为

$$k_1=\left(-\frac{1}{x^2}\right)\Bigg|_{x=\frac{1}{2}}=-4;k_2=-\frac{1}{k_1}=\frac{1}{4}.$$

所求切线方程为 $y-2=-4\left(x-\dfrac{1}{2}\right)$，即 $4x+y-4=0$；

所求法线方程为 $y-2=\dfrac{1}{4}\left(x-\dfrac{1}{2}\right)$，即 $2x-8y+15=0$.

五、函数的可导性与连续性的关系

设函数 $y=f(x)$ 在点 x_0 处可导，即 $\lim\limits_{\Delta x\to 0}\dfrac{\Delta y}{\Delta x}=f'(x_0)$ 存在，则

$$\lim_{\Delta x\to 0}\Delta y=\lim_{\Delta x\to 0}\frac{\Delta y}{\Delta x}\cdot\Delta x=\lim_{\Delta x\to 0}\frac{\Delta y}{\Delta x}\cdot\lim_{\Delta x\to 0}\Delta x=f'(x_0)\cdot 0=0.$$

这就是说，函数 $y=f(x)$ 在点 x_0 处是连续的.所以，如果函数 $y=f(x)$ 在点 x 处可导，则函数在该点必连续.

另一方面，一个函数在某点连续却不一定在该点处可导.

例 8 判别函数 $f(x)=|x|$ 在 $x=0$ 处的连续与可导性.

解 $f'_-(0)=\lim\limits_{h\to 0^-}\dfrac{f(0+h)-f(0)}{h}=\lim\limits_{h\to 0^-}\dfrac{|h|}{h}=-1$；

$$f'_{+}(0)=\lim_{h\to 0^{+}}\frac{f(0+h)-f(0)}{h}=\lim_{h\to 0^{+}}\frac{|h|}{h}=1.$$

因为 $f'_{-}(x_0)\neq f'_{+}(x_0)$，所以函数 $f(x)=|x|$ 在 $x=0$ 处不可导.

但 $f(x)$ 在 $x=0$ 处连续.

例 9 函数 $f(x)=\sqrt[3]{x}$ 在区间$(-\infty,+\infty)$内连续，但在点 $x=0$ 处不可导.这是因为函数在点 $x=0$ 处导数为无穷大，即

$$\lim_{h\to 0}\frac{f(0+h)-f(0)}{h}=\lim_{h\to 0}\frac{\sqrt[3]{h}-0}{h}=+\infty.$$

习 题 一

1. 判断题

(1) 如果函数 $f(x)$ 在点 x_0 处可导，那么 $f(x)$ 在点 x_0 处一定连续.(　　)

(2) 如果函数 $f(x)$ 在点 x_0 处连续，那么 $f(x)$ 在点 x_0 处一定可导.(　　)

(3) 如果函数 $f(x)$ 在点 x_0 处可导，那么 $f'(x_0)=\lim\limits_{x\to x_0}\dfrac{f(x)-f(x_0)}{x-x_0}$.(　　)

(4) 如果函数 $f(x)$ 在点 x_0 处不可导，那么 $f(x)$ 的图形在点$(x_0,f(x_0))$处一定没有切线.(　　)

(5) 如果曲线 $y=f(x)$ 处处有切线，那么函数 $y=f(x)$ 一定处处可导.(　　)

(6) $[f(x_0)]'=f'(x_0)$，(x_0 为 $f(x)$ 定义域上的一点).(　　)

2. 讨论函数 $y=|x-2|$ 在点 $x=2$ 处的连续性与可导性.

3. 已知物体的运动规律为 $s=t^3(m)$，求这物体在 $t=2(s)$ 时的速度.

4. 求曲线 $y=\sin x$ 在 $x=\dfrac{2\pi}{3}$，$x=\pi$ 处的切线的斜率，并给出切线方程和法线方程.

5. 思考：$f'(x_0)$ 与$[f(x_0)]'$的区别.

6. 讨论函数 $f(x)=\begin{cases}1+x, & x>0,\\ 1-x, & x\leqslant 0\end{cases}$ 在点 $x=0$ 处的连续性和可导性.

第二节　函数的求导法则

一、函数的和、差、积、商的求导法则

定理 2.1.1 如果函数 $u=u(x)$ 及 $v=v(x)$ 在点 x 处具有导数，那么它们的和、差、积、商(除分母为零的点外)都在点 x 处具有导数，并且

(1) $[u(x)\pm v(x)]'=u'(x)\pm v'(x)$；

(2) $[u(x)\cdot v(x)]'=u'(x)\cdot v(x)+u(x)\cdot v'(x)$;

(3) $\left[\dfrac{u(x)}{v(x)}\right]'=\dfrac{u'(x)\cdot v(x)-u(x)\cdot v'(x)}{v^2(x)}$.

证明略

定理 2.1.1 中的法则(1)、(2) 可推广到任意有限个可导函数的情形.例如,设 $u=u(x)$, $v=v(x)$, $w=w(x)$ 均可导,则有

$$(u\pm v\pm w)'=u'\pm v'\pm w';$$

$$(uvw)'=u'vw+uv'w+uvw''.$$

在法则(2) 中,如果 $v=C$(C 为常数),则有

$$(Cu)'=Cu'.$$

例 1 $f(x)=x^3+4\cos x-\sin\dfrac{\pi}{2}$,求 $f'(x)$ 及 $f'\left(\dfrac{\pi}{2}\right)$.

解 $f'(x)=(x^3)'+(4\cos x)'-\left(\sin\dfrac{\pi}{2}\right)'=3x^2-4\sin x$;

$f'\left(\dfrac{\pi}{2}\right)=\dfrac{3}{4}\pi^2-4$.

例 2 $y=e^x(\sin x+\cos x)$,求 y'.

解 $y'=(e^x)'(\sin x+\cos x)+e^x(\sin x+\cos x)'=2e^x\cos x$.

例 3 $y=\tan x$,求 y'.

解 $y'=(\tan x)'=\left(\dfrac{\sin x}{\cos x}\right)'=\dfrac{(\sin x)'\cos x-\sin x(\cos x)'}{\cos^2 x}$

$=\dfrac{\cos^2 x+\sin^2 x}{\cos^2 x}=\dfrac{1}{\cos^2 x}=\sec^2 x$,

即

$$(\tan x)'=\sec^2 x.$$

用类似方法,还可求得余切函数及余割函数的导数公式:

$$(\cot x)'=-\csc^2 x;$$

$$(\csc x)'=-\csc x\cot x.$$

* 二、反函数的求导法则

定理 2.1.2 如果函数 $x=f(y)$ 在某区间 I_y 内单调、可导且 $f'(y)\neq 0$,那么它的反函数 $y=f^{-1}(x)$ 在对应区间 $I_x=\{x\mid x=f(y),y\in I_y\}$ 内也可导,并且

$$[f^{-1}(x)]' = \frac{1}{f'(y)}，或\frac{dy}{dx} = \frac{1}{\frac{dx}{dy}} .$$

上述结论可简单地说成：反函数的导数等于直接函数导数的倒数.

例 4　设 $x = \sin y, y \in \left[-\frac{\pi}{2}, \frac{\pi}{2}\right]$ 为直接函数，则 $y = \arcsin x$ 是它的反函数.函数 $x = \sin y$ 在开区间 $\left(-\frac{\pi}{2}, \frac{\pi}{2}\right)$ 内单调、可导，且

$$(\sin y)' = \cos y.$$

因此，由反函数的求导法则，在对应区间 $I_x = (-1,1)$ 内有

$$(\arcsin x)' = \frac{1}{(\sin y)'} = \frac{1}{\cos y} = \frac{1}{\sqrt{1-\sin^2 y}} = \frac{1}{\sqrt{1-x^2}} .$$

类似地有：$(\arccos x)' = -\frac{1}{\sqrt{1-x^2}}$；

$$(\arctan x)' = \frac{1}{(\tan y)'} = \frac{1}{\sec^2 y} = \frac{1}{1+\tan^2 y} = \frac{1}{1+x^2}；$$

$$(\operatorname{arccot} x)' = -\frac{1}{1+x^2}；$$

$$(\log_a x)' = \frac{1}{(a^y)'} = \frac{1}{a^y \ln a} = \frac{1}{x \ln a}.$$

到目前为止，所有的基本初等函数的导数我们都求出来了，那么由基本初等函数构成的较复杂的初等函数的导数如何求呢？

三、复合函数的求导法则

定理 2.1.3　如果 $u=g(x)$ 在点 x 处可导，函数 $y=f(u)$ 在点 $u=g(x)$ 处可导，则复合函数 $y=f[g(x)]$ 在点 x 处可导，且其导数为

$$f'[g(x)] = f'(u) \cdot g'(x) 或 \frac{dy}{dx} = \frac{dy}{du} \cdot \frac{du}{dx} 或 y'_x = y'_u \cdot u'_x,$$

其中 y'_x 表示 y 对 x 求导；y'_u 表示 y 对 u 求导；u'_x 表示 u 对 x 求导.

证明略.

例 5　$y = e^{x^3}$，求 $\frac{dy}{dx}$.

解　函数 $y = e^{x^3}$ 可看作是由 $y = e^u$ 和 $u = x^3$ 复合而成的，因此

$$\frac{dy}{dx} = \frac{dy}{du} \cdot \frac{du}{dx} = e^u \cdot 3x^2 = 3x^2 e^{x^3} .$$

例 6　$y = \sin \frac{2x}{1+x^2}$，求 $\frac{dy}{dx}$.

解　函数 $y=\sin\dfrac{2x}{1+x^2}$ 是由 $y=\sin u$ 和 $u=\dfrac{2x}{1+x^2}$ 复合而成的，因此

$$\frac{dy}{dx}=\frac{dy}{du}\cdot\frac{du}{dx}=\cos u\cdot\frac{2(1+x^2)-(2x)^2}{(1+x^2)^2}=\frac{2(1-x^2)}{(1+x^2)^2}\cdot\cos\frac{2x}{1+x^2}.$$

对复合函数的导数比较熟练后，就不必再写出中间变量.

例 7　$y=\ln\sin x$，求$\dfrac{dy}{dx}$.

解　$\dfrac{dy}{dx}=(\ln\sin x)'=\dfrac{1}{\sin x}\cdot(\sin x)'=\dfrac{1}{\sin x}\cdot\cos x=\cot x$.

例 8　$y=\sqrt[3]{1-2x^2}$，求$\dfrac{dy}{dx}$.

解　$\dfrac{dy}{dx}=[(1-2x^2)^{\frac{1}{3}}]'=\dfrac{1}{3}(1-2x^2)^{-\frac{2}{3}}\cdot(1-2x^2)'=\dfrac{-4x}{3\sqrt[3]{(1-2x^2)^2}}$.

复合函数的求导法则可以推广到多个中间变量的情形.

设 $y=f(u),u=\varphi(v),v=\psi(x)$，则

$$\frac{dy}{dx}=\frac{dy}{du}\cdot\frac{du}{dx}=\frac{dy}{du}\cdot\frac{du}{dv}\cdot\frac{dv}{dx}.$$

例 9　$y=\ln\cos(e^x)$，求$\dfrac{dy}{dx}$.

解
$$\frac{dy}{dx}=[\ln\cos(e^x)]'=\frac{1}{\cos(e^x)}\cdot[\cos(e^x)]'$$
$$=\frac{1}{\cos(e^x)}\cdot[-\sin(e^x)]\cdot(e^x)'=-e^x\tan(e^x).$$

例 10　$y=e^{\sin\frac{1}{x}}$，求$\dfrac{dy}{dx}$.

解
$$\frac{dy}{dx}=(e^{\sin\frac{1}{x}})'=e^{\sin\frac{1}{x}}\cdot\left(\sin\frac{1}{x}\right)'=e^{\sin\frac{1}{x}}\cdot\cos\frac{1}{x}\cdot\left(\frac{1}{x}\right)'$$
$$=-\frac{1}{x^2}\cdot e^{\sin\frac{1}{x}}\cdot\cos\frac{1}{x}.$$

例 11　$y=\sin^2 2x$，求 y'.

解　$y'=4\sin 2x\cdot\cos 2x$.

四、高阶导数

一般地，函数 $y=f(x)$ 的导数 $y'=f'(x)$ 仍然是 x 的函数.我们把 $y'=f'(x)$ 的导数叫做函数 $y=f(x)$ 的二阶导数，记作 y''、$f''(x)$ 或$\dfrac{d^2y}{dx^2}$，即

$$y''=(y')',f''(x)=[f'(x)]',\frac{d^2y}{dx^2}=\frac{d}{dx}\left(\frac{dy}{dx}\right).$$

相应地，把 $y=f(x)$ 的导数 $y'=f'(x)$ 叫做函数 $y=f(x)$ 的一阶导数.

类似地，二阶导数的导数叫做三阶导数，三阶导数的导数叫做四阶导数，…，一般地，$(n-1)$ 阶导数的导数叫做 n 阶导数，分别记作

$$y''',y^{(4)},y^{(5)},\cdots,y^{(n)} \quad 或 \quad \frac{d^3y}{dx^3},\frac{d^4y}{dx^4},\cdots,\frac{d^ny}{dx^n}.$$

函数 $f(x)$ 具有 n 阶导数，也常说成函数 $f(x)$ 为 n 阶可导.如果函数 $f(x)$ 在点 x 处具有 n 阶导数，那么函数 $f(x)$ 在点 x 处的某一邻域内必定具有一切低于 n 阶的导数.二阶及二阶以上的导数统称为高阶导数.

例 12　求函数 $y=\ln(1+x)$ 的 n 阶导数.

解　$y'=\dfrac{1}{1+x},y''=-\dfrac{1}{(1+x)^2},y'''=\dfrac{2\times 1}{(1+x)^3},y^{(4)}=-\dfrac{3\times 2\times 1}{(1+x)^4},\cdots,$

$y^{(n)}=(-1)^{n-1}\dfrac{(n-1)!}{(1+x)^n}.$

例 13　已知函数 $f(x)=e^{2x}+1$，求 $f''(0)$.

解　$f'(x)=2e^{2x},f''(x)=4e^{2x}$，

所以 $f''(0)=4\times e^{2\times 0}=4$.

例 14　求函数 $y=\sin x$ 的 n 阶导数.

解　$y'=\cos x=\sin\left(x+\dfrac{\pi}{2}\right)$，　$y''=\cos\left(x+\dfrac{\pi}{2}\right)=\sin\left(x+2\times\dfrac{\pi}{2}\right)$，

$y'''=\cos\left(x+2\times\dfrac{\pi}{2}\right)=\sin\left(x+3\times\dfrac{\pi}{2}\right)$，

以此类推得

$$y^{(n)}=\sin\left(x+n\times\frac{\pi}{2}\right).$$

习　题　二

1. 求下列函数的导数.

(1) $y=\sqrt{x}\sin x+\ln 2x+\sqrt{\pi}$；

(2) $y=\sec x\cdot\tan x$；

(3) $y=\dfrac{x^2+2x+3}{x^2+1}$；

(4) $y=x^2\ln x\sin x$；

(5) $y=(4-2x)^3$；

(6) $y=\cos(x^2+\pi)$；

(7) $y=e^{-3x}$；

(8) $y=\ln(1-x)$；

(9) $y=\sin^2 x^2$；

(10) $y=\arcsin x^2$；

(11) $y=\arctan e^x$；

(12) $y=a^{\sqrt{x+1}}$；

(13) $y=\dfrac{1}{\sqrt{1-x^2}}$；

(14) $y=\sqrt{x+\sqrt{x}}$；

(15) $y=(3x+1)^2(1-x)^3$；

(16) $y=\arccos\dfrac{1}{x}$；

(17) $y=\dfrac{2x-1}{\sqrt{x^2+1}}$；

(18) $y=\dfrac{\sqrt{a^2+x^2}}{x}$.

(19) $y=\ln\ln x$；

(20) $y=\sec[\cos(\tan x)]$；

(21) $y=3^{2x}\tan\dfrac{1}{x}$.

2. 求下列函数在指定点处的导数.

(1) $f(x)=\ln(\tan x),x=\dfrac{\pi}{6}$；

(2) $f(x)=\arcsin\dfrac{1}{x},x=-2$；

(3) $f(x)=\sqrt{1+\ln^2 x},x=\mathrm{e}$；

(4) $f(x)=\dfrac{x^2\sqrt{x}-2x-2}{x},x=1$；

(5) $f(x)=\dfrac{3}{5-x}+\dfrac{x^2}{5},x=0$；

(6) $f(t)=\dfrac{1-\cos t}{1+\cos t},t=\dfrac{\pi}{2}$.

3. 求下列函数在指定点的二阶导数.

(1) $f(x)=x\sqrt{x^2-16}$，求 $f''(5)$；

(2) $f(x)=(\cos\ln x)^2$，求 $f''(\mathrm{e})$.

第三节　由隐函数、参数方程所确定的函数的导数

一、隐函数的导数

用解析法表示函数时，通常可以采用两种形式：一种是把函数 y 直接表示成自变量 x 的函数 $y=f(x)$，称为显函数，例如 $y=\sin x$，$y=\ln x+\mathrm{e}^x$；另外一种函数 y 与自变量 x 的函数关系是由一个含 x 和 y 的方程 $F(x,y)=0$ 所确定的，即 y 和 x 的关系隐含在方程 $F(x,y)=0$ 中，称这种由未解出因变量的方程所确定的 y 与 x 之间的函数关系为隐函数. 例如，方程 $x+y^3-1=0$ 确定的隐函数为 $y=\sqrt[3]{1-x}$.

把一个隐函数化成显函数叫做隐函数的显化.隐函数的显化有时是有困难的，甚至是不可能的，但在实际问题中，有时需要计算隐函数的导数. 因此，我们希望有一种方法，不管隐函数能否显化，都能直接由方程算出它所确定的隐函数的导数来.

注：在隐函数中变量 x 和 y 地位是一样的，如果对 x 求导，则隐函数看成 $y=f(x)$；如果对 y 求导，则隐函数看成 $x=f(y)$.

思考：$(x)'_x$，$(x)'_y$，$(y)'_x$，$(y)'_y$ 各表示什么？等于什么？

例 1 求由方程 $e^y+xy-e=0$ 所确定的隐函数 y 的导数.

解 在方程两边的每一项对 x 求导，得

$$(e^y)'+(xy)'-(e)'=(0)',$$

即

$$e^y y'+y+xy'=0,$$

从而

$$y'=-\frac{y}{x+e^y}(x+e^y\neq 0).$$

例 2 求由方程 $y^5+2y-x-3x^7=0$ 所确定的隐函数 $y=f(x)$ 在 $x=0$ 处的导数 $y'\Big|_{x=0}$.

解 在方程两边分别对 x 求导，得

$$5y^4y'+2y'-1-21x^6=0,$$

由此得

$$y'=\frac{1+21x^6}{5y^4+2}.$$

因为当 $x=0$ 时，从原方程得 $y=0$，所以

$$y'|_{x=0}=\frac{1+21x^6}{5y^4+2}\Big|_{x=0}=\frac{1}{2}.$$

例 3 求椭圆 $\frac{x^2}{16}+\frac{y^2}{9}=1$ 在 $(2,\frac{3}{2}\sqrt{3})$ 处的切线方程.

解 在椭圆方程的两边分别对 x 求导，得

$$\frac{x}{8}+\frac{2}{9}y\cdot y'=0,$$

从而得

$$y'=-\frac{9x}{16y}.$$

当 $x=2$ 时，$y=\frac{3}{2}\sqrt{3}$，代入上式得所求切线的斜率为

$$k=y'|_{x=2}=-\frac{\sqrt{3}}{4}.$$

所求的切线方程为

$$y-\frac{3}{2}\sqrt{3}=-\frac{\sqrt{3}}{4}(x-2), \quad 即\sqrt{3}x+4y-8\sqrt{3}=0 .$$

例 4 已知方程 $x-y+\frac{1}{2}\sin y=0$，求 y''.

解 在方程两边对 x 求导，得

$$1-\frac{dy}{dx}+\frac{1}{2}\cos y\cdot\frac{dy}{dx}=0,$$

于是

$$\frac{dy}{dx}=\frac{2}{2-\cos y}.$$

上式两边再对 x 求导，得

$$\frac{d^2y}{dx^2}=\frac{-2\sin y\cdot\frac{dy}{dx}}{(2-\cos y)^2}=\frac{-4\sin y}{(2-\cos y)^3}.$$

例 5 已知 $y=x+\ln y$，求 y'_x，x'_y.

解 $y'=1+\frac{1}{2y}\cdot y'$，于是 $y'=\frac{2y}{2y-1}$；

$1=x'+\frac{1}{2y}$，于是 $x'=1-\frac{1}{2y}$.

* 对数求导法：这种方法是先在 $y=f(x)$ 的两边取对数，然后再求出 y 的导数.

设 $y=f(x)$，两边取对数，得 $\ln y=\ln f(x)$，

两边对 x 求导，得

$$\frac{1}{y}y'=[\ln f(x)]',$$

$$y'=f(x)[\ln(f(x))]'.$$

对数求导法适用于求幂指函数 $y=[u(x)]^{v(x)}$ 的导数及多因子之积和商的导数.

例 6 求 $y=x^{\sin x}\ (x>0)$ 的导数.

解 两边取对数，得

$$\ln y=\sin x\cdot\ln x.$$

上式两边对 x 求导，得

$$\frac{1}{y}\cdot y'=\cos x\cdot\ln x+\sin x\cdot\frac{1}{x},$$

于是

$$y'=y\left(\cos x\cdot\ln x+\sin x\cdot\frac{1}{x}\right)$$

$$=x^{\sin x}\left(\cos x\cdot\ln x+\frac{\sin x}{x}\right).$$

例 7 求函数 $y=\sqrt[3]{\dfrac{(x+1)(x+2)}{(x+3)(x+4)}}$ 的导数.

解 先在两边取对数,得

$$\ln y=\frac{1}{3}[\ln(x+1)+\ln(x+2)-\ln(x+3)-\ln(x+4)],$$

上式两边对 x 求导,得

$$\frac{1}{y}y'=\frac{1}{3}\left(\frac{1}{x+1}+\frac{1}{x+2}-\frac{1}{x+3}-\frac{1}{x+4}\right),$$

于是

$$y'=\frac{1}{3}\left(\frac{1}{x+1}+\frac{1}{x+2}-\frac{1}{x+3}-\frac{1}{x+4}\right)\sqrt[3]{\frac{(x+1)(x+2)}{(x+3)(x+4)}}.$$

* 二、由参数方程所确定的函数的导数

设 y 与 x 的函数关系是由参数方程 $\begin{cases}x=\varphi(t)\\y=\psi(t)\end{cases}$ 确定的,则称此函数关系所表达的函数为由参数方程所确定的函数.

在实际问题中,需要计算由参数方程所确定的函数的导数,但从参数方程中消去参数 t 有时会有困难.因此,我们希望有一种方法能直接由参数方程算出它所确定的函数的导数.

设 $x=\varphi(t)$ 具有单调连续反函数 $t=\varphi^{-1}(x)$,且此反函数能与函数 $y=\psi(t)$ 构成复合函数 $y=\psi[\varphi^{-1}(x)]$,若 $x=\varphi(t)$ 和 $y=\psi(t)$ 都可导,则

$$\frac{\mathrm{d}y}{\mathrm{d}x}=\frac{\mathrm{d}y}{\mathrm{d}t}\cdot\frac{\mathrm{d}t}{\mathrm{d}x}=\frac{\mathrm{d}y}{\mathrm{d}t}\cdot\frac{1}{\dfrac{\mathrm{d}x}{\mathrm{d}t}}=\frac{\psi'(t)}{\varphi'(t)},$$

即

$$\frac{\mathrm{d}y}{\mathrm{d}x}=\frac{\psi'(t)}{\varphi'(t)}\quad 或 \quad \frac{\mathrm{d}y}{\mathrm{d}x}=\frac{\dfrac{\mathrm{d}y}{\mathrm{d}t}}{\dfrac{\mathrm{d}x}{\mathrm{d}t}}.$$

若 $x=\varphi(t)$ 和 $y=\psi(t)$ 都可导,则 $\dfrac{\mathrm{d}y}{\mathrm{d}x}=\dfrac{\psi'(t)}{\varphi'(t)}$.

例 8 求椭圆 $\begin{cases}x=a\cos t,\\y=b\sin t\end{cases}$ 在相应于 $t=\dfrac{\pi}{4}$ 点处的切线方程.

解 $\dfrac{\mathrm{d}y}{\mathrm{d}x}=\dfrac{(b\sin t)'}{(a\cos t)'}=\dfrac{b\cos t}{-a\sin t}=-\dfrac{b}{a}\cot t$.

所求切线的斜率为：$\frac{dy}{dx}\big|_{t=\frac{\pi}{4}}=-\frac{b}{a}$.

切点的坐标为：$x_0=a\cos\frac{\pi}{4}=a\frac{\sqrt{2}}{2}$，$y_0=b\sin\frac{\pi}{4}=b\frac{\sqrt{2}}{2}$.

切线方程为：$y-b\frac{\sqrt{2}}{2}=-\frac{b}{a}\left(x-a\frac{\sqrt{2}}{2}\right)$，即 $bx+ay-\sqrt{2}ab=0$.

例 9 抛射体运动轨迹的参数方程为$\begin{cases}x=v_1t,\\ y=v_2t-\frac{1}{2}gt^2.\end{cases}$求抛射体在时刻 t 的运动速度的大小和方向.

解 先求速度的大小、速度的水平分量与铅直分量分别为

$$x'(t)=v_1,y'(t)=v_2-gt,$$

所以抛射体在时刻 t 的运动速度的大小为

$$v=\sqrt{[x'(t)]^2+[y'(t)]^2}=\sqrt{v_1^2+(v_2-gt)^2}.$$

再求速度的方向，设 α 是切线的倾角，则轨道的切线方向为

$$\tan\alpha=\frac{dy}{dx}=\frac{y'(t)}{x'(t)}=\frac{v_2-gt}{v_1}.$$

已知 $x=\varphi(t)$，$y=\psi(t)$，如何求二阶导数 y''？

由 $x=\varphi(t)$，$\frac{dy}{dx}=\frac{\psi'(t)}{\varphi'(t)}$，则

$$\begin{aligned}\frac{d^2y}{dx^2}&=\frac{d}{dx}\left(\frac{dy}{dx}\right)=\frac{d}{dt}\left(\frac{\psi'(t)}{\varphi'(t)}\right)\frac{dt}{dx}\\&=\frac{\psi''(t)\varphi'(t)-\psi'(t)\varphi''(t)}{\varphi'^2(t)}\cdot\frac{1}{\varphi'(t)}\\&=\frac{\psi''(t)\varphi'(t)-\psi'(t)\varphi''(t)}{\varphi'^3(t)}.\end{aligned}$$

例 10 计算由摆线的参数方程$\begin{cases}x=a(t-\sin t),\\ y=a(1-\cos t)\end{cases}$所确定的函数 $y=f(x)$ 的二阶导数.

解 $\frac{dy}{dx}=\frac{y'(t)}{x'(t)}=\frac{[a(1-\cos t)]'}{[a(t-\sin t)]'}=\frac{a\sin t}{a(1-\cos t)}$

$$=\frac{\sin t}{1-\cos t}=\cot\frac{t}{2}(t\neq 2n\pi,n\in Z).$$

$$\frac{d^2y}{dx^2}=\frac{d}{dx}\left(\frac{dy}{dx}\right)=\frac{d}{dt}\left(\cot\frac{t}{2}\right)\cdot\frac{dt}{dx}$$

$$=-\frac{1}{2\sin^2\frac{t}{2}}\cdot\frac{1}{a(1-\cos t)}=-\frac{1}{a(1-\cos t)^2}(t\neq 2n\pi,n\in Z).$$

习　题　三

1. 求下列隐函数的导数.

(1) $x^3-y^3-x-y+xy=0$；　　(2) $xy=e^{x+y}$；

(3) $y=x+\frac{1}{2}\ln y$；　　(4) $\sqrt{x}+\sqrt{y}=\sqrt{a}$（常数 $a>0$）；

(5) $\sin(xy)=x+y$.

2. 用对数求导法求下列函数的导数.

(1) $y=x^{2x}+(2x)^x$；　　(2) $y=\sqrt[3]{\frac{x(x^2+1)}{(x^2-1)^2}}(x>1)$；

(3) $y=\sqrt{x\sin x\sqrt{1-e^x}}$；　　(4) $y=(\cos x)^{\sin x}$.

4. 求下列参数方程所确定的函数的导数.

(1) $\begin{cases}x=t(1-\sin t),\\ y=t\cos t;\end{cases}$　　(2) $\begin{cases}x=1-t^2,\\ y=t-t^3;\end{cases}$

(3) $\begin{cases}x=2e^t,\\ y=e^{-t};\end{cases}$　　(4) $\begin{cases}x=\sin t,\\ y=t;\end{cases}$

(5) $\begin{cases}x=\cos^3 t,\\ y=\sin^3 t.\end{cases}$

4. 求椭圆 $\frac{x^2}{9}+\frac{y^2}{4}=1$ 在点 $\left(1,\frac{4}{3}\sqrt{2}\right)$ 处的切线方程.

5. 求下列隐函数和参数方程所确定的函数的二阶导数.

(1) $y=1+xe^y$；　　(2) $x^2-y+y^3=1$；

(3) $\begin{cases}x=1-t^2,\\ y=t-t^3;\end{cases}$　　(4) $\begin{cases}x=\ln(1+t^2),\\ y=t-\arctan t.\end{cases}$

第四节　多元函数的偏导数

一、偏导数

1. 函数的增量

对于二元函数 $z=f(x,y)$，在区域 D 内的点 (x_0,y_0) 处，函数增量的形式有三种（记 $\Delta x=x-x_0$，$\Delta y=y-y_0$），即

$$f(x_0+\Delta x,y_0)-f(x_0,y_0);$$

$$f(x_0,y_0+\Delta y)-f(x_0,y_0);$$

$$f(x_0+\Delta x,y_0+\Delta y)-f(x_0,y_0).$$

前两种都是一个变量变化而引起的函数值的变化，称为函数的偏增量，分别记为 $\Delta_x z$ 和 $\Delta_y z$；第三种是两个变量变化引起的函数变化，称之为函数的全增量，记为 Δz.

2. 偏导数

定义 2.4.1　设函数 $z=f(x,y)$ 在点 (x_0,y_0) 的某邻域内有定义，若极限

$$\lim_{\Delta x\to 0}\frac{\Delta_x z}{\Delta x}=\lim_{\Delta x\to 0}\frac{f(x_0+\Delta x,y_0)-f(x_0,y_0)}{\Delta x}$$

存在，则称此极限为函数 $z=f(x,y)$ 在点 (x_0,y_0) 处对 x 的偏导数，记作

$$f'_x(x_0,y_0) \text{ 或 } \left.\frac{\partial z}{\partial x}\right|_{(x_0,y_0)} \text{ 或 } \left.z'_x\right|_{(x_0,y_0)}.$$

同理，若

$$\lim_{\Delta x\to 0}\frac{\Delta_y z}{\Delta x}=\lim_{\Delta y\to 0}\frac{f(x_0,y_0+\Delta y)-f(x_0,y_0)}{\Delta y}$$

存在，则称此极限为函数 $z=f(x,y)$ 在点 (x_0,y_0) 处对 y 的偏导数，记作

$$f'_y(x_0,y_0) \text{ 或 } \left.\frac{\partial z}{\partial y}\right|_{(x_0,y_0)} \text{ 或 } \left.z'_y\right|_{(x_0,y_0)}.$$

如果函数 $z=f(x,y)$ 在区域 D 内每一点 (x,y) 处对 x 的偏导数都存在，那么这个偏导数就是 x,y 的函数，称之为函数 $z=f(x,y)$ 对自变量 x 的偏导函数，记作

$$(a,b),f''(x)<0,z'_x,f'_x(x,y).$$

类似地，可以定义函数 $z=f(x,y)$ 对自变量 y 的偏导函数，记作

$$\frac{\partial z}{\partial y},f''(x),z'_y,f'_y(x,y).$$

3. 偏导数的计算

(1) 多元函数偏导数求法：在求多元函数对某个自变量的偏导数时，只需要把其余自变

量看成常数，然后直接利用一元函数的求导法则及复合函数的求导法则来计算.

(2) 多元函数在某点处偏导数：

$$\left.\frac{\partial z}{\partial x}\right|_{(x_0,y_0)}=\left.\frac{\mathrm{d}}{\mathrm{d}x}f(x,y_0)\right|_{x=x_0};\quad \left.\frac{\partial z}{\partial y}\right|_{(x_0,y_0)}=\left.\frac{\mathrm{d}}{\mathrm{d}y}f(x_0,y)\right|_{y=y_0}.$$

即先求偏导数，然后求其在 (x_0,y_0) 处的函数值.

偏导数的概念可推广到三元及三元以上函数，如 $u=f(x,y,z)$ 的偏导数：

$$f'_x(x,y,z)=\lim_{\Delta x\to 0}\frac{f(x+\Delta x,y,z)-f(x,y,z)}{\Delta x};$$

$$f'_y(x,y,z)=\lim_{\Delta y\to 0}\frac{f(x,y+\Delta y,z)-f(x,y,z)}{\Delta y};$$

$$f'_z(x,y,z)=\lim_{\Delta z\to 0}\frac{f(x,y,z+\Delta z)-f(x,y,z)}{\Delta z}.$$

例 1 求函数 $z=x^2+3xy+y^2$ 在点 $(1,2)$ 处的偏导数.

解 首先求 $f'_x(1,2)$. 先将 $y=2$ 代入函数中得

$$f(x,2)=x^2+6x+4,$$

于是

$$f'_x(1,2)=f'(x,2)\Big|_{x=1}=(x^2+6x+4)'\Big|_{x=1}=(2x+6)\Big|_{x=1}=8;$$

同理

$$f'_y(1,2)=f'(1,y)\Big|_{y=2}=(y^2+3y+1)'\Big|_{y=2}=(2y+3)\Big|_{y=2}=7.$$

例 2 求三元函数 $u=\sin(x+y^2-\mathrm{e}^z)$ 的偏导数.

解 把 y,z 看成常数，对 x 求导，得：

$$\frac{\partial u}{\partial x}=\cos(x+y^2-\mathrm{e}^z);$$

把 x、z 看成常数，对 y 求导，得

$$\frac{\partial u}{\partial y}=2y\cos(x+y^2-\mathrm{e}^z);$$

把 x、y 看成常数，对 z 求导，得

$$\frac{\partial u}{\partial z}=-\mathrm{e}^2\cos(x+y^2-\mathrm{e}^z).$$

注：关于多元函数偏导数，有几点说明：

(1) 偏导数 $\frac{\partial u}{\partial x}$ 是一个整体记号，不能拆分；

(2) 求分界点、不连续点处的偏导数要用定义求.

例 3 设 $z=f(x,y)=\sqrt{|xy|}$，求 $f'_x(0,0)$，$f'_y(0,0)$.

解 $x_1=0, x_2=\frac{2}{3}$，同理我们可以得到 $f'_y(0,0)=0$.

4. 偏导数存在与连续的关系

在一元函数中，函数若在某点 x_0 处可导，则函数必在该点 x_0 处连续；但是在多元函数中，若多元函数在某点 (x_0,y_0) 处偏导数存在，函数不一定在点 (x_0,y_0) 连续.

如函数 $f(x,y)=\begin{cases}\dfrac{xy}{x^2+y^2}, & x^2+y^2\neq 0,\\ 0, & x^2+y^2=0,\end{cases}$ 根据定义可知在 $(0,0)$ 处，

$$f'_y(0,0)=\lim_{x\to 0}\frac{f(x,0)-f(0,0)}{x}=0.$$

同理

$$f'_y(0,0)=f'_x(0,0)=0.$$

但函数在该点处并不连续. 故偏导数存在的函数不一定连续.

二、偏导数的几何意义

$f'_x(x_0,y_0)$ 表示曲面 $z=f(x,y)$ 与平面 $y=y_0$ 的截线在点 $(x_0,y_0,f(x_0,y_0))$ 处的切线关于 x 轴的斜率；$f'_y(x_0,y_0)$ 表示曲面 $z=f(x,y)$ 与平面 $x=x_0$ 的截线在点 $(x_0,y_0,f(x_0))$ 处的切线关于 y 轴的斜率.（如图 2.4.1）

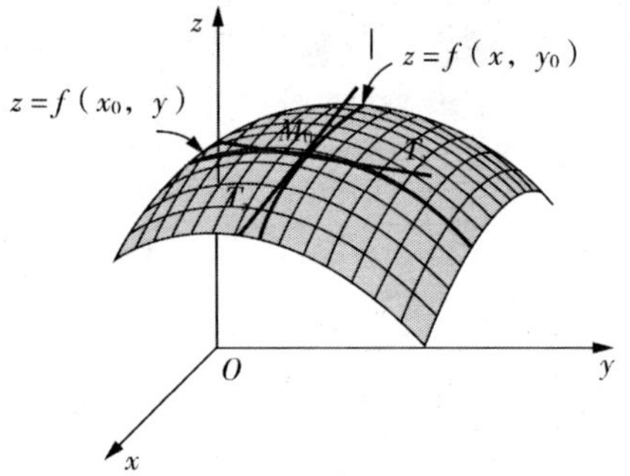

图 2.4.1

三、高阶偏导数

设 $z=f(x,y)$ 的偏导数 $f'_x(x,y)$ 和 $f'_y(x,y)$，那么它们的偏导数就称为 $z=f(x,y)$ 的二阶偏导数，共有四种：

$$\frac{\partial}{\partial x}\left(\frac{\partial z}{\partial x}\right)=\frac{\partial^2 z}{\partial x^2}=f''_{xx}(x,y);\quad \frac{\partial}{\partial y}\left(\frac{\partial z}{\partial x}\right)=\frac{\partial^2 z}{\partial x\partial y}=f''_{xy}(x,y);$$

$$\frac{\partial}{\partial x}\left(\frac{\partial z}{\partial y}\right)=\frac{\partial^2 z}{\partial y\partial x}=f''_{yx}(x,y);\quad \frac{\partial}{\partial y}\left(\frac{\partial z}{\partial y}\right)=\frac{\partial^2 z}{\partial y^2}=f''_{yy}(x,y).$$

若 $\frac{\partial^2 z}{\partial x\partial y}$，$\frac{\partial^2 z}{\partial y\partial x}$ 在 (x,y) 处连续，则 $\frac{\partial^2 z}{\partial x\partial y}=\frac{\partial^2 z}{\partial y\partial x}$，也就是说在这种情况下混合偏导数与求导的次序无关.

例 5 设 $z=x^3y^2-3xy^3-xy+1$，求 $\frac{\partial^2 z}{\partial x^2}$，$\frac{\partial^2 z}{\partial y\partial x}$，$\frac{\partial^2 z}{\partial x\partial y}$，$\frac{\partial^2 z}{\partial y^2}$ 及 $\frac{\partial^3 z}{\partial x^3}$.

解 因为$\frac{\partial z}{\partial x}=3x^2y^2-3y^3-y,\frac{\partial z}{\partial y}=2x^3y-9xy^2-x$,则

$$\frac{\partial^2 z}{\partial x^2}=6xy^2,\quad \frac{\partial^3 z}{\partial x^3}=6y^2,\quad \frac{\partial^2 z}{\partial y^2}=2x^3-18xy,$$

$$\frac{\partial^2 z}{\partial x\partial y}=6x^2y-9y^2-1,\quad \frac{\partial^2 z}{\partial y\partial x}=6x^2y-9y^2-1.$$

类似地,可以讨论二元函数的三阶及 n 阶偏导数.

习 题 四

1. 求下列函数的偏导数.

(1)$z=xy+\frac{x}{y}$; (2)$z=x^2\ln(x^2+y^2)$;

(3)$z=xe^{-xy}$; (4)$z=\arctan\frac{y}{x}$;

(5)$s=\frac{u^2+v^2}{uv}$; (6)$u=x^{\frac{y}{z}}$;

(7)$u=\arctan(x-y)^z$.

2. 设 $f(x,y)=x^2y^2-2y$,求 $f_x(2,3)$.

3. 设 $f(x,y)=x+(y-1)\arcsin\sqrt{\frac{x}{y}}$,求 $f_x(x,1)$.

4. 求下列函数的二阶偏导数.

(1)$z=x^4+y^4-4x^2y^2$; (2)$z=y^x$;

(3)$z=x\ln(x+y)$; (4)$z=x\sin(x+y)+y\cos(x+y)$.

* 第五节 多元复合函数的求导法则

现在要将一元函数中复合函数的求导法则推广到多元复合函数的情形. 多元复合函数求导法则在多元函数微分学中起到重要作用.

下面按照多元复合函数不同的复合情形,分三种情形讨论.

一、复合函数的中间变量均为一元函数的情形

定理 2.5.1 如果函数 $u=\varphi(t)$ 及 $v=\psi(t)$ 都在点 t 处可导,函数 $z=f(u,v)$ 在对应点 (u,v) 具有连续偏导数,则复合函数 $z=f[\varphi(t),\psi(t)]$ 在点 t 处可导,且有

$$\frac{dz}{dt}=\frac{\partial z}{\partial u}\cdot\frac{du}{dt}+\frac{\partial z}{\partial v}\cdot\frac{dv}{dt}.$$

其结构图为

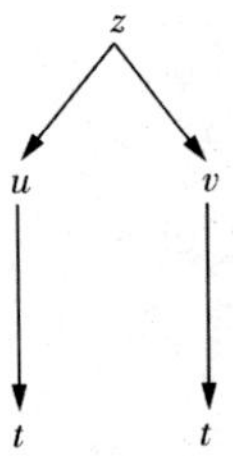

推广：设 $z=f(u,v,w)$，$u=\varphi(t)$，$v=\psi(t)$，$w=\omega(t)$，则 $z=f[\varphi(t),\psi(t),\omega(t)]$ 对 t 的导数为：

$$\frac{\mathrm{d}z}{\mathrm{d}t}=\frac{\partial z}{\partial u}\frac{\mathrm{d}u}{\mathrm{d}t}+\frac{\partial z}{\partial v}\frac{\mathrm{d}v}{\mathrm{d}t}+\frac{\partial z}{\partial w}\frac{\mathrm{d}w}{\mathrm{d}t}.$$

上述$\frac{\mathrm{d}z}{\mathrm{d}t}$称为全导数.

例 1　设 $z=uv+\sin t$，而 $u=\mathrm{e}^t$，$v=\cos t$，求全导数$\frac{\mathrm{d}z}{\mathrm{d}t}$.

解　$\frac{\mathrm{d}z}{\mathrm{d}t}=\frac{\partial z}{\partial u}\cdot\frac{\mathrm{d}u}{\mathrm{d}t}+\frac{\partial z}{\partial v}\cdot\frac{\mathrm{d}v}{\mathrm{d}t}+\frac{\partial z}{\partial t}$

$=v\mathrm{e}^t-u\sin t+\cos t=\mathrm{e}^t\cos t-\mathrm{e}^t\sin t+\cos t$

$=\mathrm{e}^t(\cos t-\sin t)+\cos t.$

例 2　设 $z=\mathrm{e}^{x-2y}$，而 $x=\sin t$，$y=t^3$，求$\frac{\mathrm{d}z}{\mathrm{d}t}$.

解　$\frac{\mathrm{d}z}{\mathrm{d}t}=\frac{\partial z}{\partial x}\cdot\frac{\mathrm{d}x}{\mathrm{d}t}+\frac{\partial z}{\partial y}\cdot\frac{\mathrm{d}y}{\mathrm{d}t}$

$=\mathrm{e}^{x-2y}\cdot\cos t-2\mathrm{e}^{x-2y}\cdot 3t^2=\mathrm{e}^{x-2y}(\cos t-6t^2).$

二、复合函数的中间变量均为多元函数的情形

定理 2.5.2　如果函数 $u=\varphi(x,y)$，$v=\psi(x,y)$ 都在点 (x,y) 具有对 x 及 y 的偏导数，函数 $z=f(u,v)$ 在对应点 (u,v) 具有连续偏导数，则复合函数 $z=f[\varphi(x,y),\psi(x,y)]$ 在点 (x,y) 的两个偏导数存在，且有

$$\frac{\partial z}{\partial x}=\frac{\partial z}{\partial u}\cdot\frac{\partial u}{\partial x}+\frac{\partial z}{\partial v}\cdot\frac{\partial v}{\partial x},\quad \frac{\partial z}{\partial y}=\frac{\partial z}{\partial u}\cdot\frac{\partial u}{\partial y}+\frac{\partial z}{\partial v}\cdot\frac{\partial v}{\partial y}.$$

其结构图为

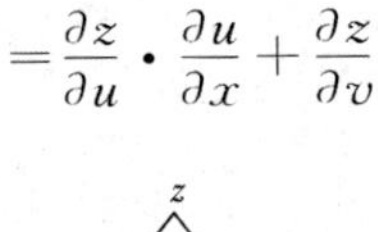

推广：设 $z=f(u,v,w)$，$u=\varphi(x,y)$，$v=\psi(x,y)$，$w=\omega(x,y)$，则

$$\frac{\partial z}{\partial x}=\frac{\partial z}{\partial u}\cdot\frac{\partial u}{\partial x}+\frac{\partial z}{\partial v}\cdot\frac{\partial v}{\partial x}+\frac{\partial z}{\partial w}\cdot\frac{\partial w}{\partial x};$$

$$\frac{\partial z}{\partial y}=\frac{\partial z}{\partial u}\cdot\frac{\partial u}{\partial y}+\frac{\partial z}{\partial v}\cdot\frac{\partial v}{\partial y}+\frac{\partial z}{\partial w}\cdot\frac{\partial w}{\partial y}.$$

例 3　设 $z=[\sin(x-y)]e^{x+y}$，求$\frac{\partial z}{\partial x},\frac{\partial z}{\partial y}$.

解　设 $u=x+y,v=x-y$，则 $z=e^u\sin v$.

因为

$$\frac{\partial z}{\partial u}=e^u\sin v,\frac{\partial z}{\partial v}=e^u\cos v,\frac{\partial u}{\partial x}=1,\frac{\partial u}{\partial y}=1,\frac{\partial v}{\partial x}=1,\frac{\partial v}{\partial y}=-1,$$

故得

$$\frac{\partial z}{\partial x}=e^u\sin v\cdot 1+e^u\cos v\cdot 1=[\sin(x-y)+\cos(x-y)]e^{x+y};$$

$$\frac{\partial z}{\partial y}=e^u\sin v\cdot 1+e^u\cos v\cdot(-1)=[\sin(x-y)-\cos(x-y)]e^{x+y}$$

$$=e^u\sin v\cdot x+e^u\cos v\cdot 1=e^u(x\sin v+\cos v).$$

例 4　设 $z=u^2\ln v,u=\frac{x}{y},v=3x-2y$，求$\frac{\partial z}{\partial x},\frac{\partial z}{\partial y}$.

解　$$\frac{\partial z}{\partial x}=\frac{\partial z}{\partial u}\cdot\frac{\partial u}{\partial x}+\frac{\partial z}{\partial v}\cdot\frac{\partial v}{\partial x}=(2u\ln v)\left(\frac{1}{y}\right)+\frac{u^2}{v}\cdot 3$$

$$=\frac{2x}{y^2}\ln(3x-2y)+\frac{3x^2}{(3x-2y)y^2};$$

$$\frac{\partial z}{\partial x}=\frac{\partial z}{\partial u}\cdot\frac{\partial u}{\partial y}+\frac{\partial z}{\partial v}\cdot\frac{\partial v}{\partial y}=(2u\ln v)\cdot\left(-\frac{x}{y^2}\right)+\frac{u^2}{v}\cdot(-2)$$

$$=-\frac{2x}{y^2}\cdot\ln(3x-2y)-\frac{2x^2}{(3x-2y)y^2}.$$

三、复合函数的中间变量既有一元函数，又有多元函数的情形

定理 2.5.3　如果函数 $u=\varphi(x,y)$ 在点 (x,y) 具有对 x 及对 y 的偏导数，函数 $v=\psi(y)$ 在点 y 可导，函数 $z=f(u,v)$ 在对应点 (u,v) 具有连续偏导数，则复合函数 $z=f[\varphi(x,y),\psi(y)]$ 在点 (x,y) 的两个偏导数存在，且有

$$\frac{\partial z}{\partial x}=\frac{\partial z}{\partial u}\cdot\frac{\partial u}{\partial x},\frac{\partial z}{\partial y}=\frac{\partial z}{\partial u}\cdot\frac{\partial u}{\partial y}+\frac{\partial z}{\partial v}\cdot\frac{\mathrm{d}v}{\mathrm{d}y}.$$

其结构图为

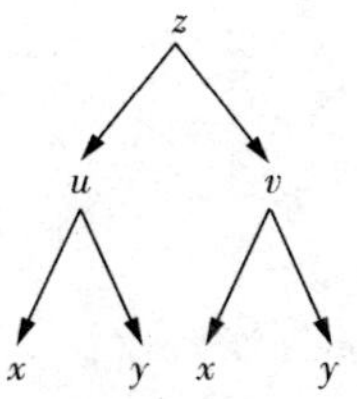

例 5 设 $z=\arcsin uv, u=xe^y, v=y^2$，求$\frac{\partial z}{\partial x},\frac{\partial z}{\partial y}$.

解 $\frac{\partial z}{\partial x}=\frac{\partial z}{\partial u}\cdot\frac{\partial u}{\partial x}=\frac{v}{\sqrt{1-u^2v^2}}e^y=\frac{x^2}{\sqrt{1-x^2y^4e^{2y}}}e^y$；

$$\frac{\partial z}{\partial y}=\frac{\partial z}{\partial u}\cdot\frac{\partial u}{\partial y}+\frac{\partial z}{\partial v}\cdot\frac{dv}{dy}=\frac{v}{\sqrt{1-u^2v^2}}\cdot xe^y+\frac{u}{\sqrt{1-u^2v^2}}\cdot 2y=\frac{(y+2)xye^y}{\sqrt{1-x^2y^4e^{2y}}}.$$

例 6 设 $u=e^{x^2+y^2+z^2}, z=x^2\sin y$，求$\frac{\partial u}{\partial x},\frac{\partial u}{\partial y}$.

解 $\frac{\partial u}{\partial x}=\frac{\partial u}{\partial x}+\frac{\partial u}{\partial z}\cdot\frac{\partial z}{\partial x}=2x\cdot e^{x^2+y^2+z^2}+2z\cdot e^{x^2+y^2+z^2}\cdot 2x\sin y$

$$=e^{x^2+y^2+z^2}\cdot(2x+4xz\sin y)=e^{x^2+y^2+x^2\sin^2 y}\cdot(2x+4x^3\sin^2 y);$$

$$\frac{\partial u}{\partial y}=\frac{\partial u}{\partial y}+\frac{\partial u}{\partial z}\cdot\frac{\partial z}{\partial y}=2y\cdot e^{x^2+y^2+z^2}+2z\cdot e^{x^2+y^2+z^2}\cdot x^2\cos y$$

$$=2(y+x\sin y\cos y)e^{x^2+y^2+x^4\sin^2 y}.$$

上述三个定理，只是几个特殊的复合函数，可以推广到一般多元函数的求偏导数，步骤如下：

(1) 写出多元函数的链式结构，分清变量之间的关系；

(2) 链式法则：分段用乘，分叉用加，单路全导，叉路偏导.

习 题 五

1. 计算下列各题.

(1) 设 $z=e^{x+y}$，而 $x=\cos t, y=t^2$，求$\frac{dz}{dt}$；

(2) 设 $z=\arctan(xy)$，而 $x=2t, y=3t^2$，求$\frac{dz}{dt}$；

(3) 设 $z=\ln(u^2+v), u=e^{x^2+y}, v=x^2+y$，求$\frac{\partial z}{\partial x},\frac{\partial z}{\partial y}$；

(4) 设 $z=u^2+v^2$，而 $u=x+y, v=x-y$，求$\frac{\partial z}{\partial x},\frac{\partial z}{\partial y}$；

(5) 设 $z=\arctan(xy)$，而 $x=e^y$，求$\frac{dz}{dy}$.

2. 求下列各函数对 x、y 的偏导数$\frac{\partial z}{\partial x}$、$\frac{\partial z}{\partial y}$.

(1) $z=\sqrt{x^2+y^2}$； (2) $z=e^{\arctan\frac{y}{x}}$；

(3) $z=\sqrt{\ln(xy)}$； (4) $z=\ln\tan\frac{x}{y}$；

(5) $z=(1+xy)^y$； (6) $z=\sin(xy)-\cos^2(xy)$.

第六节　函数的微分

一、一元微分的定义

1.引例　函数增量的计算及增量的构成

一块正方形金属薄片受温度变化的影响，其边长由 x_0 变到 $x_0+\Delta x$，问此薄片的面积改变了多少？设此正方形的边长为 x，面积为 A，则 A 是 x 的函数：$A=x^2$.金属薄片的面积改变量为

$$\Delta A=(x_0+\Delta x)^2-(x_0)^2=2\Delta x x_0+(\Delta x)^2 .$$

几何意义：$2x_0\Delta x$ 表示两个长为 x_0、宽为 Δx 的长方形面积；$(\Delta x)^2$ 表示边长为 Δx 的正方形的面积.

数学意义：当 $\Delta x\to 0$ 时，$(\Delta x)^2$ 是比 Δx 高阶的无穷小，即 $(\Delta x)^2=o(\Delta x)$；$2x_0\Delta x$ 是 Δx 的线性函数，是 ΔA 的主要部分，可以近似地代替 ΔA .

定义 2.6.1　设函数 $y=f(x)$ 在某区间内有定义，x_0 及 $x_0+\Delta x$ 在这区间内，如果函数的增量

$$\Delta y=f(x_0+\Delta x)-f(x_0)$$

可表示为

$$\Delta y=A\Delta x+o(\Delta x),$$

其中 A 是不依赖于 Δx 的常数，那么称函数 $y=f(x)$ 在点 x_0 处是可微的，而 $A\Delta x$ 叫做函数 $y=f(x)$ 在点 x_0 处的微分，记作 $\mathrm{d}y\Big|_{x=x_0}$，即

$$\mathrm{d}y\Big|_{x=x_0}=A\Delta x . \qquad (2.6.1)$$

定理 2.6.1　函数 $f(x)$ 在点 x_0 可微的充分必要条件是函数 $f(x)$ 在点 x_0 处可导，且 $A=f'(x_0)$，故

$$\mathrm{d}y\Big|_{x=x_0}=f'(x_0)\Delta x . \qquad (2.6.2)$$

结论：在 $f'(x_0)\neq 0$ 的条件下，以微分 $\mathrm{d}y\Big|_{x=x_0}=f'(x_0)\Delta x$ 近似代替增量 $\Delta y=f(x_0+\Delta x)-f(x_0)$ 时，其误差为 $o(\Delta x)$.因此，在 $|\Delta x|$ 很小时，有近似等式

$$\Delta y\approx \mathrm{d}y\Big|_{x=x_0} .$$

一般地，如果函数 $y=f(x)$ 在 (a,b) 内任一点 x 处可微，则称函数 $y=f(x)$ 在 (a,b) 内可微，并且在任一点 x 处的微分为：$\mathrm{d}y=f'(x)\Delta x$.

例 1　求函数 $y=x^2$ 在 $x=1$ 和 $x=3$ 处的微分.

解　函数 $y=x^2$ 在 $x=1$ 处的微分为

$$\mathrm{d}y=(x^2)'\Big|_{x=1}\Delta x=2\Delta x;$$

函数 $y=x^2$ 在 $x=3$ 处的微分为

$$dy=(x^2)'\Big|_{x=3}\Delta x=6\Delta x .$$

例 2 求函数 $y=x^3$ 在 $x=2,\Delta x=0.02$ 时的微分.

解 先求函数在任意点 x 的微分

$$dy=(x^3)'\Delta x=3x^2\Delta x;$$

再求函数当 $x=2,\Delta x=0.02$ 时的微分

$$dy\Big|_{x=2,\Delta x=0.02}=3x^2\Big|_{x=2,\Delta x=0.02}=0.24.$$

例 3 已知 $y=x$,求dy

解 $dy=f'(x)\Delta x$,得$dy=dx=\Delta x$.即自变量的增量等于自变量的微分.

故由例 3 得:

$$dy=f'(x)\,dx, \tag{2.6.3}$$

即函数的微分等于函数的导数与自变量微分之积.

由$dy=f'(x)\,dx$ 得:$f'(x)=\dfrac{dy}{dx}$,故导数也称微商.

2.微分的几何意义

下面通过几何图形来说明函数的微分与导数及函数的增量之间的关系(如图 2.6.1 所示).

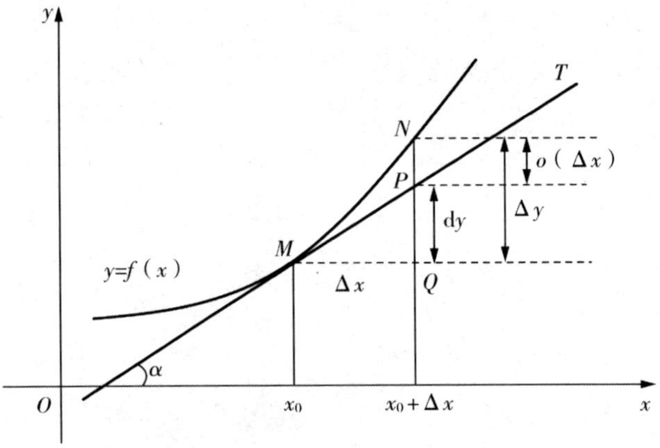

图 2.6.1

设函数 $y=f(x)$ 在点 x_0 处可微,即有

$$dy=f'(x_0)\Delta x.$$

在直角坐标系中,函数 $y=f(x)$ 的图形是一条曲线,对应于 $x=x_0$,曲线上有一个确定的点 $M(x_0,y_0)$;对应于 $x=x_0+\Delta x$,曲线上有另一点 $N(x_0+\Delta x,y_0+\Delta y)$,由下图看出

$$MQ=\Delta x,QN=\Delta y.$$

再过点 M 作曲线的切线 MT,它的倾角为 α,在直角 $\triangle MQP$ 中,

$$QP=MQ\tan\alpha=\Delta x f'(x_0)=dy.$$

比较 QN 与 QP 可知，当 $|\Delta x|$ 很小时，由于在点 M 的邻近处，切线与曲线十分接近，$|\Delta y - dy| = |PN|$ 很小．因此，从几何上看，用 dy 近似代替 Δy，就是在点 $M(x_0, y_0)$ 的附近利用切线段 MP 近似代替曲线弧 MN．

3．基本初等函数的微分公式与微分运算法则

从函数微分的表达式

$$dy = f'(x)\,dx$$

可以看出，要计算函数的微分，只要计算函数的导数，再乘以自变量的微分即可．因此，可得表 2－6－1 和表 2－6－2 中的微分公式和微分运算法则．

表 2－6－1　基本初等函数的微分公式

导数公式	微分公式
$(x^{\mu})' = \mu x^{\mu-1}$	$d(x^{\mu}) = \mu x^{\mu-1}\,dx$
$(\sin x)' = \cos x$	$d(\sin x) = \cos x\,dx$
$(\cos x)' = -\sin x$	$d(\cos x) = -\sin x\,dx$
$(\tan x)' = \sec^2 x$	$d(\tan x) = \sec^2 x\,dx$
$(\cot x)' = -\csc^2 x$	$d(\cot x) = -\csc^2 x\,dx$
$(\sec x)' = \sec x\tan x$	$d(\sec x) = \sec\tan x\,dx$
$(\csc x)' = -\csc x\cot x$	$d(\csc x) = -\csc x\cot x\,dx$
$(a^x)' = a^x\ln a$	$d(a^x) = a^x\ln a\,dx$
$(e^x)' = e^x$	$d(e^x) = e^x\,dx$
$(\log_a x)' = \frac{1}{x\ln a}$	$d(\log_a x) = \frac{1}{x\ln a}\,dx$
$(\ln x)' = \frac{1}{x}$	$d(\ln x) = \frac{1}{x}\,dx$
$(\arcsin x)' = \frac{1}{\sqrt{1-x^2}}$	$d(\arcsin x) = \frac{1}{\sqrt{1-x^2}}\,dx$
$(\arccos x)' = -\frac{1}{\sqrt{1-x^2}}$	$d(\arccos x) = -\frac{1}{\sqrt{1-x^2}}\,dx$
$(\arctan x)' = \frac{1}{1+x^2}$	$d(\arctan x) = \frac{1}{1+x^2}\,dx$
$(\text{arccot}\,x)' = -\frac{1}{1+x^2}$	$d(\text{arccot}\,x) = -\frac{1}{1+x^2}\,dx$

表 2－6－2　函数和、差、积、商的微分法则

函数的和、差、积、商的求导法则	函数的和、差、积、商的微分法则
$(u \pm v)' = u' \pm v'$	$d(u \pm v) = du \pm dv$
$(Cu)' = Cu'$（C 为常数）	$d(Cu) = C\,du$（C 为常数）
$(uv)' = u'v + uv'$	$d(uv) = v\,du + u\,dv$
$\left(\frac{u}{v}\right)' = \frac{u'v - uv'}{v^2}$	$d\left(\frac{u}{v}\right) = \frac{v\,du - u\,dv}{v^2}$

例 4 $y=\sin(2x+1)$，求dy.

解 $dy=y'\,dx=\sin'(2x+1)\,dx=2\cos(2x+1)\,dx$.

例 5 $y=\ln(1+e^{x^2})$，求dy.

解 $dy=y'\,dx=\ln'(1+e^{x^2})\,dx=\dfrac{2x}{1+e^{x^2}}e^{x^2}\,dx$.

例 6 $y=e^{1-3x}\cos x$，求dy .

解 应用积的微分法则，得

$$dy=y'\,dx=[(e^{1-3x})'\cos x+e^{1-3x}(\cos x)']\,dx$$

$$=-e^{1-3x}(3\cos x+\sin x)\,dx.$$

* 二、二元函数全微分的定义

定义 2.6.2 如果函数 $z=f(x,y)$ 在点(x,y) 的全增量

$$\Delta z=f(x+\Delta x,y+\Delta y)-f(x,y)$$

可表示为

$$\Delta z=A\Delta x+B\Delta y+o(\rho)(\rho=\sqrt{(\Delta x)^2+(\Delta y)^2}),$$

其中 A、B 不依赖于 Δx、Δy，而仅与 x、y 有关，则称函数 $z=f(x,y)$ 在点(x,y) 可微分，而称 $A\Delta x+B\Delta y$ 为函数 $z=f(x,y)$ 在点(x,y) 的全微分，记作dz，即

$$dz=A\Delta x+B\Delta y .$$

如果函数在区域 D 内各点处都可微分，那么称这函数在 D 内可微分.

可微与连续：可微必连续，但偏导数存在不一定连续.

这是因为，如果 $z=f(x,y)$ 在点(x,y) 可微，则

$$\Delta z=f(x+\Delta x,y+\Delta y)-f(x,y)=A\Delta x+B\Delta y+o(\rho),$$

于是$\lim\limits_{\rho\to 0}\Delta z=0$，从而

$$\lim_{(\Delta x,\Delta y)\to(0,0)}f(x+\Delta x,y+\Delta y)=\lim_{\rho\to 0}[f(x,y)+\Delta z]=f(x,y) .$$

因此函数 $z=f(x,y)$ 在点(x,y) 处连续.

定理 2.6.2 （必要条件）如果函数 $z=f(x,y)$ 在点(x,y) 可微分，则函数在该点的偏导数$\dfrac{\partial z}{\partial x}$、$\dfrac{\partial z}{\partial y}$ 必定存在，且函数 $z=f(x,y)$ 在点(x,y) 的全微分为

$$dz=\frac{\partial z}{\partial x}dx+\frac{\partial z}{\partial y}dy . \qquad (2.6.4)$$

二元函数的全微分等于它的两个偏微分之和这件事称为二元函数的微分符合叠加原理.叠加原理也适用于二元以上的函数. 例如函数 $u=f(x,y,z)$ 的全微分为

$$du=\frac{\partial u}{\partial x}dx+\frac{\partial u}{\partial y}dy+\frac{\partial u}{\partial z}dz.$$

例 7 计算函数 $z=x^2y+y^2$ 的全微分.

解 因为$\frac{\partial z}{\partial x}=2xy$,$\frac{\partial z}{\partial y}=x^2+2y$,所以$dz=2xy\,dx+(x^2+2y)\,dy$.

例 8 计算函数 $z=e^{xy}$ 在点(2,1)处的全微分.

解 因为$\frac{\partial z}{\partial x}=ye^{xy}$,$\frac{\partial z}{\partial y}=xe^{xy}$,$\left.\frac{\partial z}{\partial x}\right|_{\substack{x=2\\y=1}}=e^2$,$\left.\frac{\partial z}{\partial y}\right|_{\substack{x=2\\y=1}}=2e^2$,所以$dz=e^2\,dx+2e^2\,dy$.

例 9 计算函数 $u=x+\sin\frac{y}{2}+e^{yz}$ 的全微分.

解 因为$\frac{\partial u}{\partial x}=1$,$\frac{\partial u}{\partial y}=\frac{1}{2}\cos\frac{y}{2}+ze^{yz}$,$\frac{\partial u}{\partial z}=ye^{yz}$,所以

$$du=dx+\left(\frac{1}{2}\cos\frac{y}{2}+ze^{yz}\right)dy+ye^{yz}\,dz.$$

三、微分的应用

1.函数的近似计算

在实际问题中,经常会遇到一些复杂的计算公式.如果直接用这些公式进行计算,那是很费力的.利用微分往往可以把一些复杂的计算公式改用简单的近似公式来代替.

如果函数 $f(x)$ 在点 x_0 处的导数 $f'(x_0)\neq 0$,且 $|\Delta x|$ 很小时,我们有

$$\Delta y\approx dy=f'(x_0)\Delta x,$$

$$\Delta y=f(x_0+\Delta x)-f(x_0)\approx dy=f'(x_0)\Delta x,$$

$$f(x_0+\Delta x)\approx f(x_0)+f'(x_0)\Delta x.$$

若令 $x=x_0+\Delta x$,即 $\Delta x=x-x_0$,那么又有

$$f(x)\approx f(x_0)+f'(x_0)(x-x_0).$$

仿一元函数,二元函数 $z=f(x,y)$ 在点 $P(x,y)$ 的两个偏导数 $f_x(x,y)$、$f_y(x,y)$ 连续,并且 $|\Delta x|$、$|\Delta y|$ 都较小时,有近似等式

$$\Delta z\approx dz=f_x(x,y)\Delta x+f_y(x,y)\Delta y,$$

即

$$f(x+\Delta x,y+\Delta y)\approx f(x,y)+f_x(x,y)\Delta x+f_y(x,y)\Delta y.$$

我们可以利用上述近似等式对二元函数作近似计算.

例 10 有一批半径为 1cm 的球,为了提高球面的光洁度,要镀上一层铜,厚度定为 0.01cm.估计一下每只球需用铜多少 g(铜的密度是 $8.9g/cm^3$)?

解 已知球体体积为 $V=\frac{4}{3}\pi R^3$,$R_0=1cm$,$\Delta R=0.01cm$.

镀层的体积为

$$\Delta V = V(R_0+\Delta R)-V(R_0)\approx V'(R_0)\Delta R = 4\pi R_0^2\Delta R = 0.13\ .$$

于是镀每只球需用的铜约为

$$0.13\times 8.9 = 1.16(\mathrm{g}).$$

例 11 利用微分计算$\sin 30°30'$的近似值.

解 已知$30°30'=\frac{\pi}{6}+\frac{\pi}{360}, x_0=\frac{\pi}{6}, \Delta x=\frac{\pi}{360}$.

$$\sin 30°30' = \sin(x_0+\Delta x)\approx \sin x_0 + \Delta x\cos x_0$$

$$=\sin\frac{\pi}{6}+\cos\frac{\pi}{6}\cdot\frac{\pi}{360}=\frac{1}{2}+\frac{\sqrt{3}}{2}\cdot\frac{\pi}{360}=0.5076,$$

即

$$\sin 30°30'\approx 0.5076\ .$$

常用的近似公式(假定$|x|$是较小的数值):

(1) $\sqrt[n]{1+x}\approx 1+\frac{1}{n}x$;

(2) $\sin x\approx x$(x用弧度作单位来表达);

(3) $\tan x\approx x$(x用弧度作单位来表达);

(4) $\mathrm{e}^x\approx 1+x$;

(5) $\ln(1+x)\approx x$.

例 12 计算$(1.02)^{2.03}$的近似值.

解 设函数$f(x,y)=x^y$. 显然,要计算的值就是函数在$x=1.02, y=2.03$时的函数值$f(1.02,2.03)$.取$x=1, y=2, \Delta x=0.02, \Delta y=0.03$.由于

$$f(x+\Delta x, y+\Delta y)\approx f(x,y)+f_x(x,y)\Delta x+f_y(x,y)\Delta y$$

$$=x^y+yx^{y-1}\Delta x+x^y\ln x\Delta y,$$

所以

$$(1.02)^{2.03}\approx 1^2+2\times 1^{2-1}\times 0.02+1^2\times\ln 1\times 0.03=1.04.$$

2. 误差估计

在生产实践中,经常要测量各种数据.但是有的数据不易直接测量,这时我们就通过测量其他有关数据后,根据某种公式算出所要的数据.由于测量仪器的精度、测量的条件和测量的方法等各种因素的影响,测得的数据往往带有误差,而根据带有误差的数据计算所得的结果也会有误差,我们把它叫做间接测量误差.

下面就讨论怎样用微分来估计间接测量误差.

设数量y是由公式$y=f(x)$来计算的. 如果x的真值不知道,而只知道它具有一定误

差 $\Delta x = x - x_0$ 的近似值 x_0，这时，近似求出 y 的数值就有误差 Δy：

$$\Delta y = y - y_0 = f(x) - f(x_0). \tag{2.6.5}$$

因为 x 的真值我们不知道，所以 y 也不知道，用上式就不能计算出 Δy 来.

假定 x 与 x_0 相差很小，因而它们的函数值 $f(x)$ 与 $f(x_0)$ 也相差很小.这个差值就是函数 y 的增量 Δy，它对应自变量的微小增量 $\Delta x = x - x_0$，利用微分的几何解释，有近似等式

$$\Delta y = y - y_0 \approx f'(x_0)\Delta x. \tag{2.6.6}$$

这样，在一定条件下，我们就可以用公式(2.6.6)来代替公式(2.6.5)，从而求得函数的误差.

但在一般情形下，误差 Δx 的准确值实际上是不知道的，而只可能知道它的绝对值不超过某个正数 δ_x，即 $|\Delta x| \leqslant \delta_x$.因此函数误差的绝对值也不超过某个正数 $|f'(x_0)| \cdot \delta_x$，即

$$|\Delta y| \leqslant |f'(x_0)| \cdot \delta_x = \delta_y, \tag{2.6.7}$$

我们称 δ_x 为自变量 x 的绝对误差，δ_y 为函数 y 的绝对误差，而记 $x = x_0 \pm \delta_x$ 和 $y = y_0 \pm \delta_y$.

绝对误差与近似值之比 $\frac{\delta_x}{x_0}$ 和 $\frac{\delta_y}{y_0}$ 叫做相对误差.而由式(2.6.7)得函数的相对误差为

$$\frac{\delta_y}{y_0} = \left|\frac{f'(x_0)}{f(x_0)}\right| \delta_x. \tag{2.6.8}$$

我们再把微分与绝对误差相对照，显然，知道了微分 $\mathrm{d}y = f'(x_0)\mathrm{d}x$，就立刻写出绝对误差 $\delta_y = |f'(x_0)|\delta_x$ 来，同时也可以写出相对误差.

在实际工作中，某个量的精确值往往是无法知道的，于是绝对误差和相对误差也就无法求得.但是根据测量仪器的精度等因素，有时能够确定误差在某一个范围内.如果某个量的精确值是 A，测得它的近似值是 α，又知道它的误差不超过 δ_A：$|A - \alpha| \leqslant \delta_A$，则 δ_A 叫做测量 A 的绝对误差限，$\frac{\delta_A}{|a|}$ 叫做测量 A 的相对误差限(简称绝对误差).

例 13 设测得圆钢截面的直径 $D = 60.03\,\mathrm{mm}$，测量 D 的绝对误差限 $\delta_D = 0.05$.利用公式 $A = \frac{\pi}{4}D^2$ 计算圆钢的截面积时，试估计面积的误差.

解

$$\Delta A \approx \mathrm{d}A = A' \cdot \Delta D = \frac{\pi}{2}D \cdot \Delta D,$$

$$|\Delta A| \approx |\mathrm{d}A| = \frac{\pi}{2}D \cdot |\Delta D| \leqslant \frac{\pi}{2}D \cdot \delta_D.$$

已知 $D = 60.03$，$\delta_D = 0.05$，所以

$$\delta_A = \frac{\pi}{2}D \cdot \delta_D = \frac{\pi}{2} \times 60.03 \times 0.05 = 4.715(\mathrm{mm}^2);$$

$$\frac{\delta_A}{A} = \frac{\frac{\pi}{2}D \cdot \delta_D}{\frac{\pi}{4}D^2} = 2 \cdot \frac{\delta_D}{D} = 2 \times \frac{0.05}{60.03} \approx 0.17\%.$$

对于多元函数，也有类似于全微分的误差公式. 设数量 z 是由公式 $z=f(x,y)$ 计算的，而 x、y 的真值不知道，只知道它们的近似值 x_0、y_0，这些近似值分别有误差 $\Delta x=x-x_0$，$\Delta y=y-y_0$. 这时求得 z 的近似值就有误差 Δz：

$$\Delta z=z-z_0=f(x,y)-f(x_0,y_0) \tag{2.6.9}$$

我们知道，Δz 实际上是对应于自变量的增量 Δx、Δy 的函数增量. 当 Δx、Δy 很小时，Δz 也很小，并且适合下列近似等式：

$$\Delta z\approx f'_x(x_0,y_0)\Delta x-f'_y(x_0,y_0)\Delta y. \tag{2.6.10}$$

在多数情况下，误差 Δx、Δy 的准确值也是不知道的，考虑到最不利因素，它们的绝对值分别不超过正数 δ_x、δ_y，即 $|\Delta x|\leqslant\delta_x$，$|\Delta y|\leqslant\delta_y$，因而 Δz 的绝对值也不超过某个正数 δ_z，即

$$|\Delta z|\leqslant|f'_x(x_0,y_0)|\delta_x+|f'_y(x_0,y_0)|\delta_y=\delta_z,$$

我们称 δ_x、δ_y 分别为自变量 x、y 的绝对误差，δ_z 为函数 z 的绝对误差.

绝对误差与近似值之比 $\frac{\delta_x}{x_0}$、$\frac{\delta_y}{y_0}$、$\frac{\delta_z}{z_0}$ 叫做相对误差. 而由上式得函数的相对误差为

$$\frac{\delta_z}{z_0}=\left|\frac{f'_x(x_0,y_0)}{f(x_0,y_0)}\right|\delta_x+\left|\frac{f'_y(x_0,y_0)}{f(x_0,y_0)}\right|\delta_y.$$

把全微分与绝对误差对照，显然，知道了全微分 $\mathrm{d}z=f'_x(x_0,y_0)\,\mathrm{d}x+f'_y(x_0,y_0)\,\mathrm{d}y$，就可以立刻写出绝对误差 $|f'_x(x_0,y_0)|\delta_x+|f'_y(x_0,y_0)|\delta_y=\delta_z$，同时也可以写出相对误差. 这为我们进行误差估计提供了方便.

一般地，由 n 元函数 $u=f(x_1,x_2,\cdots,x_n)$ 的全微分

$$\mathrm{d}u=\frac{\partial u}{\partial x_1}\mathrm{d}x_1+\frac{\partial u}{\partial x_2}\mathrm{d}x_2+\cdots+\frac{\partial u}{\partial x_n}\mathrm{d}x_n$$

可以写出函数的绝对误差

$$\delta_u=\left|\frac{\partial u}{\partial x_1}\right|\delta_{x_1}+\left|\frac{\partial u}{\partial x_2}\right|\delta_{x_2}+\cdots+\left|\frac{\partial u}{\partial x_n}\right|\delta_{x_n}$$

和相对误差

$$\frac{\delta_u}{u}=\left|\frac{u'_{x_1}}{u}\right|\delta_{x_1}+\left|\frac{u'_{x_2}}{u}\right|\delta_{x_2}+\cdots+\left|\frac{u'_{x_n}}{u}\right|\delta_{x_n}.$$

例 14 计算三角形的面积，并估计其误差. 今测得边长 $x=120.45\text{m}(\pm5\text{cm})$，$y=100.12\text{m}(\pm4\text{cm})$，角 $\alpha=30^\circ(\pm30'')$.（如图 2.6.2）

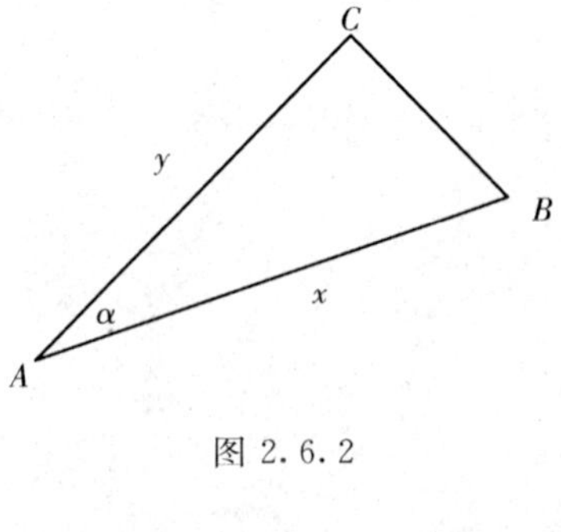

图 2.6.2

解 由三角形的面积公式，得

$$S=\frac{1}{2}xy\ \sin\alpha=\frac{1}{2}\times 120.45\times 100.12\times \sin 30^\circ=3014.86.$$

利用三角形面积的全微分

$$\mathrm{d}S=\frac{1}{2}y\ \sin\alpha\ \mathrm{d}x+\frac{1}{2}y\ \sin\alpha\ \mathrm{d}y+\frac{1}{2}xy\ \cos\alpha\mathrm{d}\alpha,$$

得到结果的绝对误差

$$\delta_S=\frac{1}{2}y\ \sin\alpha\delta_x+\frac{1}{2}y\ \sin\alpha\delta_y+\frac{1}{2}xy\ \cos\alpha\delta_\alpha.$$

为了便于计算,先求出相对误差,上式两边同时除以 $S=\frac{1}{2}xy\ \sin\alpha$,得到

$$\frac{\delta_S}{S}=\frac{\delta_x}{S}+\frac{\delta_y}{S}+\cot\alpha\cdot\delta_\alpha=\frac{0.05}{120.45}+\frac{0.04}{100.12}+\cot 30^\circ\ \frac{30''}{\rho''}$$

$$=0.00042+0.00040+0.00025\approx 0.0011(\text{其中 }\rho''=30^\circ 30''),$$

从而求得

$$\delta_S=3014.86\times 0.0011=3.3(\mathrm{m}^2).$$

习　题　六

1. 已知函数 $y=x^3-x$,在 $x=2$ 时,计算当 Δx 分别等于 0.1、0.01 时的 Δy 和 $\mathrm{d}y$.

2. 求下列函数的微分.

(1) $y=(2x^2-1)^3$;　　(2) $y=\ln\sin\sqrt{x}$;

(3) $y=x^2\mathrm{e}^{2x}$;　　(4) $y=\frac{1}{x}+2\sqrt{x}$;

(5) $y^2+\ln y=x^4$;　　(6) $y=\frac{x^2+1}{x+1}$;

(7) $y=\tan x+x\ \sec x$;　　(8) $y=\cos\sqrt{x}$;

(9) $z=xy+\frac{x}{y}$;　　(10) $z=\sin(x^2+y)$;

(11) $f(x,y)=\frac{y}{\sqrt{x^2+y^2}}$;　　(12) $f(x,y,z)=x^{yz}$;

(13) $u=x^{y^2}$;　　(14) $z=a^y-\sqrt{a^2-x^2-y^2}\ (a>0)$;

(15) $u=\left(\frac{x}{y}\right)^z$;　　(16) $z=\mathrm{e}^{ax^2+by^2}$ (a,b 为常数).

3. 将适当的函数填入下列括号内，使等式成立.

(1) d(　　　　) $= x\,\mathrm{d}x$；　　(2) d(　　　　) $= \cos x\,\mathrm{d}x$；

(3) d(　　　　) $= \sin\omega x\,\mathrm{d}x$；　　(4) d(　　　　) $= \mathrm{e}^{-2x}\,\mathrm{d}x$；

(5) d(　　　　) $= \dfrac{1}{1+x}\,\mathrm{d}x$；　　(6) d(　　　　) $= \dfrac{1}{\sqrt{x}}\,\mathrm{d}x$；

(7) d(　　　　) $= \sec^2 3x\,\mathrm{d}x$.

4. 求下列各函数值的近似值.

(1) $\mathrm{e}^{1.01}$；　　(2) $\sqrt[3]{1.02}$；

(3) $\cos 151°$；　　(4) $\ln 0.98$.

5. 水管壁的正截面是一个圆环，设它的内径为 r，壁后为 h，利用微分计算这个圆环面积的近似值(h 很小).

6. 半径为 15cm 的球，半径伸长 2mm，球的体积约增大多少？

7. 有一圆柱高为 25cm，半径为(20±0.05)cm，试求这圆柱的体积的相对误差及圆柱侧面积的相对误差.

8. 求底半径 r，高为 h 的圆锥体积及其绝对误差限和相对误差限. 其中 $r=15\pm0.02$cm，$h=19.1\pm0.05$cm，$\pi=3.14$.

9. 设 $z=z(x,y)$ 由方程 $yz+x^2+z=0$ 所确定，求 $\mathrm{d}z$.

10. 设 $z=z(x,y)$ 是由 $\mathrm{e}^{-xy}+2z-\mathrm{e}^{z}=2$ 所确定，求 $\mathrm{d}z\Big|_{\substack{x=2,\\ y=-\frac{1}{2}}}$

11. 求函数 $z=\ln(1+x^2+y^2)$ 当 $x=1, y=2$ 时的全微分.

12. 求函数 $u=z^4-3xz+x^2+y^2$ 在点(1,1,1)处的全微分.

13. 设 $u(x,y)=\dfrac{x+y}{1+y}$，求 $\mathrm{d}u(-1,2)$.

14. 求函数 $z=\dfrac{y}{x}$ 当 $x=2, y=1, \Delta x=0.1, \Delta y=-0.2$ 时的全增量和全微分.

第七节　导数的应用

我们已经研究了导数的概念及求导法则，导数的应用非常广泛，无论是在生活实际中，还是在科学研究上，或是在航海工程技术中都有大量的应用. 本章侧重从三个方面研究导数的应用.

一、洛必达法则

1. 两个基本未定型的极限

当 $x\to x_0$（或 $x\to\infty$）时，如果两个函数 $f(x)$ 与 $F(x)$ 都趋于零或都趋于无穷大，那么

极限 $\lim\limits_{\substack{x\to x_0\\(x\to\infty)}}\dfrac{f(x)}{F(x)}$ 可能存在也有可能不存在，通常把这种极限叫做未定型，并且简记为 $\dfrac{0}{0}$ 或 $\dfrac{\infty}{\infty}$. 对于这类未定型，即使它的极限存在，也不能使用商的极限等于极限的商这一法则来做. 为此，我们介绍一种新专门求未定型的极限的方法，这就是洛必达法则.

条件：

(1) $\lim\limits_{x\to x_0}f(x)=0,\lim\limits_{x\to x_0}F(x)=0$ ($\lim\limits_{x\to x_0}f(x)=\infty$ 或者 $\lim\limits_{x\to x_0}F(x)=\infty$)；

(2) $f(x)$、$F(x)$ 在 x_0 的某一邻域内可导，且 $F'(x)\neq 0$；

(3) $\lim\limits_{x\to x_0}\dfrac{f'(x)}{F'(x)}$ 存在或为无穷大.

结论：$\lim\limits_{x\to x_0}\dfrac{f(x)}{F(x)}=\lim\limits_{x\to x_0}\dfrac{f'(x)}{F'(x)}$.

证明从略.

注：(1) 如果 $f'(x)$、$F'(x)$ 仍然满足相应的条件，则有

$$\lim_{x\to x_0}\frac{f(x)}{F(x)}=\lim_{x\to x_0}\frac{f'(x)}{F'(x)}=\lim_{x\to x_0}\frac{f''(x)}{F''(x)},$$

且可以依次类推到有限次.

(2) 对于 $x\to\infty$ 时的未定型，有相应的洛必达法则.

几点注意：

(1) 每次使用洛必达法则前必须检验是否属于 $\dfrac{0}{0}$ 或 $\dfrac{\infty}{\infty}$ 型的条件；

(2) 随时化简，并注意同其他求极限方法并用，特别要灵活应用乘积的求极限方法；

(3) 当某一点 $\lim\dfrac{f^{(k)}(x)}{F^{(k)}(x)}$ 不存在(不包含 ∞) 或循环时，此法则失效.

例 1　求 $\lim\limits_{x\to 0}\dfrac{e^x-e^{-x}}{x}$.

解　原式 $=\lim\limits_{x\to 0}\dfrac{(e^x-e^{-x})'}{x'}=\lim\limits_{x\to 0}\dfrac{e^x+e^{-x}}{1}=2$.

例 2　求 $\lim\limits_{x\to 1}\dfrac{x^3-3x+2}{x^3-x^2-x+1}$.

解　原式 $=\lim\limits_{x\to 0}\dfrac{(x^3-3x+2)'}{(x^3-x^2-x+1)'}=\lim\limits_{x\to 0}\dfrac{3x^2-3}{3x^2-2x-1}=\lim\limits_{x\to 0}\dfrac{6x}{6x-2}=\dfrac{3}{2}$.

例 3　求 $\lim\limits_{x\to 0}\dfrac{\tan x-x}{\sin x-x}$.

解　原式 $=\lim\limits_{x\to 0}\dfrac{\sec^2 x-1}{\cos x-1}=-\lim\limits_{x\to 0}\dfrac{\tan^2 x}{1-\cos x}$.

$$=-\lim_{x\to 0}\frac{\tan^2 x}{\frac{x^2}{2}}=-\lim_{x\to 0}\frac{x^2}{\frac{x^2}{2}}=-2.$$

注:用等价无穷小替代分子或分母往往会使问题简化.

例 4 求 $\lim\limits_{x\to 0^+}\dfrac{e^{-\frac{1}{x}}}{x}$.

解 原式 $=\lim\limits_{x\to 0^+}\dfrac{\frac{1}{x}}{e^{\frac{1}{x}}}$

令 $\dfrac{1}{x}=t$,得

原式 $=\lim\limits_{t\to +\infty}\dfrac{t}{e^t}=\lim\limits_{t\to +\infty}\dfrac{1}{e^t}=0$.

注:此极限是若不加变形,直接用洛必达法则将求不出来.

例 5 求 $\lim\limits_{x\to +\infty}\dfrac{\ln x}{x}$.

解 原式 $=\lim\limits_{x\to +\infty}\dfrac{(\ln x)'}{x'}=\lim\limits_{x\to +\infty}\dfrac{\frac{1}{x}}{1}=\lim\limits_{x\to +\infty}\dfrac{1}{x}=0$.

例 6 求 $\lim\limits_{x\to +\infty}\dfrac{\ln x}{e^x}$.

解 原式 $=\lim\limits_{x\to +\infty}\dfrac{(\ln x)'}{(e^x)'}=\lim\limits_{x\to +\infty}\dfrac{\frac{1}{x}}{e^x}=\lim\limits_{x\to +\infty}\dfrac{1}{xe^x}=0$.

例 7 求 $\lim\limits_{x\to 0}\dfrac{x^2\sin\frac{1}{x}}{\sin x}$.

解 因为 $\lim\limits_{x\to 0}\dfrac{\left(x^2\cdot\sin\frac{1}{x}\right)'}{(\sin x)'}=\lim\limits_{x\to 0}\dfrac{2x\cdot\sin\frac{1}{x}-\cos\frac{1}{x}}{\cos x}$ 不存在,所以不能用罗必塔法则.

事实上,原式 $=\lim\limits_{x\to 0}\dfrac{x^2\cdot\sin\frac{1}{x}}{x}=\lim\limits_{x\to 0}\left(x\cdot\sin\dfrac{1}{x}\right)=0$.

2. 其他类型未定式的极限

(1) $0\cdot\infty$ 型(可转化为 $\dfrac{\infty}{\frac{1}{0}}$ 或 $\dfrac{0}{\frac{1}{\infty}}$).

(2) $\infty-\infty$ 型(一般是通分化为 $\dfrac{0}{0}$ 型).

(3) $0^0,\infty^0,1^\infty$ 型(方法是取对数化为 $0\cdot\infty$ 型,进而化为 $\dfrac{0}{0}$ 或 $\dfrac{\infty}{\infty}$ 型).

例 8 求 $\lim\limits_{x\to0^+}(\cot x)^{\frac{1}{\ln x}}$.

解 原式 $=\lim\limits_{x\to0^+}e^{\ln(\cot x)\frac{1}{\ln x}}=\lim\limits_{x\to0^+}e^{\frac{\ln\cot x}{\ln x}}=e^{\lim\limits_{x\to0^+}\frac{\ln\cot x}{\ln x}}=e^{\lim\limits_{x\to0^+}\frac{\frac{1}{\cot x}\cdot(-\csc^2 x)}{\frac{1}{x}}}=e^{\lim\limits_{x\to0^+}\frac{-x(\csc^2 x)}{\cot x}}$

$=e^{\lim\limits_{x\to0^+}\frac{-x}{\sin x\cos x}}=e^{-1}$

例 9 求极限 $\lim\limits_{x\to\infty}\left(\dfrac{x+1}{x-1}\right)^x$.

解 原式 $=e^{\lim\limits_{x\to\infty}x\ln\frac{x+1}{x-1}}=e^{\lim\limits_{x\to\infty}\frac{\ln\frac{x+1}{x-1}}{\frac{1}{x}}}=e^{\lim\limits_{x\to\infty}\frac{2x^2}{x^2-1}}=e^2$.

例 10 求 $\lim\limits_{x\to1}\left(\dfrac{1}{\ln x}-\dfrac{1}{x-1}\right)$.

解 原式 $=\lim\limits_{x\to1}\dfrac{x-1-\ln x}{(x-1)\ln x}=\lim\limits_{x\to1}\dfrac{1-\dfrac{1}{x}}{\ln x+\dfrac{x-1}{x}}=\lim\limits_{x\to1}\dfrac{\dfrac{1}{x^2}}{\dfrac{1}{x}+\dfrac{1}{x^2}}=\dfrac{1}{2}$.

例 11 求 $\lim\limits_{x\to0^+}(\tan x)^{\sin x}$.

解 原式 $=e^{\lim\limits_{x\to0^+}\sin x\ln\tan x}=e^{\lim\limits_{x\to0^+}\frac{\ln\tan x}{\csc x}}=e^{\lim\limits_{x\to0^+}\frac{\frac{\sec^2 x}{\tan x}}{-\csc x\cot x}}=e^{-\lim\limits_{x\to0^+}\frac{\sin x}{\cos^2 x}}=e^0=1$.

例 12 求 $\lim\limits_{x\to\frac{\pi}{2}}\tan^2 x\ln\sin x$.

解 原式 $=\lim\limits_{x\to\frac{\pi}{2}}\dfrac{\ln\sin x}{\cot^2 x}=\lim\limits_{x\to\frac{\pi}{2}}\dfrac{\cot x}{-2\cot x\csc^2 x}=-\dfrac{1}{2}\lim\limits_{x\to\frac{\pi}{2}}\sin^2 x=-\dfrac{1}{2}$.

二、函数单调性的判定法

如果函数 $y=f(x)$ 在 $[a,b]$ 上单调增加(单调减少),那么它的图形是一条沿 x 轴正向上升(下降)的曲线.这时曲线的各点处的切线斜率是非负的(是非正的),即 $y'=f'(x)\geqslant0$ $(y'=f'(x)\leqslant0)$.由此可见,函数的单调性与导数的符号有着密切的关系.

反过来,能否用导数的符号来判定函数的单调性呢?

定理 2.7.1 (函数单调性的判定法) 设函数 $y=f(x)$ 在 $[a,b]$ 上连续,在 (a,b) 内可导.

(1) 如果在 (a,b) 内 $f'(x)>0$,那么函数 $y=f(x)$ 在 $[a,b]$ 上单调增加;

(2) 如果在 (a,b) 内 $f'(x)<0$,那么函数 $y=f(x)$ 在 $[a,b]$ 上单调减少.

证明略.

注:判定法中的闭区间可换成其他各种区间.

例 13 讨论函数 $f(x)=e^x-x-1$ 的单调性.

解 因为函数 $f(x)=e^x-x-1$ 的定义域为 $(-\infty,+\infty)$,所以

$$f'(x)=e^x-1.$$

令 $f'(x)=0$ 得 $x=0$.

表 2.7.1

x	$(-\infty,0]$	$(0,+\infty)$
$f'(x)$	$-$	$+$
$f(x)$	↘	↗

所以函数 $f(x)=\mathrm{e}^x-x-1$ 在 $(-\infty,0]$ 上单调减少；函数 $f(x)=\mathrm{e}^x-x-1$ 在 $[0,+\infty)$ 上单调增加.

定义 2.7.1 使 $f'(x)=0$ 的点，称为驻点.

例 14 讨论函数 $f(x)=\sqrt[3]{x^2}$ 的单调性.

解 函数的定义域为 $(-\infty,+\infty)$.函数的导数为

$$f'(x)=\frac{2}{3\sqrt[3]{x}}(x\neq 0),$$

函数在 $x=0$ 处不可导.

表 2.7.2

x	$(-\infty,0]$	$(0,+\infty)$
$f'(x)$	$-$	$+$
$f(x)$	↘	↗

所以函数在 $(-\infty,0]$ 上单调减少；函数在 $[0,+\infty)$ 上单调增加.

求 $f(x)$ 单调区间的步骤：

(1) 求 $f(x)$ 的定义域；

(2) 求 $f'(x)$，令 $f'(x)=0$，求出驻点以及 $f'(x)$ 不存在的点；

(3) 用这两类点将定义域分成若干区间，在每个区间内判别 $f'(x)$ 的符号，利用定理 2.7.1 得单调区间.

例 15 确定函数 $f(x)=\sqrt[3]{(2x-1)(1-x)^2}$ 的单调区间.

解 函数的定义域为：$(-\infty,+\infty)$，而函数的导数为

$$f'(x)=\frac{-6\left(x-\frac{2}{3}\right)}{3\sqrt[3]{(2x-1)^2(1-x)}}.$$

令 $f'(x)=0$ 得 $x_1=\frac{2}{3}$；而函数在点 $x_2=\frac{1}{2}$ 和 $x_3=1$ 处不可导，列表分析：

表 2.7.3

x	$\left(-\infty,\frac{1}{2}\right)$	$\left(\frac{1}{2},\frac{2}{3}\right)$	$\left(\frac{2}{3},1\right)$	$(1,+\infty)$
$f'(x)$	$+$	$+$	$-$	$+$
$f(x)$	↗	↗	↘	↗

所以函数 $f(x)$ 在区间 $\left(-\infty,\frac{2}{3}\right]$ 和 $[1,+\infty]$ 内单调增加，在区间 $\left[\frac{2}{3},1\right]$ 上单调减少.

例 16　证明：当 $x>1$ 时，$2\sqrt{x}>3-\frac{1}{x}$.

证明　令 $f(x)=2\sqrt{x}-\left(3-\frac{1}{x}\right)$，则 $f'(x)=\frac{1}{\sqrt{x}}-\frac{1}{x^2}=\frac{1}{x^2}(x\sqrt{x}-1)$.

因为当 $x>1$ 时，$f'(x)>0$，因此 $f(x)$ 在 $[1,+\infty]$ 上 $f(x)$ 单调增加，从而当 $x>1$ 时，$f(x)>f(1)$.由于 $f(1)=0$，故 $f(x)>f(1)=0$，即

$$2\sqrt{x}-\left(3-\frac{1}{x}\right)>0,$$

也就是 $2\sqrt{x}>3-\frac{1}{x}(x>1)$.

三、曲线的凹凸与拐点

为了准确的描绘函数的图形，仅知道函数的单调性是不够的，还应知道它的弯曲方向以及不同弯曲方向的分界点，而弯曲方向在数学上用凹凸性来描述.

定义 2.7.2　设函数 $y=f(x)$ 在区间 (a,b) 内可导，如果曲线 $y=f(x)$ 上每一点处的切线总位于该曲线的下方，则称该曲线在区间 (a,b) 上是凹的如图 2.7.1；如果曲线 $y=f(x)$ 上每一点处的切线总位于该曲线的上方，则称该曲线在区间 (a,b) 上是凸的如图2.7.2.

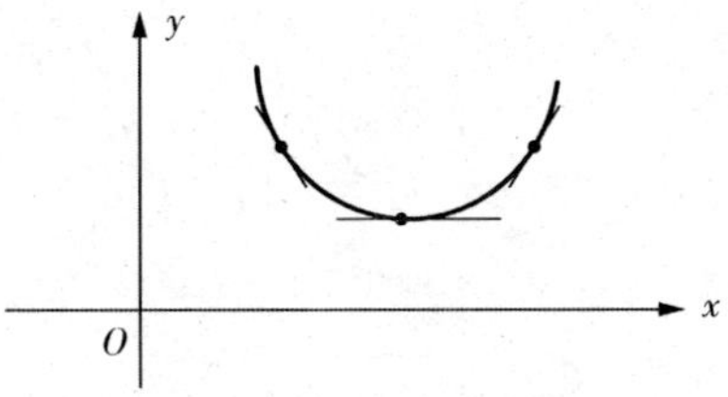

图 2.7.1

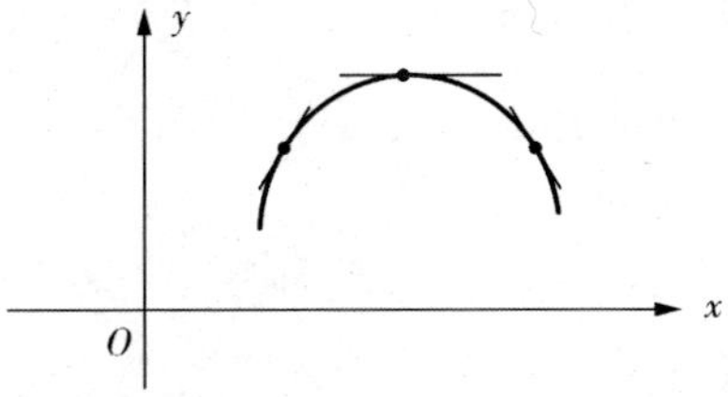

图 2.7.2

定理 2.7.2（凹凸性的判定定理）：

设 $f(x)$ 在 $[a,b]$ 上连续，在 (a,b) 内具有一阶和二阶导数，那么

(1) 若在 (a,b) 内 $f''(x)>0$，则 $f(x)$ 在 $[a,b]$ 上的图形是凹的；

(2) 若在 (a,b) 内 $f''(x)<0$，则 $f(x)$ 在 $[a,b]$ 上的图形是凸的.

定义 2.7.3　拐点：连续曲线 $y=f(x)$ 上凹弧与凸弧的分界点称为这曲线的拐点.

注：拐点是由横纵坐标构成.

确定曲线 $y=f(x)$ 的凹凸区间和拐点的步骤：

(1) 确定函数 $y=f(x)$ 的定义域；

(2) 求出在二阶导数 $f''(x)$；

(3) 求使二阶导数为零的点和使二阶导数不存在的点；

(4) 用这两类点将定义域分成若干区间，在每个区间内判别 $f''(x)$ 符号，进而得凹凸区间和拐点，只有在分隔点左右两侧 $f''(x)$ 异号，才有拐点.

例 17 求曲线 $f(x)=3x^4-4x^3+1$ 的拐点及凹、凸的区间.

解 因为函数 $f(x)=3x^4-4x^3+1$ 的定义域为 $(-\infty,+\infty)$，所以

$$f'(x)=12x^3-12x^2;f''(x)=36x^2-24x=36x\left(x-\frac{2}{3}\right).$$

令 $f''(x)=0$，得 $x_1=0,x_2=\frac{2}{3}$. 列表判断：

表 2.7.4

x	$(-\infty,0)$	0	$\left(0,\frac{2}{3}\right)$	$\frac{2}{3}$	$\left(\frac{2}{3},+\infty\right)$
$f''(x)$	$+$	0	$-$	0	$+$
$f(x)$	$\cup$	1	$\cap$	$\frac{11}{27}$	$\cup$

在区间 $(-\infty,0]$ 和 $\left[\frac{2}{3},+\infty\right)$ 上曲线是凹的，在区间 $\left[0,\frac{2}{3}\right]$ 上曲线是凸的.点 $(0,1)$ 和 $\left(\frac{2}{3},\frac{11}{27}\right)$ 是曲线的拐点.

例 18 求曲线 $f(x)=\sqrt[3]{x}$ 的拐点.

解 函数的定义域为 $(-\infty,+\infty)$，有 $f'(x)=\frac{1}{3\sqrt[3]{x^2}}$，显然函数 $x=0$ 处一阶不可导，所以函数在点 $x=0$ 处二阶导数不存在，而 $f''(x)=-\frac{2}{9x\sqrt[3]{x^2}}$，故 $f''(x)=0$ 无解.

表 2.7.5

x	$(-\infty,0)$	0	$(0,+\infty)$
$f''(x)$	$+$	不存在	$-$
$f(x)$	$\cup$	1	$\cap$

函数在区间 $(-\infty,0]$ 上曲线是凹的，在区间 $(0,+\infty)$ 上曲线是凸的.点 $(0,0)$ 是曲线的拐点.

四、函数的极值与最大值、最小值

一元函数的极值及其求法

定义 2.7.4 设函数 $f(x)$ 在 x_0 及其邻近范围内有定义，如果对 x_0 邻近范围内任一点

x，都有 $f(x)\leqslant f(x_0)$[或 $f(x)\geqslant f(x_0)$]，则函数 $f(x)$ 在点 x_0 处有极大值(或极小值)，而 x_0 称为极大(小)值点，$f(x_0)$ 称为极大(小)值.

函数的极大值与极小值统称为函数的极值，极大(小)值点统称为极值点.

注：(1) 极值是指函数值，极值点是指自变量的值.

(2) 函数的极值是局部性的. 如果 $f(x_0)$ 是函数 $f(x)$ 的一个极大值，那只是就 x_0 附近的一个局部范围来说，$f(x_0)$ 是 $f(x)$ 的一个最大值；如果就 $f(x)$ 的整个定义域来说，$f(x_0)$ 不一定是最大值.关于极小值也类似.极大值未必比极小值大.

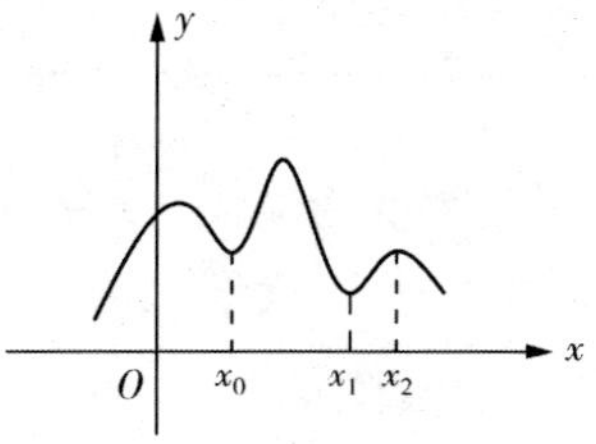

图 2.7.3

(3) 极值点只能在开区间内取得.极值与水平切线的关系：在函数取得极值处，曲线上的切线是水平的.但曲线上有水平切线的地方，函数不一定取得极值.

定理 2.7.3 (必要条件) 设函数 $f(x)$ 在点 x_0 处可导，且在 x_0 处取得极值，那么这函数在 x_0 处的导数为零，即 $f'(x_0)=0$.

注：定理 2.7.3 就是说，可导函数 $f(x)$ 的极值点必定是函数的驻点.但反过来，函数 $f(x)$ 的驻点却不一定是极值点.如 $y=x^3$ 的 $x=0$ 为驻点但不是极值点.

定理 2.7.4 (第一种充分条件) 设函数 $f(x)$ 在点 x_0 以及左右邻近的某个范围内可导，且 x_0 为驻点，

(1) 如果在 x_0 的左侧范围内 $f'(x)>0$，在 x_0 的右侧范围内 $f'(x)<0$，那么函数 $f(x)$ 在 x_0 处取得极大值；

(2) 如果在 x_0 的左侧范围内 $f'(x)<0$，在 x_0 的右侧范围内 $f'(x)>0$，那么函数 $f(x)$ 在 x_0 处取得极小值；

(3) 如果在 x_0 的左右两侧范围内 $f'(x)$ 不改变符号，那么函数 $f(x)$ 在 x_0 处没有极值.

确定极值点和极值的步骤：

(1) 求出 $f(x)$ 的定义域以及导数 $f'(x)$；

(2) 令 $f'(x)=0$，求出全部驻点和不可导点：

(3) 用这两类点将定义域分成若干区间，列表判断 $f'(x)$ 的符号在每个驻点和不可导点的左右区间的符号，以便确定该点是否是极值点；如果是极值点，还要按定理 2.7.3 确定对应的函数值是极大值还是极小值.

例 19 求函数 $f(x)=(x-4)\sqrt[3]{(x+1)^2}$ 的极值.

解 ① $f(x)$ 在$(-\infty,+\infty)$内连续，除 $x=-1$ 外处处可导，且

$$f'(x)=\frac{5(x-1)}{3\sqrt[3]{x+1}};$$

② 令 $f'(x)=0$，得驻点 $x=1$，$x=-1$ 为 $f(x)$ 的不可导点；

③ 列表判断

表 2.7.6

x	$(-\infty,1)$	-1	$(-1,1)$	1	$(1,+\infty)$
$f'(x)$	+	不可导	−	0	+
$f(x)$	↗	0	↘	$-3\sqrt[3]{4}$	↗

④ 极大值为 $f(-1)=0$,极小值为 $f(1)=-3\sqrt[3]{4}$.

定理 2.7.5 (第二种充分条件) 设函数 $f(x)$ 在点 x_0 处具有二阶导数且 $f'(x_0)=0$, $f''(x_0)\neq 0$,那么:

(1) 当 $f''(x_0)<0$ 时,函数 $f(x)$ 在 x_0 处取得极大值;

(2) 当 $f''(x_0)>0$ 时,函数 $f(x)$ 在 x_0 处取得极小值.

定理 2.7.5 表明,如果函数 $f(x)$ 在驻点 x_0 处的二导数 $f''(x_0)\neq 0$,那么该点 x_0 一定是极值点,并且可以按二阶导数 $f''(x_0)$ 的符号来判定 $f(x_0)$ 是极大值还是极小值.但如果 $f''(x_0)=0$,定理 2.7.5 就不能应用.

例 20 求函数 $f(x)=(x^2-1)^3+1$ 的极值.

解 ① $f'(x)=6x(x^2-1)^2$.

② 令 $f'(x)=0$,求得驻点 $x_1=-1,x_2=0,x_3=1$.

③ $f''(x)=6(x^2-1)(5x^2-1)$.

④ 因 $f''(0)=6>0$,所以 $f(x_0)$ 在 $x=0$ 处取得极小值,极小值为 $f(0)=0$.

⑤ 因 $f''(-1)=f''(1)=0$,用定理2.7.5无法判别.因为在-1的左右邻域内 $f'(x)<0$,所以 $f(x)$ 在 -1 处没有极值;同理,$f(x)$ 在 1 处也没有极值.

五、最大值最小值问题

在工农业生产、工程技术及科学实验中,常常会遇到这样一类问题:在一定条件下,怎样使“产品最多”“用料最省”“成本最低”“效率最高”等问题,这类问题在数学上有时可归结为求某一函数(通常称为目标函数)的最大值或最小值问题.

1.极值与最值的关系

设函数 $f(x)$ 在闭区间$[a,b]$上连续,则函数的最大值和最小值一定存在.函数的最大值和最小值有可能在区间的端点取得,如果最大值不在区间的端点取得,则必在开区间(a,b)内取得,在这种情况下,最大值一定是函数的极大值.因此,函数在闭区间$[a,b]$上的最大值一定是函数的所有极大值和函数在区间端点的函数值中最大者.同理,函数在闭区间$[a,b]$上的最小值一定是函数的所有极小值和函数在区间端点的函数值中最小者.

2.最大值和最小值的求法

设 $f(x)$ 在(a,b)内的驻点和不可导点(它们是可能的极值点)为 $x_1,x_2,x_3,\cdots,x_n$,则比较

$$f(a),f(x_1),\cdots,f(x_n),f(b)$$

的大小，其中最大的便是函数 $f(x)$ 在 $[a,b]$ 上的最大值，最小的便是函数 $f(x)$ 在 $[a,b]$ 上的最小值.

例 21 求函数 $f(x)=|x^2-3x+2|$ 在 $[-3,4]$ 上的最大值与最小值.

解 $$f(x)=\begin{cases} x^2-3x+2, & x\in[-3,1]\cup[2,4], \\ -x^2+3x-2, & x\in(1,2). \end{cases}$$

$$f'(x)=\begin{cases} 2x-3, & x\in(-3,1)\cup(2,4), \\ -2x+3, & x\in(1,2). \end{cases}$$

在 $(-3,4)$ 内，$f(x)$ 的驻点为 $x=\frac{3}{2}$；不可导点为 $x=1$ 和 $x=2$.

由于 $f(-3)=20$，$f(1)=0$，$f\left(\frac{3}{2}\right)=\frac{1}{4}$，$f(2)=0$，$f(4)=6$，比较可得 $f(x)$ 在 $x=-3$ 处取得它在 $[-3,4]$ 上的最大值 20，在 $x=1$ 和 $x=2$ 处取它在 $[-3,4]$ 上的最小值 0.

例 22 工厂铁路线上 AB 段的距离为 100km.工厂 C 距 A 处为 20km，AC 垂直于 AB.为了运输需要，要在 AB 线上选定一点 D 向工厂修筑一条公路.已知铁路每公里货运的运费与公路上每公里货运的运费之比为 3∶5.为了使货物从供应站 B 运到工厂 C 的运费最省，问 D 点应选在何处？

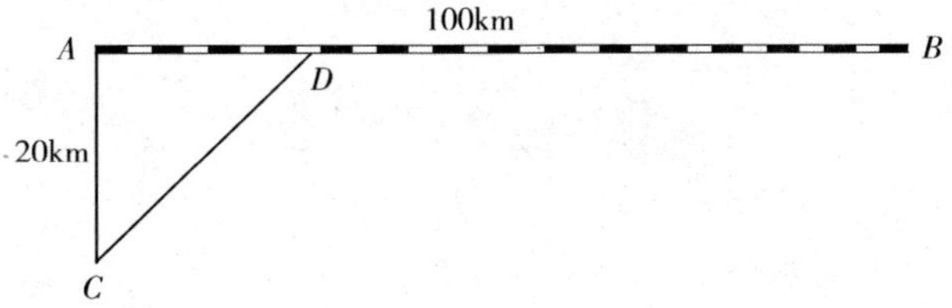

图 2.7.4

解 设 $AD=x$(km)，则 $DB=100-x$(km)，

$$CD=\sqrt{20^2+x^2}=\sqrt{400+x^2}\text{(km)}.$$

设从 B 点到 C 点需要的总运费为 y，那么

$$y=5k\cdot CD+3k\cdot DB\ (k\text{ 是某个正数}),$$

即

$$y=5k\sqrt{400+x^2}+3k(100-x)\ (0\leqslant x\leqslant 100).$$

现在，问题就归结为：x 在 $[0,100]$ 内取何值时目标函数 y 的值最小.

先求 y 对 x 的导数：

$$y'=k\left(\frac{5x}{\sqrt{400+x^2}}-3\right).$$

解方程 $y'=0$，得 $x=15(\text{km})$．

由于 $y|_{x=0}=400k$，$y|_{x=15}=380k$，$y|_{x=100}=500k\sqrt{1+\frac{1}{5^2}}$，其中以 $y|_{x=15}=380k$ 为最小，因此当 $AD=x=15\text{km}$ 时，总运费为最省．

注意：$f(x)$ 在一个区间（有限或无限，开或闭）内可导且只有一个驻点 x_0，并且这个驻点 x_0 是函数 $f(x)$ 的极值点，那么，当 $f(x_0)$ 是极大值时，$f(x_0)$ 就是 $f(x)$ 在该区间上的最大值；当 $f(x_0)$ 是极小值时，$f(x_0)$ 就是 $f(x)$ 在该区间上的最小值．

应当指出，实际问题中，往往根据问题的性质就可以断定函数 $f(x)$ 确有最大值或最小值，而且一定在定义区间内部取得．这时如果 $f(x)$ 在定义区间内部只有一个驻点 x_0，那么不必讨论 $f(x_0)$ 是否是极值，就可以断定 $f(x_0)$ 是最大值或最小值．

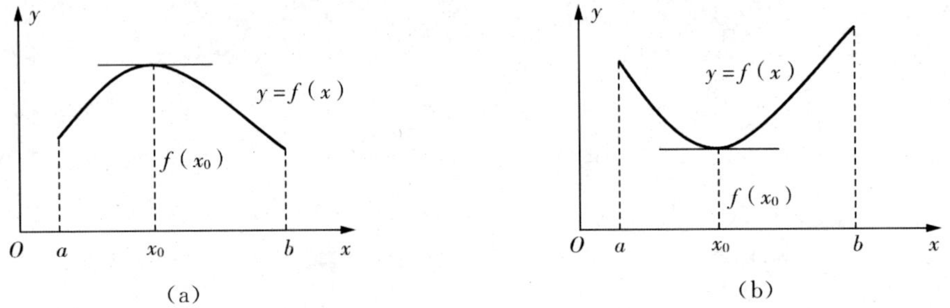

图 2.7.5

习　题　七

1. 用洛必达法则求下列极限．

(1) $\lim\limits_{x\to 0}\dfrac{e^x-e^{-x}}{\sin x}$；

(2) $\lim\limits_{x\to a}\dfrac{\sin x-\sin a}{x-a}$；

(3) $\lim\limits_{x\to \frac{\pi}{2}}\dfrac{\ln\sin x}{(\pi-2x)^2}$

(4) $\lim\limits_{x\to 0+}\dfrac{\ln\tan 7x}{\ln\tan 2x}$；

(5) $\lim\limits_{x\to 1}\dfrac{x^3-1+\ln x}{e^x-e}$；

(6) $\lim\limits_{x\to 0}\dfrac{\tan x-x}{x-\sin x}$；

(7) $\lim\limits_{x\to 0}\dfrac{\ln\tan\left(\frac{\pi}{4}+ax\right)}{\sin bx}(b\neq 0)$；

(8) $\lim\limits_{x\to 0}\dfrac{\ln(1+x^2)}{\sin^2 x}$；

(9) $\lim\limits_{x\to 1}\dfrac{x^2-1}{\ln x}$；

(10) $\lim\limits_{x\to \pi}\dfrac{\sin 3x}{\tan 5x}$；

(11) $\lim\limits_{x\to 0}\left(\dfrac{\sin x}{x}\right)^{\frac{1}{x^2}}$；

(12) $\lim\limits_{x\to a}\dfrac{x^m-a^m}{x^n-a^n}$；

(13) $\lim\limits_{x\to \frac{\pi}{2}}\dfrac{\tan x}{\tan 3x}$；

(14) $\lim\limits_{x\to \frac{\pi}{2}+0}\dfrac{\ln\left(x-\frac{\pi}{2}\right)}{\tan x}$；

(15) $\lim\limits_{x\to 0} x\cot 2x$；

(16) $\lim\limits_{x\to 0} x^2 e^{\frac{1}{x^2}}$；

(17) $\lim\limits_{x\to\infty} x(e^{\frac{1}{x}}-1)$；

(18) $\lim\limits_{x\to 0}\left(\frac{1}{x}-\frac{1}{e^x-1}\right)$；

(19) $\lim\limits_{x\to 1}(1-x)\tan\frac{\pi x}{2}$；

(20) $\lim\limits_{x\to 1}\left(\frac{1}{x-1}-\frac{1}{\ln x}\right)$；

(21) $\lim\limits_{x\to -1}\left(\frac{1}{x+1}-\frac{1}{\ln(x+2)}\right)$

(22) $\lim\limits_{x\to\infty}\left(1+\frac{a}{x}\right)^x$；

(23) $\lim\limits_{x\to 0+} x^{\sin x}$；

(24) $\lim\limits_{x\to 0+}\left(\frac{1}{x}\right)^{\tan x}$；

(25) $\lim\limits_{x\to 0}(1+\sin x)^{\frac{1}{x}}$；

(26) $\lim\limits_{x\to 0+}\left(\ln\frac{1}{x}\right)^x$；

(27) $\lim\limits_{x\to 0}(\sin x+e^x)^{\frac{1}{x}}$.

2. 判断下列函数的单调性.

(1) $f(x)=x^3+2x$；

(2) $f(x)=x-\ln(1+x^2)$；

(3) $f(x)=x\cdot\cos x$.

3. 求下列函数的单调区间.

(1) $f(x)=x^4-8x^2+2$；

(2) $f(x)=(x-1)(x+1)^3$；

(3) $f(x)=2x^2-\ln x$；

(4) $f(x)=2x+\frac{8}{x}$.

4. 求下列函数的极值.

(1) $f(x)=2x^3-3x^2$；

(2) $f(x)=x^2\ln x$；

(3) $f(x)=x^2 e^{-x^2}$；

(4) $f(x)=\frac{3x^2+4x+4}{x^2+x+1}$；

(5) $f(x)=\sqrt{2x-x^2}$；

(6) $f(x)=2e^x+e^{-x}$；

(7) $f(x)=\frac{x}{\ln x}$；

(8) $y=(x-1)x^{\frac{2}{3}}$.

5. 函数 $f(x)=\sin x+\cos x$ 在区间 $\left(-\frac{\pi}{2},\frac{\pi}{2}\right)$ 内的极值.

6. 若函数 $f(x)=a\sin x+\frac{1}{3}\sin 3x$ 在 $x=\frac{\pi}{3}$ 处取得极值，求 a 的值，它是极大值还是极小值？并求此极值.

7. 设有一块边长为 a 的正方形铁皮，从 4 个角截去同样的小方块，做成一个无盖的方盒子，问截去小方块的边长为多少时才能使盒子容积最大？

8. 要造一圆柱形油罐，体积为 V，问底半径 r 和高 h 等于多少时，使表面积最小？

第三章 积分及其应用

前面我们已经学习了微分学，本章将学习它的逆运算——积分，积分学在工程和科学技术领域中有着广泛的应用．我们先从几何与物理方面的问题出发引进定积分的概念，然后讨论它的性质和计算方法，最后介绍定积分的应用．

第一节 不定积分的概念与性质

一、原函数与不定积分的概念

定义 3.1.1 若 $F'(x)=f(x)$ 或 $\mathrm{d}F(x)=f(x)\,\mathrm{d}x$，，$x\in I$，则函数 $F(x)$ 就称为 $f(x)$ 在区间 I 上的一个原函数．或者说 $f(x)$ 在 $x\in I$ 上有一个原函数 $F(x)$．

例如 因为 $(\sin x)'=\cos x$，所以 $\sin x$ 是 $\cos x$ 的原函数；又如当 $x\in(1,+\infty)$ 时，因为 $(\sqrt{x})'=\dfrac{1}{2\sqrt{x}}$，所以 $\sqrt{x}$ 是 $\dfrac{1}{2\sqrt{x}}$ 的原函数．

思考：(1) $\sin x+1$，$\sin x-3$ 是不是 $\cos x$ 的原函数？还有没有其他的原函数？

(2) 什么函数必有原函数？

定理 3.1.1 （原函数存在定理）如果函数 $f(x)$ 在区间 I 上连续，那么在区间 I 上存在可导函数 $F(x)$ 使对任一 $x\in I$ 都有

$$F'(x)=f(x).$$

简单地说就是连续函数一定有原函数．

两点说明：

(1) 如果函数 $f(x)$ 在区间 I 上有一个原函数 $F(x)$，那么 $f(x)$ 就有无限多个原函数．$F(x)+C$ 都是 $f(x)$ 的原函数（其中 C 是任意常数），即 $F(x)+C$ 为 $f(x)$ 的原函数集合（或原函数族）；

(2) $f(x)$ 的任意两个原函数之间只差一个常数．即如果 $G(x)$ 和 $F(x)$ 都是 $f(x)$ 的原函数，则

$$F(x)-G(x)=C\quad(C\text{ 为某个常数}).$$

定义 3.1.2 在区间 I 上，函数 $f(x)$ 的带有任意常数项的原函数称为 $f(x)$ 在区间 I 上

的不定积分,或者说 $f(x)$ 的原函数族 $F(x)+C$ 称为 $f(x)$ 在区间 I 上的不定积分.记作

$$\int f(x)\,\mathrm{d}x,$$

其中记号 $\int$ 称为积分号;$f(x)$ 称为被积函数;$f(x)\,\mathrm{d}x$ 称为被积表达式;x 称为积分变量.

根据定义,如果 $F(x)$ 是 $f(x)$ 在区间 I 上的一个原函数,那么 $F(x)+C$ 就是 $f(x)$ 的不定积分,即

$$\int f(x)\,\mathrm{d}x=F(x)+C.$$

因而在求不定积分 $\int f(x)\,\mathrm{d}x$ 时,关键求一个原函数 $F(x)$,之后加上 C 即可.

例 1 求函数 $f(x)=\dfrac{1}{x}$ 的不定积分.

解 当 $x>0$ 时,$(\ln x)'=\dfrac{1}{x}$,

$$\int \frac{1}{x}\,\mathrm{d}x=\ln x+C(x>0);$$

当 $x<0$ 时,$[\ln(-x)]'=\dfrac{1}{-x}\cdot(-1)=\dfrac{1}{x}$,

$$\int \frac{1}{x}\,\mathrm{d}x=\ln(-x)+C(x<0).$$

合并上面两式,得到

$$\int \frac{1}{x}\,\mathrm{d}x=\ln|x|+C(x\neq 0).$$

例 2 设曲线通过点(1,2)且其上任一点处的切线斜率等于这点横坐标的两倍.求此曲线的方程.

解 设所求的曲线方程为 $y=f(x)$,按题设曲线上任一点 (x,y) 处的切线斜率为 $y'=f'(x)=2x$,即 $f(x)$ 是 $2x$ 的一个原函数.

因为

$$\int 2x\,\mathrm{d}x=x^2+C,$$

故必有某个常数 C 使 $f(x)=x^2+C$,即曲线方程为 $y=x^2+C$.

因所求曲线通过点(1,2),故

$$2=1+C,C=1.$$

于是所求曲线方程为 $y=x^2+1$.

积分曲线函数 $f(x)$ 的原函数的图形称为 $f(x)$ 的积分曲线.

从不定积分的定义,即可知下述关系:

$$\left(\int f(x)\,\mathrm{d}x\right)' = f(x),$$

或

$$\mathrm{d}\left[\int f(x)\,\mathrm{d}x\right] = f(x)\,\mathrm{d}x;$$

又由于 $f(x)$ 是 $f'(x)$ 的原函数,所以

$$\int f'(x)\,\mathrm{d}x = f(x) + C,$$

或记作

$$\int \mathrm{d}f(x) = f(x) + C.$$

由此可见,微分运算(以记号 d 表示)与求不定积分的运算(简称积分运算,以记号 $\int$ 表示)是互逆的;当记号 $\int$ 与 d 连在一起时,或者抵消,或者抵消后差一个常数.

二、基本积分表

(1) $\int k\,\mathrm{d}x = kx + C$($k$ 是常数);

(2) $\int x^{\mu}\,\mathrm{d}x = \dfrac{1}{\mu+1}x^{\mu+1} + C(\mu \neq -1)$;

(3) $\int \dfrac{1}{x}\,\mathrm{d}x = \ln|x| + C$;

(4) $\int a^{x}\,\mathrm{d}x = \dfrac{a^{x}}{\ln a} + C$;

(5) $\int \mathrm{e}^{x}\,\mathrm{d}x = \mathrm{e}^{x} + C$;

(6) $\int \cos x\,\mathrm{d}x = \sin x + C$;

(7) $\int \sin x\,\mathrm{d}x = -\cos x + C$;

(8) $\int \dfrac{1}{\cos^2 x}\,\mathrm{d}x = \int \sec^2 x\,\mathrm{d}x = \tan x + C$;

(9) $\int \dfrac{1}{\sin^2 x}\,\mathrm{d}x = \int \csc^2 x\,\mathrm{d}x = -\cot x + C$;

(10) $\int \sec x \tan x\,\mathrm{d}x = \sec x + C$;

(11)$\int \csc x \cot x \, dx = -\csc x + C$;

(12)$\int \frac{1}{\sqrt{1-x^2}} dx = \arcsin x + C$;

(13)$\int \frac{1}{1+x^2} dx = \arctan x + C$.

例 3 $\int \frac{1}{x^3} dx = \int x^{-3} dx = \frac{1}{-3+1} x^{-3+1} + C = -\frac{1}{2x^2} + C$.

例 4 $\int x^2 \sqrt{x} \, dx = \int x^{\frac{5}{2}} dx = \frac{1}{\frac{5}{2}+1} x^{\frac{5}{2}+1} + C = \frac{2}{7} x^{\frac{7}{2}} + C = \frac{2}{7} x^3 \sqrt{x} + C$.

三、不定积分的性质

性质 3.1.1 函数的和的不定积分等于各个函数的不定积分的和,即

$$\int [f(x) + g(x)] dx = \int f(x) dx + \int g(x) dx.$$

性质 3.1.2 求不定积分时,被积函数中不为零的常数因子可以提到积分号外面来,即

$$\int k f(x) dx = k \int f(x) dx \quad (k \text{ 是常数且 } k \neq 0).$$

例 5
$$\begin{aligned}\int \sqrt{x}(x^2 - 5) dx &= \int (x^{\frac{5}{2}} - 5x^{\frac{1}{2}}) dx \\ &= \int x^{\frac{5}{2}} dx - \int 5x^{\frac{1}{2}} dx = \int x^{\frac{5}{2}} dx - 5\int x^{\frac{1}{2}} dx \\ &= \frac{2}{7} x^{\frac{7}{2}} - 5 \cdot \frac{2}{3} x^{\frac{3}{2}} + C.\end{aligned}$$

例 6
$$\begin{aligned}\int \frac{(x-1)^3}{x^2} dx &= \int \frac{x^3 - 3x^2 + 3x - 1}{x^2} dx = \int \left(x - 3 + \frac{3}{x} - \frac{1}{x^2}\right) dx \\ &= \int x \, dx - 3\int dx + 3\int \frac{1}{x} dx - \int \frac{1}{x^2} dx \\ &= \frac{1}{2} x^2 - 3x + 3 \ln|x| + \frac{1}{x} + C.\end{aligned}$$

例 7 $\int (e^x - 3\cos x) dx = \int e^x dx - 3\int \cos x \, dx = e^x - 3\sin x + C$.

例 8 $\int 2^x e^x dx = \int (2e)^x dx = \frac{(2e)^x}{\ln(2e)} + C = \frac{2^x e^x}{1 + \ln 2} + C$.

例 9 $\int \frac{1 + x + x^2}{x(1+x^2)} dx = \int \frac{x + (1+x^2)}{x(1+x^2)} dx = \int \left(\frac{1}{1+x^2} + \frac{1}{x}\right) dx$

$$=\int \frac{1}{1+x^2}\,dx+\int \frac{1}{x}\,dx=\arctan x+\ln|x|+C.$$

例 10 $\int \frac{x^4}{1+x^2}\,dx=\int \frac{x^4-1+1}{1+x^2}\,dx=\int \frac{(x^2+1)(x^2-1)+1}{1+x^2}\,dx$

$$=\int\left(x^2-1+\frac{1}{1+x^2}\right)dx=\int x^2\,dx-\int dx+\int \frac{1}{1+x^2}\,dx$$

$$=\frac{1}{3}x^3-x+\arctan x+C.$$

例 11 $\int \tan^2 x\,dx=\int(\sec^2 x-1)\,dx=\int \sec^2 x\,dx-\int dx$

$$=\tan x-x+C.$$

例 12 $\int \sin^2\frac{x}{2}\,dx=\int \frac{1-\cos x}{2}\,dx=\frac{1}{2}\int(1-\cos x)\,dx$

$$=\frac{1}{2}(x-\sin x)+C.$$

例 13 $\int \frac{1}{\sin^2\frac{x}{2}\cos^2\frac{x}{2}}\,dx=4\int \frac{1}{\sin^2 x}\,dx=-4\cot x+C.$

习　题　一

1. 求下列不定积分.

(1) $\int x^3(1+x)^2\,dx$；

(2) $\int(\sqrt{x}+1)(\sqrt{x^3}-1)\,dx$；

(3) $\int\left(\sqrt[3]{x}-\frac{1}{\sqrt{x}}\right)dx$；

(4) $\int(2^x+x^2)\,dx$；

(5) $\int \frac{3x^4+3x^2+1}{x^2+1}\,dx$；

(6) $\int \frac{x^2}{1+x^2}\,dx$；

(7) $\int \frac{(1-x)^2}{\sqrt{x}}\,dx$；

(8) $\int e^x\left(1-\frac{e^{-x}}{\sqrt{x}}\right)dx$；

(9) $\int \sqrt{x\sqrt{x\sqrt{x}}}\,dx$；

(10) $\int \frac{dx}{x^2(1+x^2)}$；

(11) $\int \frac{e^{2t}-1}{e^t-1}\,dt$；

(12) $\int 3^x e^x\,dx$；

(13) $\int \sec x(\sec x-\tan x)\,dx$；

(14) $\int \cos^2\frac{x}{2}\,dx$；

(15) $\int \frac{\cos 2x}{\cos x - \sin x} \mathrm{d}x$.

2. 一曲线通过点$(e^2,3)$，且在任一点处的切线的斜率等于该点横坐标的倒数，求该曲线的方程.

第二节　定积分概念与性质

一、定积分问题举例

1.曲边梯形的面积

曲边梯形：设函数 $y=f(x)$ 在区间$[a,b]$上非负、连续.由直线 $x=a$、$x=b$、$y=0$ 及曲线 $y=f(x)$ 所围成的图形称为曲边梯形，其中曲线弧称为曲边.

求曲边梯形的面积的近似值：

将曲边梯形分割成一些小的曲边梯形(如图 3.2.1 所示)，每个小曲边梯形都用一个等宽的小矩形代替，每个小曲边梯形的面积都近似地等于小矩形的面积，则所有小矩形面积的和就是曲边梯形面积的近似值.具体方法是：在区间$[a,b]$中任意插入若干个分点

$$a=x_0<x_1<x_2<\cdots<x_{n-1}<x_n=b,$$

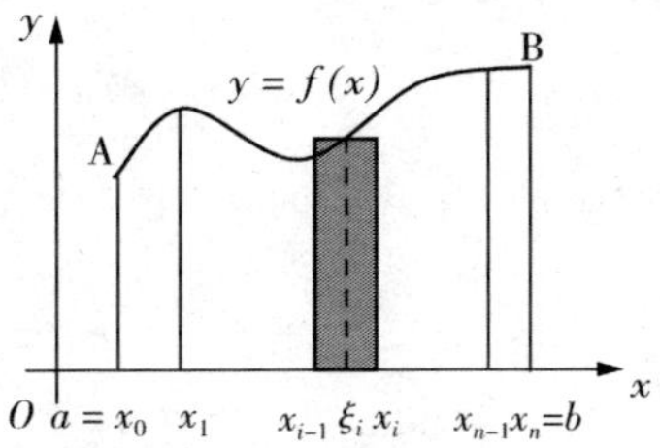

图 3.2.1

把$[a,b]$分成 n 个小区间

$$[x_0,x_1],[x_1,x_2],[x_2,x_3],\cdots,[x_{n-1},x_n],$$

它们的长度依次为 $\Delta x_1=x_1-x_0$，$\Delta x_2=x_2-x_1$，$\cdots$，$\Delta x_n=x_n-x_{n-1}$.

经过每一个分点作平行于 y 轴的直线段，把曲边梯形分成 n 个窄曲边梯形.在每个小区间$[x_{i-1},x_i]$上任取一点 ξ_i，以$[x_{i-1},x_i]$为底、$f(\xi_i)$为高的窄矩形近似替代第 i 个窄曲边梯形$(i=1,2,\cdots,n)$，把这样得到的 n 个窄矩阵形面积之和作为所求曲边梯形面积 A 的近似值，即

$$A \approx f(\xi_1)\Delta x_1+f(\xi_2)\Delta x_2+\cdots+f(\xi_n)\Delta x_n=\sum_{i=1}^{n} f(\xi_i)\Delta x_i .$$

求曲边梯形的面积的精确值：显然，分点越多、每个小曲边梯形越窄，所求得的曲边梯形面积 A 的近似值就越接近曲边梯形面积 A 的精确值，因此，要求曲边梯形面积 A 的精确值，只需无限地增加分点，使每个小曲边梯形的宽度趋于零.

记 $\lambda=\max\{\Delta x_1,\Delta x_2,\cdots,\Delta x_n\}$，于是，上述增加分点，使每个小曲边梯形的宽度趋于零，相当于令 $\lambda \to 0$.所以曲边梯形的面积为

$$A=\lim_{\lambda \to 0}\sum_{i=1}^{n} f(\xi_i)\Delta x_i .$$

2.变速直线运动的路程

设物体做直线运动，已知速度 $v=v(t)$ 是时间间隔$[T_1,T_2]$上 t 的连续函数，且 $v(t)\geqslant 0$，计算在这段时间内物体所经过的路程 S.

求近似路程：

我们把时间间隔$[T_1,T_2]$分成 n 个小的时间间隔 Δt_i，在每个小的时间间隔 Δt_i 内，物体运动看成是匀速的，其速度近似为物体在时间间隔 Δt_i 内某点 τ_i 的速度 $v(\tau_i)$，物体在时间间隔 Δt_i 内运动的距离近似为 $\Delta S_i=v(\tau_i)\Delta t_i$.把物体在每一小的时间间隔 Δt_i 内运动的距离加起来作为物体在时间间隔$[T_1,T_2]$内所经过的路程 S 的近似值.具体做法是：

在时间间隔$[T_1,T_2]$内任意插入若干个分点

$$T_1=t_0<t_1<t_2<\cdots<t_{n-1}<t_n=T_2,$$

把$[T_1,T_2]$分成 n 个小段

$$[t_0,t_1],[t_1,t_2],[t_2,t_3],\cdots,[t_{n-1},t_n],$$

各小段时间的长依次为

$$\Delta t_1=t_1-t_0,\Delta t_2=t_2-t_1,\cdots,\Delta t_n=t_n-t_{n-1}.$$

相应地，在各段时间内物体经过的路程依次为

$$\Delta S_1,\Delta S_2,\cdots,\Delta S_n.$$

在时间间隔$[t_{i-1},t_i]$上任取一个时刻 $\tau_i(t_{i-1}<\tau_i<t_i)$，以 τ_i 时刻的速度 $v(\tau_i)$ 来代替$[t_{i-1},t_i]$上各个时刻的速度，得到部分路程 ΔS_i 的近似值，即

$$\Delta S_i=v(\tau_i)\Delta t_i\quad(i=1,2,\cdots,n).$$

于是这 n 段部分路程的近似值之和就是所求变速直线运动路程 S 的近似值，即

$$S\approx\sum_{i=1}^{n}v(\tau_i)\Delta t_i;$$

求精确值：

记 $\lambda=\max\{\Delta t_1,\Delta t_2,\cdots,\Delta t_n\}$，当 $\lambda\to 0$ 时，取上述和式的极限，即得变速直线运动的路程

$$S=\lim_{\lambda\to 0}\sum_{i=1}^{n}v(\tau_i)\Delta t_i.$$

二、定积分定义

抛开上述问题的具体意义，抓住它们在数量关系上共同的本质与特性加以概括，就抽象出下述定积分的定义.

定义 3.2.1 设函数 $f(x)$ 在$[a,b]$上有界，在$[a,b]$中任意插入若干个分点

$$a=x_0<x_1<x_2<\cdots<x_{n-1}<x_n=b,$$

把区间$[a,b]$分成 n 个小区间

$$[x_0,x_1],[x_1,x_2],[x_2,x_3],\cdots,[x_{n-1},x_n],$$

各小段区间的长依次为

$$\Delta x_1=x_1-x_0,\Delta x_2=x_2-x_1,\cdots,\Delta x_n=x_n-x_{n-1}.$$

在每个小区间$[x_{i-1},x_i]$上任取一个点 $\xi_i(x_{i-1}<\xi_i<x_i)$，作函数值 $f(\xi_i)$ 与小区间长度 Δx_i 的乘积 $f(\xi_i)\Delta x_i(i=1,2,\cdots,n)$，并作出和

$$S=\sum_{i=1}^{n}f(\xi_i)\Delta x_i.$$

记$\lambda=\max\{\Delta x_1,\Delta x_2,\cdots,\Delta x_n\}$，如果不论对$[a,b]$怎样分法，也不论在小区间$[x_{i-1},x_i]$上点 ξ_i 怎样取法，只要当 $\lambda\to 0$ 时，和 S 总趋于确定的极限 I，这时我们称这个极限 I 为函数 $f(x)$ 在区间$[a,b]$上的定积分，记作$\int_a^b f(x)\,\mathrm{d}x$，即

$$\int_a^b f(x)\,\mathrm{d}x=\lim_{\lambda\to 0}\sum_{i=1}^{n}f(\xi_i)\Delta x_i.$$

其中 $f(x)$ 叫做被积函数；$f(x)\,\mathrm{d}x$ 叫做被积表达式；x 叫做积分变量；a 叫做积分下限；b 叫做积分上限；$[a,b]$ 叫做积分区间.

根据定积分的定义，曲边梯形的面积为 $A=\int_a^b f(x)\,\mathrm{d}x$.

变速直线运动的路程为 $S=\int_{T_1}^{T_2}v(t)\,\mathrm{d}t$.

注：(1) $\left[\int_a^b f(x)\,\mathrm{d}x\right]'=0$；

(2) 定积分的值只与被积函数及积分区间有关，而与积分变量的记法以及如何分割区间无关，即

$$\int_a^b f(x)\,\mathrm{d}x=\int_a^b f(t)\,\mathrm{d}t=\int_a^b f(u)\,\mathrm{d}u.$$

(3) 如果函数 $f(x)$ 在$[a,b]$上的定积分存在，我们就说 $f(x)$ 在区间$[a,b]$上可积.

三、定积分的几何意义

在区间$[a,b]$上，当 $f(x)\geqslant 0$ 时，积分$\int_a^b f(x)\,\mathrm{d}x$在几何上表示由曲线$y=f(x)$、两条直线 $x=a$、$x=b$ 与 x 轴所围成的曲边梯形的面积；当 $f(x)\leqslant 0$ 时，由曲线 $y=f(x)$、两条直线 $x=a$、$x=b$ 与 x 轴所围成的曲边梯形位于 x 轴的下方，定义分在几何上表示上述曲边梯形面积的负值；当 $f(x)$ 既取得正值又取得负值时，函数 $f(x)$ 的图形某些部分在 x 轴的上方，而其他部分在 x 轴的下方.如果我们对面积赋以正负号，在 x 轴上方的图形面积赋以正号，在 x 轴下方的图形面积赋以负号，则在一般情形下，定积分$\int_a^b f(x)\,\mathrm{d}x$ 的几何意义为：它是

介于 x 轴、函数 $f(x)$ 的图形及两条直线 $x=a$、$x=b$ 之间的各部分面积的代数和.上述三种情况如图 3.2.2、图 3.2.3 和图 3.2.4 所示.

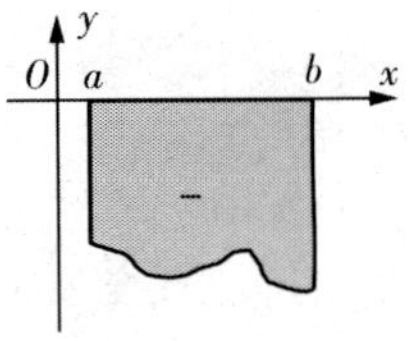

图 3.2.2

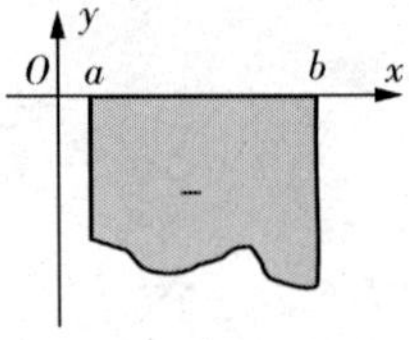

图 3.2.3

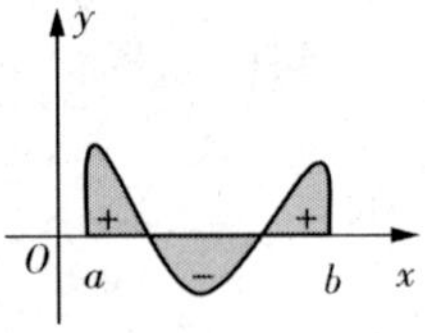

图 3.2.4

用定积分的定义计算定积分:

例 1 用定积分的几何意义求 $\int_0^1 (1-x)\,\mathrm{d}x$.

解 函数 $y=1-x$ 在区间[0,1]上的定积分是以 $y=1-x$ 为曲边,以区间[0,1]为底的曲边梯形的面积.因为以 $y=1-x$ 为曲边,以区间[0,1]为底的曲边梯形是一直角三角形,其底边长及高均为 1,所以

$$\int_0^1 (1-x)\,\mathrm{d}x = \frac{1}{2}\times 1\times 1 = \frac{1}{2}.$$

四、定积分的性质

两点规定:

(1) 当 $a=b$ 时, $\int_a^b f(x)\,\mathrm{d}x = 0$.

(2) 当 $a>b$ 时, $\int_a^b f(x)\,\mathrm{d}x = -\int_b^a f(x)\,\mathrm{d}x$.

性质 3.2.1 函数的和(差)的定积分等于它们的定积分的和(差),即

$$\int_a^b [f(x)\pm g(x)]\,\mathrm{d}x = \int_a^b f(x)\,\mathrm{d}x \pm \int_a^b g(x)\,\mathrm{d}x.$$

性质 3.2.2 被积函数的常数因子可以提到积分号外面,即

$$\int_a^b kf(x)\,\mathrm{d}x = k\int_a^b f(x)\,\mathrm{d}x,(k\in R).$$

性质 3.2.3 如果将积分区间分成两部分,则在整个区间上的定积分等于这两部分区间上定积分之和,即

$$\int_a^b f(x)\,\mathrm{d}x = \int_a^c f(x)\,\mathrm{d}x + \int_c^b f(x)\,\mathrm{d}x.$$

这个性质表明定积分对于积分区间具有可加性.

值得注意的是不论 a、b、c 的相对位置如何,总有等式

$$\int_a^b f(x)\,\mathrm{d}x = \int_a^c f(x)\,\mathrm{d}x + \int_c^b f(x)\,\mathrm{d}x.$$

成立.例如,当 $a<b<c$ 时,由于

$$\int_a^c f(x)\,\mathrm{d}x=\int_a^b f(x)\,\mathrm{d}x+\int_b^c f(x)\,\mathrm{d}x,$$

于是有

$$\int_a^b f(x)\,\mathrm{d}x=\int_a^c f(x)\,\mathrm{d}x-\int_b^c f(x)\,\mathrm{d}x=\int_a^c f(x)\,\mathrm{d}x+\int_c^b f(x)\,\mathrm{d}x.$$

性质 3.2.4 如果在区间 $[a,b]$ 上 $f(x)\equiv 1$ 则:

$$\int_a^b 1\,\mathrm{d}x=\int_a^b \mathrm{d}x=b-a.$$

性质 3.2.5 如果在区间 $[a,b]$ 上 $f(x)\geqslant 0$,则:

$$\int_a^b f(x)\,\mathrm{d}x\geqslant 0\ (a<b).$$

推论 3.2.1 如果在区间 $[a,b]$ 上 $f(x)<g(x)$ 则:

$$\int_a^b f(x)\,\mathrm{d}x\leqslant\int_a^b g(x)\,\mathrm{d}x\ (a<b).$$

推论 3.2.2 $\left|\int_a^b f(x)\,\mathrm{d}x\right|\leqslant\int_a^b |f(x)|\,\mathrm{d}x\ |\ (a<b)$.

性质 3.2.6 设 M 及 m 分别是函数 $f(x)$ 在区间 $[a,b]$ 上的最大值及最小值,则

$$m(b-a)\leqslant\int_a^b f(x)\,\mathrm{d}x\leqslant M(b-a)\ (a<b).$$

性质 3.2.7 (定积分中值定理)如果函数 $f(x)$ 在闭区间 $[a,b]$ 上连续,则在积分区间 $[a,b]$ 上至少存在一个点 ξ,使下式成立:

$$\int_a^b f(x)\,\mathrm{d}x=f(\xi)(b-a).$$

这个公式叫做积分中值公式.

应注意:不论 $a<b$ 还是 $a>b$,积分中值公式都成立.

习　题　二

1. 不计算定积分直接比较下列各组积分值的大小.

(1) $\int_0^1 x\,\mathrm{d}x$ 与 $\int_0^1 x^2\,\mathrm{d}x$;　　(2) $\int_2^4 x\,\mathrm{d}x$ 与 $\int_2^4 x^2\,\mathrm{d}x$;

(3) $\int_0^1 \mathrm{e}^x\,\mathrm{d}x$ 与 $\int_0^1 \mathrm{e}^{x^2}\,\mathrm{d}x$;　　(4) $\int_{-\frac{\pi}{2}}^0 \sin x\,\mathrm{d}x$ 与 $\int_0^{\frac{\pi}{2}} \sin x\,\mathrm{d}x$;

(5) $\int_0^{\frac{\pi}{2}} x\,dx$ 与 $\int_0^{\frac{\pi}{2}} \sin x\,dx$；　　(6) $\int_0^1 e^x\,dx$ 与 $\int_0^1 (1+x)\,dx$.

2. 估计下列各积分的值.

(1) $\int_1^4 (x^2+1)\,dx$；　　(2) $\int_{\frac{\pi}{4}}^{\frac{5\pi}{4}} (1+\sin^2 x)\,dx$；

(3) $\int_2^0 e^{x^2-x}\,dx$；　　(4) $\int_1^2 \frac{x}{1+x^2}\,dx$；

(5) $\int_0^{-2} xe^x\,dx$.

3. 用定积分表示如图 3.2.5 各图形阴影部分的面积.

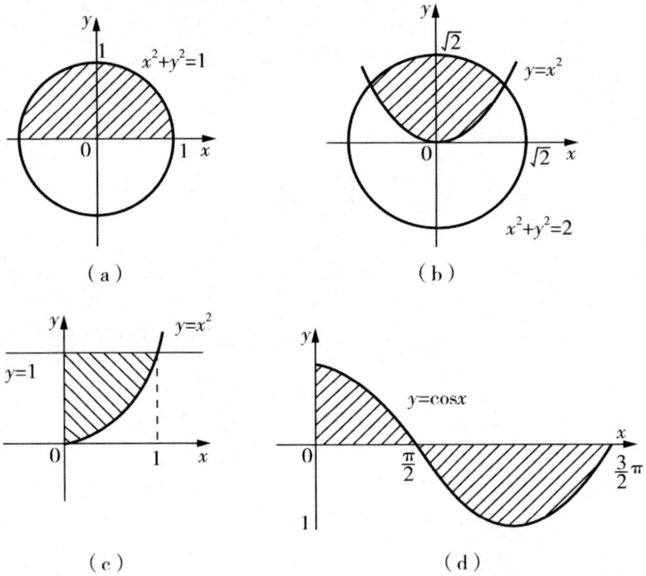

图 3.2.5

4. 画出由下列各定积分表示的曲边梯形面积的图形.

(1) $\int_0^2 (x+1)\,dx$；　　(2) $\int_1^2 (1+2x+x^2)\,dx$；

(3) $\int_0^1 (x^2+1)\,dx$；　　(4) $\int_0^1 (4x-2x^2)\,dx$.

5. 利用定积分的几何意义，判断下列定积分的值是正还是负（不准计算）.

(1) $\int_0^{\frac{\pi}{2}} \cos x\,dx$；　　(2) $\int_{-4}^{-1} x^2\,dx$；

(3) $\int_{-1}^2 e^x\,dx$.

第三节　微积分基本公式

一、积分上限函数及其导数

设函数 $f(x)$ 在区间$[a,b]$上连续，则 $f(x)$ 在$[a,b]$内任何区间都是可积的. 由定积分的基本定义知：定积分$\int_a^b f(x)\,dx$ 的大小只与下限a 和上限b 以及 $f(x)$ 有关，当固定下限 a 和 $f(x)$，让上限取$[a,b]$内任一点 x 时，$\int_a^x f(x)\,dx$ 就是关于上限 x 的函数，我们把$\int_a^x f(x)\,dx$ 称为积分上限的函数，记为 $\Phi(x)$. 由于被积表达式中的积分变量用 x，而积分上限函数 $\Phi(x)$ 的自变量也是 x，为了避免混淆，积分变量改用其他字母，比如 t，则 $\Phi(x)=\int_a^x f(t)\,dt$.

定理 3.3.1　如果函数 $f(x)$ 在区间$[a,b]$上连续，则函数 $\Phi(x)=\int_a^x f(x)\,dx$ 在$[a,b]$上具有导数，并且它的导数为

$$\Phi'(x)=\frac{d}{dx}\int_a^x f(t)\,dt=f(x)(a\leqslant x<b).$$

如果 $\varphi(x)$ 是 x 的可导函数，记

$$\Phi(x)=\frac{d}{dx}\int_a^{\varphi(x)} f(t)\,dt.$$

则定理 3.3.1 可以推广为

$$\Phi'(x)=\left[\frac{d}{dx}\int_a^{\varphi(x)} f(t)\,dt\right]'=f[\varphi(x)]\cdot\varphi'(x).$$

定理 3.3.2　如果函数 $f(x)$ 在区间$[a,b]$上连续，则函数

$$\Phi(x)=\int_a^x f(x)\,dx$$

就是 $f(x)$ 在$[a,b]$上的一个原函数.

定理的重要意义在于：一方面肯定了连续函数的原函数是存在的；另一方面初步地揭示了积分学中的定积分与原函数之间的联系.

思考：$\int_x^b f(t)\,dt$ 称为什么？如无上面的定理 3.3.1？

例 1　求$\left(\int_0^x \sin t^2\,dt\right)'$.

解　由定理 3.3.1 可知$\left(\int_0^x \sin t^2\,dt\right)'=\sin x^2$.

例 2　求$\left(\int_x^0 \sin t^2\,dt\right)'$.

解 $\int_x^0 \sin t^2 \, dt = -\int_0^x \sin t^2 \, dt$，故$\int_x^0 \sin t^2 \, dt\Big)' = \Big(-\int_0^x \sin t^2 \, dt\Big)' = -\sin x^2$.

例 3 求$\int_1^{x^2} \frac{\sin t^2}{t^2} \, dt$.

解 令 $u = x^2$，则 $\Phi(x) = \int_1^{x^2} \frac{\sin t^2}{t^2} \, dt$ 由 $\Phi(u) = \int_1^u \frac{\sin t^2}{t^2} \, dt$ 以及 $u = x^2$ 复合而成.

故：$\left(\int_1^{x^2} \frac{\sin t^2}{t^2} \, dt\right)' = \left(\int_1^u \frac{\sin t^2}{t^2} \, dt\right)' (x^2)' = \frac{\sin u^2}{u^2} 2x = \frac{\sin x^4}{x^4} 2x = \frac{2 \sin x^4}{x^3}$.

例 4 求$\lim\limits_{x \to 0} \frac{\int_0^x \frac{\sin t}{t} \, dt}{x}$.

解 $\lim\limits_{x \to 0} \frac{\int_0^x \frac{\sin t}{t} \, dt}{x} = \lim\limits_{x \to 0} \frac{\left(\int_0^x \frac{\sin t}{t} \, dt\right)'}{x'} = \lim\limits_{x \to 0} \frac{\sin x}{x} = 1$.

二、牛顿-莱布尼茨公式

定理 3.3.3 如果函数 $F(x)$ 是连续函数 $f(x)$ 在区间 $[a,b]$ 上的一个原函数，则

$$\int_a^b f(x) \, dx = F(b) - F(a) .$$

此公式称为牛顿-莱布尼茨公式，也称为微积分基本公式.

证明 已知函数 $F(x)$ 是连续函数 $f(x)$ 的一个原函数，又根据定理 3.3.2，积分上限函数

$$\Phi(x) = \int_a^x f(t) \, dt$$

也是 $f(x)$ 的一个原函数.于是有一常数 C，使

$$F(x) - \Phi(x) = C \quad (a \leqslant x \leqslant b) .$$

当 $x = a$ 时，有 $F(a) - \Phi(a) = C$，而 $\Phi(a) = 0$，所以 $F(a) = C$；当 $x = b$ 时，$\Phi(b) = F(b) - F(a)$，所以 $\Phi(b) = F(b) - F(a)$，即

$$\int_a^b f(x) \, dx = F(b) - F(a) .$$

为了方便起见，可把 $F(b) - F(a)$ 记成 $F(x) \Big|_a^b$ 或者 $[F(x)]_a^b$，于是

$$\int_a^b f(x) \, dx = F(b) - F(a) = F(x) \Big|_a^b = [F(x)]_a^b .$$

由此定理可知：求$\int_a^b f(x) \, dx$ 的关键是求 $f(x)$ 的一个原函数 $F(x)$.

例 5 计算$\int_0^1 x^2 \, dx$.

解 由于$\frac{1}{3}x^3$是x^2的一个原函数,所以

$$\int_0^1 x^2\,dx=\frac{1}{3}x^3\Big|_0^1=\frac{1}{3}\times1^3-\frac{1}{3}\cdot0^3=\frac{1}{3}.$$

例 6 计算$\int_{-1}^{\sqrt{3}}\frac{dx}{1+x^2}$.

解 由于$\arctan x$是$\frac{1}{1+x^2}$的一个原函数,所以

$$\int_{-1}^{\sqrt{3}}\frac{dx}{1+x^2}=\arctan x\Big|_{-1}^{\sqrt{3}}=\arctan\sqrt{3}-\arctan(-1)=\frac{7}{12}\pi.$$

例 7 计算$\int_{-2}^{-1}\frac{1}{x}\,dx$.

解 $\int_{-2}^{-1}\frac{1}{x}\,dx=\ln|x|\Big|_{-2}^{-1}=\ln1-\ln2=-\ln2$.

例 8 计算正弦曲线$y=\sin x$在$[0,\pi]$上与x轴所围成的平面图形的面积.

解 这图形是曲边梯形的一个特例.它的面积

$$A=\int_0^{\pi}\sin x\,dx=-\cos x\Big|_0^{\pi}=2.$$

例 9 计算$\int_2^4|x-3|\,dx$.

解 由于在区间$[2,3]$上,$|x-3|=3-x$;在区间$[3,4]$上,$|x-3|=x-3$,所以

$$\int_2^4|x-3|\,dx=\int_2^3(3-x)\,dx+\int_3^4(x-3)\,dx=\left(3x-\frac{1}{2}x^2\right)\Big|_2^3+\left(\frac{1}{2}x^2-3x\right)\Big|_3^4=10.$$

注:在计算定积分时,如果遇到被积函数带有绝对值符号,首先第一步要去绝对值符号.

习 题 三

1. 计算下列定积分.

(1) $\int_1^3 x^3\,dx$;

(2) $\int_4^9\sqrt{x}\left(1+\sqrt{x}-\frac{1}{x}\right)dx$;

(3) $\int_{\frac{\sqrt{3}}{3}}^{\sqrt{3}}\frac{1}{1+x^2}\,dx$;

(4) $\int_0^{\frac{\pi}{4}}\tan^2 x\,dx$;

(5) $\int_0^{2\pi}\cos^2\frac{t}{2}\,dt$.

2. 计算下列定积分.

(1) $\int_0^3 |x-2|\,dx$；　　　　(2) $\int_0^{\pi} \sqrt{1+\cos 2x}\,dx$；

(3) 设 $f(x)=\begin{cases}1-x^2, & -1\leqslant x\leqslant 0,\\ x+1, & 0<x\leqslant 1,\end{cases}$ 求 $\int_{-\frac{1}{2}}^{\frac{1}{2}} f(x)\,dx$.

3. 求下列所给曲线(或直线)围成图形的面积.

(1) $x=\frac{-\pi}{4}, x=\frac{\pi}{4}$；　　　　(2) $y=x^2, x=-2, x=-1, y=0$.

4. 求下列函数的导数

(1) $f(x)=\int_0^x e^{-t^2}\,dt$；　　　　(2) $f(x)=\int_{\sqrt{x}}^1 \sqrt{1+t^2}\,dt$.

5. 设 $g(x)$ 是连续函数，且 $\int_0^{x^2-1} g(t)\,dt=-x$，求 $g(3)$.

第四节　积分计算方法

前面学习了不定积分和定积分，我们知道求不定积分和定积分的关键都是求原函数，故二者求原函数的方法是互通的，但仅仅利用上面积分基本公式求原函数远远不够. 因此，从本节开始我们将介绍求积分的三种方法.

一、第一类换元(凑微分法)

引例　求 $\int \cos 2x\,dx$.

分析：此题与积分基本公式中 $\int \cos x\,dx$ 比较接近，因此考虑可以套用此公式，但是 $\cos 2x$ 与 $\cos x$ 又不同，因此不能直接套用此公式，要想套用此公式必须保证 $\int \cos\square\,d\square$ 中两个 □ 的内容一致才可以.

解　$\int \cos 2x\,dx \xlongequal{凑} \frac{1}{2}\int \cos 2x\,d2x \xlongequal{令\ u=2x} \frac{1}{2}\int \cos u\,du \xlongequal{套公式} \frac{1}{2}\sin u + C$

$\xlongequal{回代} \frac{1}{2}\sin 2x + C.$

将此题的解题思路抽离出来，得到下面的定理：

定理 3.4.1　(不定积分的第一类换元法) 设 $f(u)$ 具有原函数 $F(u)$，$u=\varphi(x)$ 可导，则有换元公式

$$\int f[\varphi(x)]\varphi'(x)\,dx \xlongequal{凑微分} \int f[\varphi(x)]\,d\varphi(x) \xlongequal{令\ u=\varphi(x)} \int f(u)\,du$$

$$\xlongequal{\text{套公式}} F(u)+C \xlongequal{\text{回代}} F[\varphi(x)]+C.$$

注：(1) 拿到题目时，首先看题目与哪个公式比较接近，就想办法套用那个公式，但套用公式一定要保证$\int f(\square)\,\mathrm{d}\square$ 中两个 $\square$ 一致，如果不一致，一定要凑一致，切记凑成一致后，必须将凑的微分，利用求微分法计算一下，验证凑过之后是否和原式一致，不一致要想办法保持一致，但凑过一致之后和原式相比较，最多多(或少) 某个常数，如果多出未知数，凑的结果可能是错误，导致题目无法解出；当$\int f(\square)\,\mathrm{d}\square$ 中两个 $\square$ 一致后，即可以直接套用公式，此时就省去了换元这一步.

(2) 因第一类换元法最关键是第一步凑微分(即求微分的逆运算)，因此第一类换元法也叫凑微分法.

(3) 几种常见的凑微分公式：

$$\cos x\,\mathrm{d}x=\mathrm{d}\sin x;\ x^{n}\,\mathrm{d}x=\frac{1}{n+1}\,\mathrm{d}x^{n+1};$$

$$\frac{1}{\sqrt{x}}\,\mathrm{d}x=2\mathrm{d}\sqrt{x};\ \frac{1}{x}\,\mathrm{d}x=\mathrm{d}\ln x;\ \mathrm{e}^{x}\,\mathrm{d}x=\mathrm{d}\mathrm{e}^{x};$$

(4) 换元后，必须回代.

定理 3.4.2 (定积分的第一类换元法) 设 $f(u)$ 具有原函数 $F(u)$，$u=\varphi(x)$ 可导，则有换元公式

$$\int_a^b f[\varphi(x)]\varphi'(x)\,\mathrm{d}x \xlongequal{\text{凑微分}} \int_a^b f[\varphi(x)]\,\mathrm{d}\varphi(x) \xlongequal{\text{令 } u=\varphi(x)} \int_{\varphi(a)}^{\varphi(b)} f(u)\,\mathrm{d}u$$

$$\xlongequal{\text{套公式}} [F(u)]_{\varphi(a)}^{\varphi(b)}=F[\varphi(b)]-F[\varphi(a)].$$

注：定积分的第一类换元法(凑微分法) 与不定积分相似，但也有区别.

(1) 定积分如果换元，则必须换积分上下限，上限对上限，下限对下限；

(2) 换元后无需回代，而不定积分需要回代；如果采取定理 3.4.1 的注(1)(直接凑微分，套公式)，就可以避免换元，因此积分的上下限就无需改变.

为了使同学们对不定积分和定积分第一换元法方便掌握，下面的前五道例题均是采取不定积分和定积分对照讲解.

例 1 计算$\int (2x-1)^{9}\,\mathrm{d}x$.

法一：

分析：在基本积分公式中有$\int x^{9}\,\mathrm{d}x=\frac{1}{10}x^{10}+C$，因此套用此公式，但是要套用此公式，$\int x^{9}\,\mathrm{d}x$ 中两个 x 需要保持一致，而原题是不一致的，因此利用凑微分，凑一致.

解 $\int (2x-1)^{9}\,\mathrm{d}x \xlongequal{\text{凑并检验}} \frac{1}{2}\int (2x-1)^{9}\,\mathrm{d}(2x-1)=\frac{1}{2}\cdot\frac{1}{10}(2x-1)^{10}+C$

$$=\frac{1}{20}(2x-1)^{10}+C.$$

法二：

$$\int(2x-1)^9\,\mathrm{d}x \underline{\underline{凑并检验}} \frac{1}{2}\int(2x-1)^9\,\mathrm{d}(2x-1) \underline{\underline{令\ u=2x-1}} \frac{1}{2}\int u^9\,\mathrm{d}u$$

$$=\frac{1}{2}\cdot\frac{1}{10}u^{10}+C \underline{\underline{回代}} \frac{1}{20}(2x-1)^{10}+C.$$

注：如果使用保持一致，就可以采用直接套用公式的思路，就省略了换元步骤.

例 1′ 计算$\int_0^1(2x-1)^9\,\mathrm{d}x$.

解 法一：$\int_0^1(2x-1)^9\,\mathrm{d}x \underline{\underline{凑并检验}} \frac{1}{2}\int_0^1(2x-1)^9\,\mathrm{d}(2x-1)$

$$=\frac{1}{2}\left[\frac{1}{10}(2x-1)^{10}\right]_0^1=0.$$

法二：$\int_0^1(2x-1)^9\,\mathrm{d}x \underline{\underline{凑并检验}} \frac{1}{2}\int_0^1(2x-1)^9\,\mathrm{d}(2x-1)$

$$\underline{\underline{令\ u=2x-1}} \frac{1}{2}\int_{-1}^0 u^9\,\mathrm{d}u=0.$$

接下来例题，分析思路与例 1 一致，就不一一分析了.

例 2 计算$\int\frac{1}{3+2x}\,\mathrm{d}x$.

解 法一：原式$=\frac{1}{2}\int\frac{1}{3+2x}\mathrm{d}(3+2x)=\frac{1}{2}\ln|3+2x|+C$.

法二：原式$=\frac{1}{2}\int\frac{1}{3+2x}\mathrm{d}(3+2x) \underline{\underline{令\ u=3+2x}} \frac{1}{2}\int\frac{1}{u}\,\mathrm{d}u$

$$=\frac{1}{2}\ln|u|+C=\frac{1}{2}\ln|3+2x|+C.$$

例 2′ 计算$\int_{-1}^3\frac{1}{3+2x}\,\mathrm{d}x$.

解 法一：原式$=\frac{1}{2}\int_{-1}^3\frac{1}{3+2x}\mathrm{d}(3+2x)=\frac{1}{2}[\ln(3+2x)]_{-1}^3=\ln 3$.

法二：原式$\underline{\underline{=凑并检测}} \frac{1}{2}\int_{-1}^3\frac{1}{3+2x}\mathrm{d}(3+2x) \underline{\underline{令\ u=3+2x}} \frac{1}{2}\int_1^9\frac{1}{u}\,\mathrm{d}u$

$$=\frac{1}{2}[\ln u]_1^9=\ln 3.$$

例 3 计算$\int x\mathrm{e}^{-x^2}\,\mathrm{d}x$.

解 原式 $=\frac{1}{2}\int e^{-x^2}\,dx^2=-\frac{1}{2}\int e^{-x^2}\,d(-x^2)=-\frac{1}{2}e^{-x^2}+C.$

例 3′ 计算 $\int_0^1 xe^{-x^2}\,dx.$

解 原式 $=\frac{1}{2}\int_0^1 e^{-x^2}\,dx^2=-\frac{1}{2}\int_0^1 e^{-x^2}\,d(-x^2)=-\frac{1}{2}\left[e^{-x^2}\right]_0^1=\frac{1}{2}-\frac{1}{2e}.$

例 4 计算 $\int \frac{\ln x}{x}\,dx.$

解 原式 $=\int \frac{1}{x}\ln x\,dx=\int \ln x\,d\ln x=\frac{1}{2}\ln^2 x+C.$

例 4′ 计算 $\int_1^e \frac{\ln x}{x}\,dx.$

解 原式 $=\int_1^e \frac{\ln x}{x}\,dx=\int_1^e \ln x\,d\ln x=\frac{1}{2}\left[\ln^2 x\right]_1^e=\frac{1}{2}.$

例 5 计算 $\int \frac{\sin\sqrt{x}}{\sqrt{x}}\,dx.$

解 原式 $=\int \frac{\sin\sqrt{x}}{\sqrt{x}}\,dx=2\int \sin\sqrt{x}\,d\sqrt{x}=-2\cos\sqrt{x}+C.$

例 5′ 计算 $\int_{\frac{\pi^2}{4}}^{\pi^2} \frac{\sin\sqrt{x}}{\sqrt{x}}\,dx.$

解 原式 $=\frac{1}{2}\int_{\frac{\pi^2}{4}}^{\pi^2} \sin\sqrt{x}\,d\sqrt{x}=\frac{1}{2}\left[-\cos\sqrt{x}\right]_{\frac{\pi^2}{4}}^{\frac{\pi^2}{2}}=-\frac{1}{2}.$

例 6 计算 $\int x\sqrt{1-x^2}\,dx.$

解 原式 $=\frac{1}{2}\int \sqrt{1-x^2}\,dx^2.$

$$=-\frac{1}{2}\int (1-x^2)^{\frac{1}{2}}\,d(1-x^2)$$

$$=-\frac{1}{3}(1-x^2)^{\frac{3}{2}}+C.$$

例 7 计算 $\int \frac{\sin x}{\cos x}\,dx.$

解 原式 $=-\int \frac{1}{\cos x}\,d\cos x=-\ln|\cos x|+C.$

例 8 计算 $\int \cos^2 x\,dx.$

解 原式 $=\int \frac{1+\cos 2x}{2}\mathrm{d}x=\frac{1}{2}(\int \mathrm{d}x+\int \cos 2x\,\mathrm{d}x)=\frac{1}{2}(x+\frac{1}{2}\sin 2x)+C.$

例 9 计算 $\int \tan x\,\mathrm{d}x.$

解 原式 $=\int \frac{\sin x}{\cos x}\mathrm{d}x=-\int \frac{1}{\cos x}\mathrm{d}\cos x$

$=-\ln|\cos x|+C,$

即

$$\int \tan x\,\mathrm{d}x=-\ln|\cos x|+C.$$

类似地可得

$$\int \cot x\,\mathrm{d}x=\ln|\sin x|+C.$$

例 10 计算 $\int \frac{1}{a^2+x^2}\mathrm{d}x.$

解 原式 $=\frac{1}{a^2}\int \frac{1}{1+\left(\frac{x}{a}\right)^2}\mathrm{d}x=\frac{1}{a}\int \frac{1}{1+\left(\frac{x}{a}\right)^2}\mathrm{d}\frac{x}{a}=\frac{1}{a}\arctan\frac{x}{a}+C,$

即

$$\int \frac{1}{a^2+x^2}\mathrm{d}x=\frac{1}{a}\arctan\frac{x}{a}+C.$$

例 11 当 $a>0$ 时，计算 $\int \frac{1}{\sqrt{a^2-x^2}}\mathrm{d}x.$

解 原式 $=\frac{1}{a}\int \frac{1}{\sqrt{1-\left(\frac{x}{a}\right)^2}}\mathrm{d}x=\int \frac{1}{\sqrt{1-\left(\frac{x}{a}\right)^2}}\mathrm{d}\frac{x}{a}=\arcsin\frac{x}{a}+C,$

即

$$\int \frac{1}{\sqrt{a^2-x^2}}\mathrm{d}x=\arcsin\frac{x}{a}+C.$$

例 12 计算 $\int \frac{1}{x^2-a^2}\mathrm{d}x.$

解 原式 $=\frac{1}{2a}\int \left(\frac{1}{x-a}-\frac{1}{x+a}\right)\mathrm{d}x=\frac{1}{2a}[\int \frac{1}{x-a}\mathrm{d}x-\int \frac{1}{x+a}\mathrm{d}x]$

$=\frac{1}{2a}[\int \frac{1}{x-a}\mathrm{d}(x-a)-\int \frac{1}{x+a}\mathrm{d}(x+a)]$

$$=\frac{1}{2a}[\ln|x-a|-\ln|x+a|]+C=\frac{1}{2a}\ln\left|\frac{x-a}{x+a}\right|+C,$$

即

$$\int\frac{1}{x^2-a^2}\mathrm{d}x=\frac{1}{2a}\ln\left|\frac{x-a}{x+a}\right|+C.$$

例 13 计算$\int\frac{1}{x^2+2x+3}\mathrm{d}x$.

解 原式$=\int\frac{1}{2+(x+1)^2}\mathrm{d}x=\frac{1}{2}\int\frac{1}{1+\left(\frac{x+1}{\sqrt{2}}\right)^2}\mathrm{d}x=\frac{\sqrt{2}}{2}\int\frac{1}{1+\left(\frac{x+1}{\sqrt{2}}\right)^2}\mathrm{d}\left(\frac{x+1}{\sqrt{2}}\right)$

$$=\frac{\sqrt{2}}{2}\arctan\left(\frac{x+1}{\sqrt{2}}\right)+C.$$

例 14 计算$\int\sin^3x\,\mathrm{d}x$.

解 原式$=\int\sin^2x\cdot\sin x\,\mathrm{d}x=-\int(1-\cos^2x)\mathrm{d}\cos x$

$$=-\int\mathrm{d}\cos x+\int\cos^2x\mathrm{d}\cos x=-\cos x+\frac{1}{3}\cos^3x+C.$$

例 15 计算$\int\csc x\,\mathrm{d}x$.

解 原式$=\int\frac{\csc x(\csc x-\cot x)}{\csc x-\cot x}\mathrm{d}x=\int\frac{1}{\csc x-\cot x}\mathrm{d}(\csc x-\cot x)$

$$=\ln|\csc x-\cot x|+C,$$

即

$$\int\csc x\,\mathrm{d}x=\ln|\csc x-\cot x|+C.$$

类似可以求出

$$\int\sec x\,\mathrm{d}x=\ln|\sec x+\tan x|+C.$$

例 16 计算$\int_1^{\mathrm{e}}\frac{\mathrm{d}x}{x(1+2\ln x)}$.

解 原式$=\int_1^{\mathrm{e}}\frac{\mathrm{d}\ln x}{1+2\ln x}=\frac{1}{2}\int_1^{\mathrm{e}}\frac{\mathrm{d}(1+2\ln x)}{1+2\ln x}=\frac{1}{2}\ln|1+2\ln x|\Big|_1^{\mathrm{e}}=\frac{\ln 3}{2}$.

例 17 计算$\int_0^{\pi}\sqrt{\sin^3x-\sin^5x}\,\mathrm{d}x$.

解 由于$\sqrt{\sin^3x-\sin^5x}=\sqrt{\sin^3x(1-\sin^2x)}=\sin^{\frac{3}{2}}x\cdot|\cos x|$，且在$\left[0,\frac{\pi}{2}\right]$上，

$|\cos x|=\cos x$;在区间$\left[\frac{\pi}{2},\pi\right]$上,$|\cos x|=-\cos x$,所以

$$\int_0^{\pi}\sqrt{\sin^3 x-\sin^5 x}\,\mathrm{d}x=\int_0^{\pi}\sin^{\frac{3}{2}}x\,|\cos x|\,\mathrm{d}x$$

$$=\int_0^{\frac{\pi}{2}}\sin^{\frac{3}{2}}x\cos x\,\mathrm{d}x-\int_{\frac{\pi}{2}}^{\pi}\sin^{\frac{3}{2}}x\cos x\,\mathrm{d}x$$

$$=\int_0^{\frac{\pi}{2}}\sin^{\frac{3}{2}}x\mathrm{d}\sin x-\int_{\frac{\pi}{2}}^{\pi}\sin^{\frac{3}{2}}x\mathrm{d}\sin x$$

$$=\left[\frac{2}{5}\sin^{\frac{5}{2}}x\right]_0^{\frac{\pi}{2}}-\left[\frac{2}{5}\sin^{\frac{5}{2}}x\right]_{\frac{\pi}{2}}^{\pi}=\frac{2}{5}-\left(-\frac{2}{5}\right)=\frac{4}{5}.$$

注:如果忽略了$\cos x$在$\left[\frac{\pi}{2},\pi\right]$上非正,而按$\sqrt{\sin^3 x-\sin^5 x}=\sin^{\frac{3}{2}}x\cdot\cos x$计算,将导致错误.由此可见,在计算定积分时遇到被积函数带有绝对值符号时首先考虑去绝对值符号.

例 18 计算$\int_0^{\frac{\pi}{2}}\cos^5 x\sin x\,\mathrm{d}x$.

解 因为$\sin x\,\mathrm{d}x=-\mathrm{d}\cos x$,所以

$$\int_0^{\frac{\pi}{2}}\cos^5 x\sin x\,\mathrm{d}x=-\int_0^{\frac{\pi}{2}}\cos^5 x\mathrm{d}\cos x$$

$$=-\frac{1}{6}\cos^6 x\Big|_0^{\frac{\pi}{2}}=\frac{1}{6}.$$

二、第二类换元法(主要解决带有根号的问题)

前面介绍的第一类换积分法,都是选取$\varphi(x)=u$进行代换,但有些积分不宜进行此类代换,而采用另一种代换,即$x=\varphi(t)$,由此得到另外一种换元积分法——第二类换元法.

定理 3.4.3 (不定积分的第二类换元法)设$x=\varphi(t)$是单调的、可导的函数,并且$\varphi'(t)\neq 0$.又设$f[\varphi(t)]\varphi(t)$具有原函数$F(t)$,则有换元公式

$$\int f(x)\,\mathrm{d}x\underline{\underline{令x=\varphi(t)}}\int f[\varphi(t)]\,\mathrm{d}\varphi(t)=\int f[\varphi(t)]\varphi'(t)\,\mathrm{d}t$$

$$=F(t)+C=F[\varphi^{-1}(x)]+C.$$

其中$t=\varphi^{-1}(x)$是$x=\varphi(t)$的反函数.

注:换元后必须回代.

定理 3.4.4 (定积分的第二类换元法)设函数$f(x)$在区间$[a,b]$上连续,函数$x=\varphi(t)$满足条件:

(1)$\varphi(\alpha)=a,\varphi(\beta)=b$;

(2)$\varphi(t)$在$[\alpha,\beta]$(或$[\beta,\alpha]$)上具有连续导数,且其值域不越出$[a,b]$,则有

$$\int_a^b f(x)\,\mathrm{d}x \xlongequal{\text{令 } x=\varphi(t)} \int_\alpha^\beta f[\varphi(t)]\varphi'(t)\,\mathrm{d}t .$$

注：① 换元必换限，上限对上限，下限对下限；换元后无需回代.

② 第二类换元法主要是去根号，一旦根号去掉，就可以采取第一类换元法去解决问题.

例 19 计算 $\int \sqrt{a^2-x^2}\,\mathrm{d}x\,(a>0)$.

解 设 $x=a\sin t$，$-\frac{\pi}{2}<t<\frac{\pi}{2}$，那么

$$\sqrt{a^2-x^2}=\sqrt{a^2-a^2\sin^2 t}=a\cos t,$$

$\mathrm{d}x=a\cos t\,\mathrm{d}t$，于是

$$\begin{aligned}\int \sqrt{a^2-x^2}\,\mathrm{d}x&=\int a\cos t\cdot a\cos t\,\mathrm{d}t\\&=a^2\int \cos^2 t\,\mathrm{d}t=a^2\left(\frac{1}{2}t+\frac{1}{4}\sin 2t\right)+C .\end{aligned}$$

因为 $t=\arcsin\frac{x}{a}$，$\sin 2t=2\sin t\cos t=2\,\frac{x}{a}\cdot\frac{\sqrt{a^2-x^2}}{a}$，所以

$$\int \sqrt{a^2-x^2}\,\mathrm{d}x=a^2\left(\frac{1}{2}t+\frac{1}{4}\sin 2t\right)+C=\frac{a^2}{2}\arcsin\frac{x}{a}+\frac{1}{2}x\sqrt{a^2-x^2}+C .$$

例 20 计算 $\int \frac{\mathrm{d}x}{\sqrt{x^2+a^2}}\,(a>0)$.

解 设 $x=a\tan t$，$-\frac{\pi}{2}<t<\frac{\pi}{2}$，那么

$$\sqrt{x^2+a^2}=\sqrt{a^2+a^2\tan^2 t}=a\sqrt{1+\tan^2 t}=a\sec t,\ \mathrm{d}x=a\sec^2 t\,\mathrm{d}t,$$

于是

$$\int \frac{\mathrm{d}x}{\sqrt{x^2+a^2}}=\int \frac{a\sec^2 t}{a\sec t}\,\mathrm{d}t=\int \sec t\,\mathrm{d}t=\ln|\sec t+\tan t|+C .$$

因为 $\sec t=\frac{\sqrt{x^2+a^2}}{a}$，$\tan t=\frac{x}{a}$，所以

$$\begin{aligned}\int \frac{\mathrm{d}x}{\sqrt{x^2+a^2}}&=\ln|\sec t+\tan t|+C=\ln\left(\frac{x}{a}+\frac{\sqrt{x^2+a^2}}{a}\right)+C\\&=\ln(x+\sqrt{x^2+a^2})+C_1,\end{aligned}$$

其中 $C_1=C-\ln a$.

例 21 计算 $\int \frac{\mathrm{d}x}{\sqrt{x^2-a^2}}\,(a>0)$.

解　当 $x>a$ 时，设 $x=a\sec t\left(0<t<\frac{\pi}{2}\right)$，那么

$$\sqrt{x^2-a^2}=\sqrt{a^2\sec^2 t-a^2}=a\sqrt{\sec^2 t-1}=a\tan t,$$

于是

$$\int\frac{\mathrm{d}x}{\sqrt{x^2-a^2}}=\int\frac{a\sec t\tan t}{a\tan t}\mathrm{d}t=\int\sec t\,\mathrm{d}t=\ln|\sec t+\tan t|+C.$$

因为$\tan t=\frac{\sqrt{x^2-a^2}}{a}$，$\sec t=\frac{x}{a}$，所以

$$\int\frac{\mathrm{d}x}{\sqrt{x^2-a^2}}=\ln|\sec t+\tan t|+C=\ln\left|\frac{x}{a}+\frac{\sqrt{x^2-a^2}}{a}\right|+C$$

$$=\ln(x+\sqrt{x^2-a^2})+C_1,$$

其中 $C_1=C-\ln a$.

当 $x<a$ 时，令 $x=-u$，则 $u>-a$，于是

$$\int\frac{\mathrm{d}x}{\sqrt{x^2-a^2}}=-\int\frac{\mathrm{d}u}{\sqrt{u^2-a^2}}=-\ln(u+\sqrt{u^2-a^2})+C$$

$$=-\ln(-x+\sqrt{x^2-a^2})+C=\ln(-x-\sqrt{x^2-a^2})+C_1,$$

$$=\ln\frac{-x-\sqrt{x^2-a^2}}{a^2}+C=\ln(-x-\sqrt{x^2-a^2})+C_1,$$

其中 $C_1=C-2\ln a$.

综合起来有

$$\int\frac{\mathrm{d}x}{\sqrt{x^2-a^2}}=\ln|x+\sqrt{x^2-a^2}|+C.$$

例 22　计算$\int\frac{1}{1+\sqrt{x}}\mathrm{d}x$.

解　$\int\frac{1}{1+\sqrt{x}}\mathrm{d}x\xlongequal{令\sqrt{x}=t}\int\frac{2t}{1+t}\mathrm{d}t=2\int\frac{1+t-1}{1+t}\mathrm{d}t=2(\int\mathrm{d}t-\int\frac{1}{1+t}\mathrm{d}t)$

$$=2(t+\ln|1+t|)+C=2(\sqrt{x}+\ln|1+\sqrt{x}|)+C.$$

例 23　计算$\int\frac{\sqrt[3]{x}\,\mathrm{d}x}{x(\sqrt{x}+\sqrt[3]{x})}$.

解　令 $x=t^6$，

原式$=\int\frac{6\,\mathrm{d}t}{t^2+t}=6\int\left(\frac{1}{t}-\frac{1}{t+1}\right)\mathrm{d}t=6\ln\left|\frac{t}{t+1}\right|+C.$

例 24 计算$\int \frac{dx}{(x+2)\sqrt{x+1}}$.

解 令 $t=\sqrt{x+1}$,则 $x=t^2-1$,$dx=2t\,dt$.

原式$=\int \frac{2t\,dt}{(t^2+1)t}=2\int \frac{dt}{t^2+1}=2\arctan t+C=2\arctan\sqrt{x+1}+C$.

补充公式:

(16)$\int \tan x\,dx=-\ln|\cos x|+C$;

(17)$\int \cot x\,dx=\ln|\sin x|+C$;

(18)$\int \sec x\,dx=\ln|\sec x+\tan x|+C$;

(19)$\int \csc x\,dx=\ln|\csc x-\cot x|+C$;

(20)$\int \frac{1}{a^2+x^2}\,dx=\frac{1}{a}\arctan\frac{x}{a}+C$;

(21)$\int \frac{1}{x^2-a^2}\,dx=\frac{1}{2a}\ln\left|\frac{x-a}{x+a}\right|+C$;

(22)$\int \frac{1}{\sqrt{a^2-x^2}}\,dx=\arcsin\frac{x}{a}+C$;

(23$\int \frac{dx}{\sqrt{x^2+a^2}}=\ln(x+\sqrt{x^2+a^2})+C$;

(24)$\int \frac{dx}{\sqrt{x^2-a^2}}=\ln|x+\sqrt{x^2-a^2}|+C$.

例 25 计算$\int_0^a \sqrt{a^2-x^2}\,dx(a>0)$.

解
$$\int_0^a \sqrt{a^2-x^2}\,dx \xlongequal{令 x=a\sin t} \int_0^{\frac{\pi}{2}} a\cos t\cdot a\cos t\,dt$$
$$=a^2\int_0^{\frac{\pi}{2}}\cos^2 t\,dt=\frac{a^2}{2}\int_0^{\frac{\pi}{2}}(1+\cos 2t)\,dt$$
$$=\frac{a^2}{2}\left[t+\frac{1}{2}\sin 2t\right]_0^{\frac{\pi}{2}}=\frac{1}{4}\pi a^2.$$

例 26 计算$\int_0^4 \frac{x+2}{\sqrt{2x+1}}\,dx$.

解
$$\int_0^4 \frac{x+2}{\sqrt{2x+1}}\,dx \xlongequal{令\sqrt{2x+1}=t} \int_1^3 \frac{\frac{t^2-1}{2}+2}{t}\cdot t\,dt=\frac{1}{2}\int_1^3 (t^2+3)\,dt$$

$$=\frac{1}{2}\left[\frac{1}{3}t^3+3t\right]\Big|_1^3=\frac{1}{2}\left[\left(\frac{27}{3}+9\right)-\left(\frac{1}{3}+3\right)\right]=\frac{22}{3}.$$

例 27 计算$\int_1^9 x\sqrt[3]{1-x}\,\mathrm{d}x$.

解 设$\sqrt[3]{1-x}=t$,则

原式$=-3\int_0^{-2}(t^3-t^6)\,\mathrm{d}t=-66\frac{6}{7}$.

综上,一般情形下,被积函数中含有$\sqrt{a^2-x^2}$,$\sqrt{a^2+x^2}$,$\sqrt{x^2-a^2}$ 以及$\sqrt[n]{ax+b}$ 时,积分都要用换元法积分.

当被积函数中含有$\sqrt{a^2-x^2}$ 时,设 $x=a\sin t,t\in\left(-\frac{\pi}{2},\frac{\pi}{2}\right)$.

当被积函数中含有$\sqrt{a^2+x^2}$ 时,设 $x=a\tan t,t\in\left(-\frac{\pi}{2},\frac{\pi}{2}\right)$.

当被积函数中含有$\sqrt{x^2-a^2}$ 时,设 $x=a\sec t,t\in\left(0,\frac{\pi}{2}\right)$.

当被积函数中含有$\sqrt[n]{ax+b}$ 时,设$\sqrt[n]{ax+b}=t$,即 $x=\frac{t^n-b}{a}$.

特别的,当被积函数中含有$\sqrt[n]{\mathrm{e}^x+b}$ 时,设$\sqrt[n]{\mathrm{e}^x+b}=t$,即 $x=\ln(t^n-b)$.

例 28 设 $f(x)$ 在$[-a,a]$上连续,证明:当 $f(x)$ 为偶数时,$\int_{-a}^a f(x)\,\mathrm{d}x=2\int_0^a f(x)\,\mathrm{d}x$.

证明 因 $f(x)$ 在$[-a,a]$上为偶函数,所以有 $f(x)=f(-x)$,而

$$\int_{-a}^a f(x)\,\mathrm{d}x=\int_{-a}^0 f(x)\,\mathrm{d}x+\int_0^a f(x)\,\mathrm{d}x,$$

又

$$\int_{-a}^0 f(x)\,\mathrm{d}x\overset{\text{令 }x=-t}{=\!=\!=}\int_a^0 f(-t)\,\mathrm{d}(-t)=-\int_a^0 f(t)\,\mathrm{d}t=\int_a^0 f(t)\,\mathrm{d}t=\int_a^0 f(x)\,\mathrm{d}x,$$

故有$\int_{-a}^a f(x)\,\mathrm{d}x=2\int_0^a f(x)\,\mathrm{d}x$,证毕.

同理可证,$f(x)$ 在$[-a,a]$上连续,当 $f(x)$ 为偶数时,$\int_{-a}^a f(x)\,\mathrm{d}x=0$.

例 29 计算$\int_{-1}^1\frac{x^2\sin x}{1+x^2}\,\mathrm{d}x$.

解 因 $f(x)=\frac{x^2\sin x}{1+x^2}$ 在$[-1,1]$上为奇函数,所以$\int_{-1}^1\frac{x^2\sin x}{1+x^2}\,\mathrm{d}x=0$.

三、分部积分法

1. 不定积分的分部积分

定理 3.4.5 (不定积分的分部积分法)设函数 $u=u(x)$ 及 $v=v(x)$ 具有连续导数,则

$$\int u\,\mathrm{d}v = uv - \int v\,\mathrm{d}u.$$

证明　$(uv)' = u'v + uv'$，移项得 $uv' = (uv)' - u'v$.

对这个等式两边求不定积分，得

$$\int u\,\mathrm{d}v = uv - \int v\,\mathrm{d}u.$$

注：(1) 此公式等号左边可以看成两部分：一部分为 u；另一部分为 $\mathrm{d}v$. 如果不是两部分，必须将其凑成两部分（注意：凑的时候，尽可能使用凑微分法中提到的常见的几种结合），才可以使用此公式，比如：

$$\int uv'\,\mathrm{d}x = \int u\,\mathrm{d}v = uv - \int v\,\mathrm{d}u.$$

(2) 分部后 $\int v\,\mathrm{d}u$ 中的 $\mathrm{d}u$，如果不是积分变量的微分，需要将 $\mathrm{d}u$ 利用微分计算求出.

例 30　计算 $\int \ln x\,\mathrm{d}x$.

分析：此题无法直接向积分基本公式靠拢，也无法使用第一类换元和第二类换元法，但是此题可以看成两部分：一部分 $\ln x$ 看成 u，一部分 $\mathrm{d}x$ 看成 $\mathrm{d}v$，即可使用分部积分法.

解　$\int \ln x\,\mathrm{d}x = x\ln x - \int x\,\mathrm{d}\ln x = x\ln x - \int \mathrm{d}x = x\ln x - x + C.$

例 31　计算 $\int x\cos x\,\mathrm{d}x$.

分析：此题无法套用基本积分公式，也不含根号，所以直接向某个积分基本公式靠拢. 无法进行，第二类换元法也无法进行，而且，此题可以看成三部分 x，$\cos x$，$\mathrm{d}x$，所以分部积分公式也无法直接使用，因此想到先利用凑微分，改变形式，再考虑使用何种方法. 此题凑微分有两种途径：一是 x 和 $\mathrm{d}x$ 结合；二是 $\cos x$ 和 $\mathrm{d}x$ 结合，但是根据凑微分的原则，我们将 $\cos x$ 和 $\mathrm{d}x$ 结合. 当变成 $\int x\,\mathrm{d}\sin x$ 之后，第一类换元法和第二类换元法都无法使用，只能考虑使用分部积分法.

解　原式 $= \int x\,\mathrm{d}\sin x = x\sin x - \int \sin x\,\mathrm{d}x = x\sin x - \cos x + C$.

例 32　计算 $\int x\mathrm{e}^x\,\mathrm{d}x$.

解　原式 $= \int x\,\mathrm{d}\mathrm{e}^x = x\mathrm{e}^x - \int \mathrm{e}^x\,\mathrm{d}x = x\mathrm{e}^x - \mathrm{e}^x + C$.

例 33　计算 $\int x^2\mathrm{e}^x\,\mathrm{d}x$.

解　原式 $= \int x^2\,\mathrm{d}\mathrm{e}^x = x^2\mathrm{e}^x - \int \mathrm{e}^x\,\mathrm{d}x^2 = x^2\mathrm{e}^x - 2\int x\mathrm{e}^x\,\mathrm{d}x$

$$=x^2e^x-2\int x\,de^x=x^2e^x-2[xe^x-\int e^x\,dx]=x^2e^x-2xe^x+2e^x+C.$$

注:此题告诉我们,分部积分公式可以接连多次使用.

例 34 计算$\int x\ln x\,dx$.

解 原式$=\frac{1}{2}\int \ln x\,dx^2=\frac{1}{2}x^2\ln x-\frac{1}{2}\int x^2\cdot\frac{1}{x}\,dx$

$$=\frac{1}{2}x^2\ln x-\frac{1}{2}\int x\,dx=\frac{1}{2}x^2\ln x-\frac{1}{4}x^2+C.$$

例 35 计算$\int \arccos x\,dx$.

解 原式$=x\arccos x+\int x\frac{1}{\sqrt{1-x^2}}\,dx=x\arccos x-\int x d\arccos x$

$$=x\arccos x-\frac{1}{2}\int(1-x^2)^{-\frac{1}{2}}d(1-x^2)=x\arccos x-\sqrt{1-x^2}+C.$$

例 36 计算$\int x\arctan x\,dx$.

解 原式$=\frac{1}{2}\int \arctan x\,dx^2=\frac{1}{2}x^2\arctan x-\frac{1}{2}\int x^2\cdot\frac{1}{1+x^2}\,dx$

$$=\frac{1}{2}x^2\arctan x-\frac{1}{2}x+\frac{1}{2}\arctan x+C=\frac{1}{2}x^2\arctan x-\frac{1}{2}\int\left(1-\frac{1}{1+x^2}\right)dx.$$

例 37 计算$\int e^x\sin x\,dx$.

解 原式$=\int \sin x\,de^x=e^x\sin x-\int e^x d\sin x=e^x\sin x-\int e^x\cos x\,dx$

$$=e^x\sin x-\int\cos x\,de^x=e^x\sin x-e^x\cos x+\int e^x d\cos x$$

$$=e^x\sin x-e^x\cos x+\int e^x d\cos x=e^x\sin x-e^x\cos x-\int e^x\sin x\,dx,$$

所以

$$\int e^x\sin x\,dx=\frac{1}{2}e^x(\sin x-\cos x)+C.$$

注:在反复使用分部积分的过程中,每次所选的均为同一类函数,否则不仅不会产生循环现象,反而会一来一往的回复原状.

例 38 计算$\int e^{\sqrt{x}}\,dx$.

解 令 $x=t^2$，则 $\mathrm{d}x=2t\,\mathrm{d}t$.于是有

$$\int \mathrm{e}^{\sqrt{x}}\,\mathrm{d}x=2\int t\mathrm{e}^t\,\mathrm{d}t=2\mathrm{e}^t(t-1)+C=2\mathrm{e}^{\sqrt{x}}(\sqrt{x}-1)+C .$$

第一换元法与分部积分法的比较：

共同点是第一步都是凑微分，即

$$\int f[\varphi(x)]\varphi'(x)\,\mathrm{d}x=\int f[\varphi(x)]\,\mathrm{d}\varphi(x)\ \underline{\underline{令\ \varphi(x)=u}}\int f(u)\,\mathrm{d}u,$$

$$\int u(x)v'(x)\,\mathrm{d}x=\int u(x)\,\mathrm{d}v(x)=u(x)v(x)-\int v(x)\,\mathrm{d}u(x) .$$

2.定积分的分部积分法

定理 3.4.6 （定积分的分部积分法）设函数 $u(x)$、$v(x)$ 在区间 $[a,b]$ 上具有连续导数 $u'(x)$、$v'(x)$，则

$$\int_a^b u\,\mathrm{d}v=[uv]_a^b-\int_a^b v\,\mathrm{d}u.$$

证明 由 $(uv)'=u'v+uv'$ 得 $u'v=uv-uv'$，式两端在区间 $[a,b]$ 上积分得

$$\int_a^b uv'\,\mathrm{d}x=uv\Big|_a^b-\int_a^b u'v\,\mathrm{d}x,\quad 或\quad \int_a^b u\,\mathrm{d}v=uv\Big|_a^b-\int_a^b v\,\mathrm{d}u .$$

这就是定积分的分部积分公式.

注：(1) 此公式等号左边可以看成两部分：一部分为 u；另一部分为 $\mathrm{d}v$，如果不是两部分，必须将其凑成两部分（注意：凑的时候，尽可能使用凑微分法中提到的常见的几种结合），才可以使用此公式，比如：

$$\int_a^b uv'\,\mathrm{d}x=\int_a^b u\,\mathrm{d}v=[uv]_a^b-\int_a^b v\,\mathrm{d}u .$$

(2) 分部后 $\int_a^b v\,\mathrm{d}u$ 中的 $\mathrm{d}u$，如果不是积分变量的微分，需要将 $\mathrm{d}u$ 利用微分计算求出.

分部积分过程：

$$\int_a^b uv'\,\mathrm{d}x=\int_a^b u\,\mathrm{d}v=uv\Big|_a^b-\int_a^b v\,\mathrm{d}u=uv\Big|_a^b-\int_a^b u'v\,\mathrm{d}x=\cdots .$$

例 39 计算 $\int_0^{\frac{1}{2}}\arcsin x\,\mathrm{d}x$.

解 原式 $=x\arcsin x\Big|_0^{\frac{1}{2}}-\int_0^{\frac{1}{2}}x\mathrm{d}\arcsin x=\frac{1}{2}\cdot\frac{\pi}{6}-\int_0^{\frac{1}{2}}\frac{x}{\sqrt{1-x^2}}\,\mathrm{d}x$

$$=\frac{\pi}{12}+\sqrt{1-x^2}\Big|_0^{\frac{1}{2}}=\frac{\pi}{12}+\frac{\sqrt{3}}{2}-1=\frac{\pi}{12}+\frac{1}{2}\int_0^{\frac{1}{2}}\frac{1}{\sqrt{1-x^2}}\mathrm{d}(1-x^2).$$

例 40 计算 $\int_0^1 \mathrm{e}^{\sqrt{x}}\,\mathrm{d}x$.

解 令$\sqrt{x}=t$,则

$$原式=2\int_0^1 e^t t\,dt=2\int_0^1 t\,de^t=2te^t\Big|_0^1-2\int_0^1 e^t\,dt=2e-2e^t\Big|_0^1=2.$$

综上,我们大致可以总结一下使用分部积分法的一般规律:

当被积函数是下列五类函数中的某两类函数的乘积时,常考虑使用分部积分法:L——对数函数;I——反三角函数;A——代数函数;T——三角函数;E——指数函数.为了达到简化积分的目的,选取u、v'一般应符合“$LIATE$”选择法:若被积函数是这五类函数中任意两类函数的乘积,则应按照“$LIATE$”的前后顺序,先指定为u,其余的则是v'.

习 题 四

1.利用凑微分法计算下列积分.

(1) $\int_{-2}^{1}\frac{dx}{(9+4x)^2}$;

(2) $\int_1^e \frac{1+\ln x}{x}dx$;

(3) $\int_{-1}^{0} te^{-\frac{t^2}{2}}dt$;

(4) $\int_1^2 \frac{e^{-\frac{1}{x}}}{x^2}dx$;

(5) $\int_{-1}^{2}\frac{\sqrt{x-1}}{x}dx$;

(6) $\int_0^1 \frac{x^2}{1+x^6}dx$;

(7) $\int_0^{\frac{\pi}{\omega}}\sin^2(\omega t+\varphi)dt$($\omega$、$\varphi$为常数);

(8) $\int_{\frac{\sqrt{3}}{3}}^{1}\frac{\arctan\sqrt{x}}{\sqrt{x}(1+x)}dx$;

(9) $\int_0^a x\sqrt{a^2+x^2}\,dx(a>0)$;

(10) $\int_0^{\pi}x\cos(x^2)\,dx$;

(11) $\int\frac{dx}{e^x+e^{-x}}$;

(12) $\int\frac{x\,dx}{\sqrt{2-3x^2}}$;

(13) $\int\cos^2(\omega x)\sin(\omega x)\,dx$;

(14 $\int\frac{3x^3}{1-x^4}dx$;

(15) $\int\frac{\sin x}{\cos^3 x}dx$;

(16) $\int\frac{\sin x+\cos x}{(\sin x-\cos x)^3}dx$;

(17) $\int\frac{1-x}{\sqrt{9-4x^2}}dx$;

(18) $\int\frac{x^3}{\sqrt{9+x^2}}dx$;

(19) $\int\frac{dx}{2x^2-1}$;

(20) $\int\frac{dx}{(x+1)(x-2)}$;

(21) $\int\cos^3 x\,dx$;

(22) $\int\frac{dx}{x\cdot\ln x\cdot\ln\ln x}$;

(23) $\int_{-\frac{\pi}{2}}^{\frac{\pi}{2}}\sqrt{\cos x-\cos^3 x}\,dx$;

(24) $\int_{\frac{\pi}{6}}^{\frac{\pi}{2}}\cos^2 u\,du$.

2. 利用第二类换元法计算下列积分.

(1) $\int \frac{x^2\,dx}{\sqrt{a^2-x^2}}$；

(2) $\int \frac{dx}{\sqrt{(x^2+1)^3}}$；

(3) $\int \frac{1}{1+\sqrt{2x}}\,dx$；

(4) $\int_{-1}^{2} \frac{\sqrt{x-1}}{x}\,dx$；

(5) $\int_{\frac{\sqrt{3}}{3}a}^{a} \frac{dx}{x^2\sqrt{x^2+a^2}}\,(a>0)$；

(6) $\int_1^4 \frac{\ln x}{\sqrt{x}}\,dx$；

(7) $\int_0^4 \frac{du}{1+\sqrt{u}}$.

3. 利用分部积分法计算下列积分.

(1) $\int x\ln x\,dx$；

(2) $\int xe^{-x}\,dx$；

(3) $\int x^2e^x\,dx$；

(4) $\int x\csc^2 x\,dx$；

(5) $\int (x^2-1)\sin 2x\,dx$；

(6) $\int e^{\sqrt[3]{x}}\,dx$；

(7) $\int e^{-2x}\sin\frac{x}{2}\,dx$；

(8) $\int \arcsin x\,dx$；

(9) $\int \sin\sqrt{x}\,dx$；

(10) $\int \ln(1+x^2)\,dx$；

(11) $\int_0^1 xe^{-x}\,dx$；

(12) $\int_1^e x\ln x\,dx$；

(13) $\int_1^e \sin(\ln x)\,dx$；

(14) $\int_0^1 e^{\sqrt{x}}\,dx$；

(15) $\int_0^1 \arctan x\,dx$；

(16) $\int_0^1 x\arctan x\,dx$；

(17) $\int_0^{\frac{\pi}{2}} x\sin 2x\,dx$；

(18) $\int_1^4 \frac{\ln x}{\sqrt{x}}\,dx$；

(19) $\int_{-\frac{\pi}{4}}^{\frac{\pi}{4}} \frac{x}{\sin^2 x}\,dx$；

(20) $\int_{\frac{1}{e}}^{e} |\ln x|\,dx$；

(21) $\int_0^{\sqrt{\ln 2}} x^3e^{x^2}\,dx$；

(22) $\int_0^{\frac{\pi}{2}} e^{2x}\cos x\,dx$；

(23) $\int_0^2 \ln(1+x^2)\,dx$.

第五节　定积分的应用

一、微元法

求曲边梯形的面积.

设 $y=f(x)\geqslant 0(x\in[a,b])$，如果说积分

$$A=\int_a^b f(x)\,\mathrm{d}x$$

是以$[a,b]$为底的曲边梯形的面积，则积分上限函数

$$A(x)=\int_a^x f(t)\,\mathrm{d}t$$

就是以$[a,x]$为底的曲边梯形的面积，而微分 $\mathrm{d}A(x)=f(x)\,\mathrm{d}x$ 表示点 x 处以$\mathrm{d}x$ 为宽的小曲边梯形面积的近似值 $\Delta A\approx f(x)\,\mathrm{d}x$，$f(x)\,\mathrm{d}x$ 称为曲边梯形的面积元素，以$[a,b]$为底的曲边梯形的面积 A 就是以面积元素 $f(x)\,\mathrm{d}x$ 为被积表达式，以$[a,b]$为积分区间的定积分：

$$A=\int_a^b f(x)\,\mathrm{d}x.$$

一般情况下，为求某一量 U 先将此量分布在某一区间$[a,b]$上，分布在$[a,x]$上的量用函数$U(x)$表示再求这一量的元素 $\mathrm{d}U(x)$，设 $\mathrm{d}U(x)=u(x)\,\mathrm{d}x$，然后以 $u(x)\,\mathrm{d}x$ 为被积表达式，以$[a,b]$为积分区间求定积分即得

$$U=\int_a^b f(x)\,\mathrm{d}x.$$

用这一方法求一量的值的方法称为微元法(或元素法).

解决步骤：

第一步　画图，确定合适的积分变量(如选取 x 作为积分变量)，求出积分区间$[a,b]$；

第二步　求面积元素 $\mathrm{d}A$ 积分区间$[a,b]$内，任取一个小区间，记作$[x,x+\mathrm{d}x]$，过左端点作 x 轴的垂线，此垂线与图形的边有两个交点，以两交点之间的线段为矩形一边，$\mathrm{d}x$ 为另一边得一矩形，此矩形的面积 $f(x)\,\mathrm{d}x$ 就是面积元素 $\mathrm{d}A$；

第三步　求面积 A，

$$A=\int_a^b \mathrm{d}A=\int_a^b f(x)\,\mathrm{d}x.$$

此方法称为微元法(或元素法).

注：如果选取 y 作为积分变量，步骤与上面一致.

二、几何上的应用

1. 平面图形的面积

设平面图形由上下两条曲线且上下曲线方程分别为 $y=f(x)$ 与 $y=g(x)$ 及左右两条直线 $x=a$ 与 $x=b$ 所围成，则面积元素为 $[f(x)-g(x)]\,dx$，于是平面图形的面积为

$$S=\int_a^b[f(x)-g(x)]\,dx .$$

类似地，由左右两条曲线且左右两条曲线方程分别为 $x=\varphi(y)$ 与 $x=\varphi(y)$ 及上下两条直线 $y=d$ 与 $y=c$ 所围成的平面图形的面积为

$$S=\int_c^d[\varphi(y)-\varphi(y)]\,dy .$$

例 1 计算抛物线 $y^2=x$ 和 $y=x^2$ 所围成的图形的面积.

解 ① 画图.

② 确定在 x 轴上的投影区间：$[0,1]$.

③ 确定上下曲线：$f(x)=\sqrt{x}$，$g(x)=x^2$.

④ 计算积分

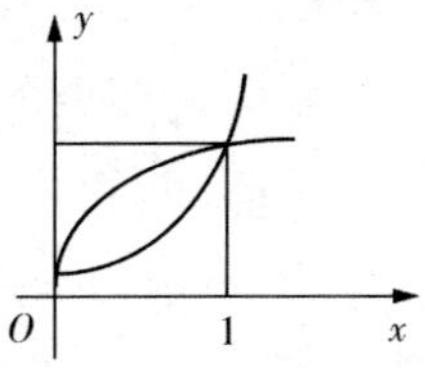

图 3.5.1

$$S=\int_0^1(\sqrt{x}-x^2)\,dx=\left(\frac{2}{3}x^{\frac{3}{2}}-\frac{1}{3}x^3\right)\Big|_0^1=\frac{1}{3}.$$

例 2 计算抛物线 $y^2=2x$ 与直线 $y=x-4$ 所围成的图形的面积.

解 (1) 画图.

(2) 确定在 y 轴上的投影区间：$[-2,4]$.

(3) 确定左右曲线：$\varphi(y)=\frac{1}{2}y^2$，$\varphi(y)=y+4$.

(4) 计算积分

$$S=\int_{-2}^4\left(y+4-\frac{1}{2}y^2\right)dy$$

$$=\left(\frac{1}{2}y^2+4y-\frac{1}{6}y^3\right)\Big|_{-2}^4=18.$$

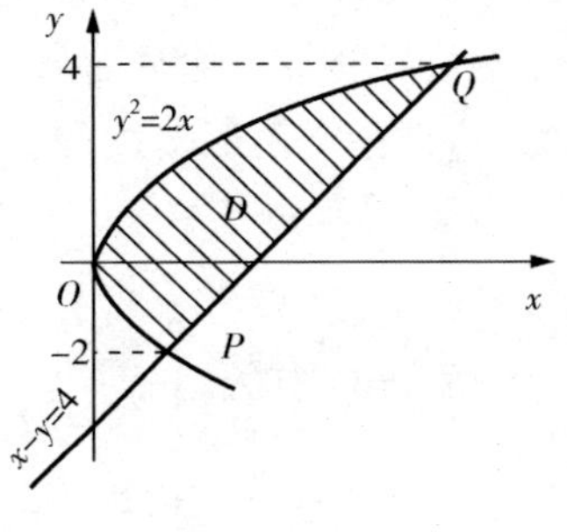

图 3.5.2

例 3 求椭圆 $\frac{x^2}{a^2}+\frac{y^2}{b^2}=1$ 所围成的图形的面积.

解 设整个椭圆的面积是椭圆在第一象限部分的四倍，椭圆在第一象限部分在 x 轴上的投影区间为 $[0,a]$. 因为面积元素为 $y\,dx$，所以

$$S=4\int_0^a y\,dx.$$

椭圆的参数方程为

$$x=a\cos t, y=b\sin t,$$

于是

$$S=4\int_0^a y\,dx=4\int_{\frac{\pi}{2}}^0 b\sin t\,d(a\cos t)=-4ab\int_{\frac{\pi}{2}}^0 \sin^2 t\,dt$$

$$=2ab\int_0^{\frac{\pi}{2}}(1-\cos 2t)\,dt=2ab\cdot\frac{\pi}{2}=ab\pi.$$

2. 体积

(1) 旋转体的体积

旋转体就是由一个平面图形绕这平面内一条直线旋转一周而成的立体，这直线叫做旋转轴.

常见的旋转体有圆柱、圆锥、圆台、球体.

旋转体都可以看作是由连续曲线 $y=f(x)$、直线 $x=a$、$x=b$ 及 x 轴所围成的曲边梯形绕 x 轴旋转一周而成的立体.

设过区间 $[a,b]$ 内点 x 且垂直于 x 轴的平面左侧的旋转体的体积为 $V(x)$，当平面左右平移 dx 后，体积的增量近似为 $\Delta V=\pi[F(x)]^2\,dx$，于是体积元素为 $dV=\pi[F(x)]^2\,dx$，旋转体的体积为

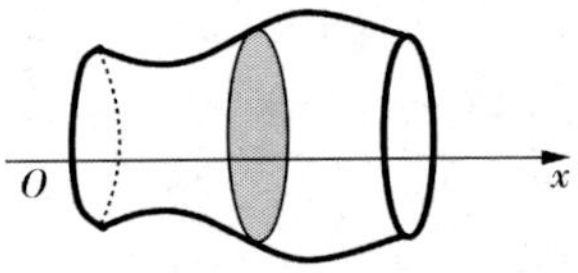

图 3.5.3

$$V=\int_a^b \pi[f(x)]^2\,dx.$$

例 4 连接坐标原点 O 及点 $P(h,r)$ 的直线、直线 $x=h$ 及 x 轴围成一个直角三角形将它绕 x 轴旋转构成一个底半径为 r、高为 h 的圆锥体. 计算这圆锥体的体积.

解 直角三角形斜边的直线方程为

$$y=\frac{r}{h}x.$$

所求圆锥体的体积为

$$V=\int_0^h \pi\left(\frac{r}{h}x\right)^2\,dx=\frac{\pi r^2}{h^2}\left[\frac{1}{3}x^3\right]_0^h=\frac{1}{3}\pi hr^2.$$

例 5 计算由椭圆 $\frac{x^2}{a^2}+\frac{y^2}{b^2}=1$ 所成的图形绕 x 轴旋转而成的旋转体（旋转椭球体）的体积.

解 这个旋转椭球体也可以看作是由半个椭圆

$$y=\frac{b}{a}\sqrt{a^2-x^2}$$

及 x 轴围成的图形绕 x 轴旋转而成的立体. 体积元素为

$$dV=\pi y^2\,dx,$$

于是所求旋转椭球体的体积为

$$V=\int_{-a}^{a}\pi\frac{b^2}{a^2}(a^2-x^2)\,\mathrm{d}x=\pi\frac{b^2}{a^2}\left[a^2x-\frac{1}{3}x^3\right]_{-a}^{a}=\frac{4}{3}\pi ab^2.$$

(2) 平行截面面积为已知的立体的体积

设立体在 x 轴的投影区间为 $[a,b]$，过点 x 且垂直于 x 轴的平面与立体相截，截面面积为 $A(x)$，则体积元素为 $A(x)\,\mathrm{d}x$，立体的体积为

$$V=\int_a^b A(x)\,\mathrm{d}x.$$

例 6　为了修建水库，需要拦河修筑土坝，若某段河床的横向坡度为 1∶100，土坝的顶宽为 4m，横断面为等腰梯形，边坡为 1∶2，一端的坝高为 10m，求修筑 100m 长的土坝所需的土方量.

解　建立 xOy 直角坐标系如图 3.5.4 所示，

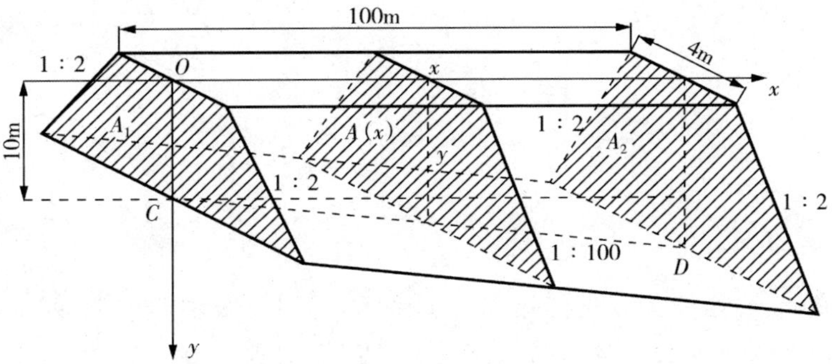

图 3.5.4

则过 $C(0,10)$ 和 $D(100,11)$ 两点的直线方程为

$$y=\frac{1}{100}x+10,$$

从而对应于 x 的横断面面积为

$$\begin{aligned}A(x)&=\frac{1}{2}[4+(4+2y\cdot 2)]y=4y+2y^2\\&=4\left(\frac{1}{100}x+10\right)+2\left(\frac{1}{100}x+10\right)^2\\&=\frac{1}{5000}x^2+\frac{11}{25}x+240,\end{aligned}$$

$$\begin{aligned}V&=\int_0^{100}\left(\frac{1}{5000}x^2+\frac{11}{25}x+240\right)\mathrm{d}x\\&=\left[\frac{1}{15000}x^3+\frac{11}{50}x^2+240x\right]_0^{100}=26267(\mathrm{m}^3).\end{aligned}$$

三、定积分在物理上的应用

1. 变力沿直线所做的功

例 7 把一个带 $+q$ 电量的点电荷放在 r 轴上坐标原点 O 处，它产生一个电场. 这个电场对周围的电荷有作用力. 由物理学知道，如果有一个单位正电荷放在这个电场中距离原点 O 为 r 的地方，那么电场对它的作用力的大小为

$$F=k\frac{q}{r^2}(k\text{ 是常数}).$$

当这个单位正电荷在电场中从 $r=a$ 处沿 r 轴移动到 $r=b(a<b)$ 处时，计算电场力 F 对它所做的功.

解 在 r 轴上，当单位正电荷从 r 移动到 $r+\mathrm{d}r$ 时，电场力对它所做的功近似为 $k\frac{q}{r^2}\mathrm{d}r$，即功元素为 $\mathrm{d}W=k\frac{q}{r^2}\mathrm{d}r$.

于是所求的功为

$$W=\int_a^b\frac{kq}{r^2}\mathrm{d}r=kq\left[-\frac{1}{r}\right]_a^b=kq\left(\frac{1}{a}-\frac{1}{b}\right).$$

2. 水压力

从物理学知道，在水深为 h 处的压强为 $p=\gamma h$，这里 γ 是水的比重. 如果有一面积为 A 的平板水平地放置在水深为 h 处，那么，平板一侧所受的水压力为

$$P=p\cdot A.$$

如果这个平板铅直放置在水中，那么，由于水深不同的点处压强 p 不相等，所以平板所受水的压力就不能用上述方法计算.

例 8 边长为 a 和 b 的矩形薄板，与液面成 α 角斜沉于液体内，长边平行于液面而位于深 h 处，设 $a>b$，液体的密度为 ρ，试求薄板每面所受的压力.

解 如 3.5.5 图所示.

记 x 为薄板上点到近水面的长边的距离，取 x 微积分变量，则 x 的变化范围为 $[0,b]$，对应小区间 $[x,x+\mathrm{d}x]$，压强为 $\rho g(h+x\sin\alpha)$，面积为 $a\,\mathrm{d}x$，因此压力为

$$F=\int_0^b\rho ga(h+x\sin\alpha)\,\mathrm{d}x$$

$$=\frac{1}{2}\rho ga(2h+b\sin\alpha).$$

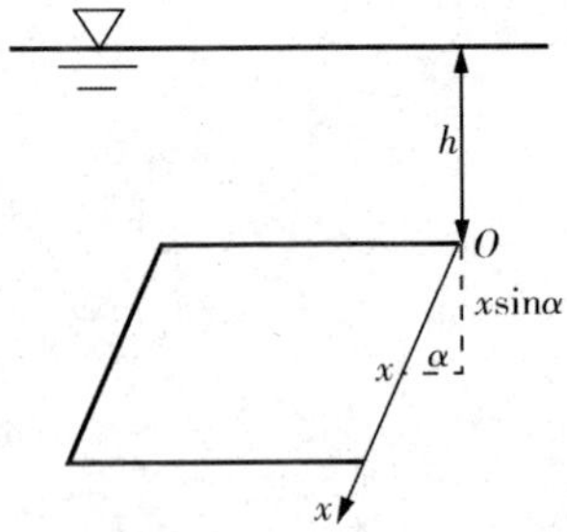

图 3.5.5

习 题 五

1. 求下列平面图形的面积：

(1) 三次抛物线 $y=x^3$ 与直线 $y=2x$ 所围成的平面图形；

(2) 曲线 $xy=1$ 及直线 $y=x$ 和 $y=2$ 所围成的平面图形；

(3) 曲线 $y=\cos x$ 在$[0,2\pi]$内与 x 轴、y 轴及直线 $x=2\pi$ 所围成的平面图形.

2. 求下列旋转体的体积：

(1) 曲线 $y=\sqrt{x}$ 与直线$x=1$，$x=4$ 和 x 轴所围成的平面图形分别绕x 轴和 y 轴旋转而得的旋转体；

(2) 曲线 $y=\mathrm{e}^{-x}$ 与直线 $y=0$ 之间位于第一象限内的平面图形绕 x 轴旋转而得的旋转体.

3. 飞机副油箱的头部是抛物线绕其对称轴旋转而成的旋转体，中部是圆柱，尾部是圆锥，设副油箱的尺寸(单位：毫米）如图 3.5.6 所示，求它的体积.

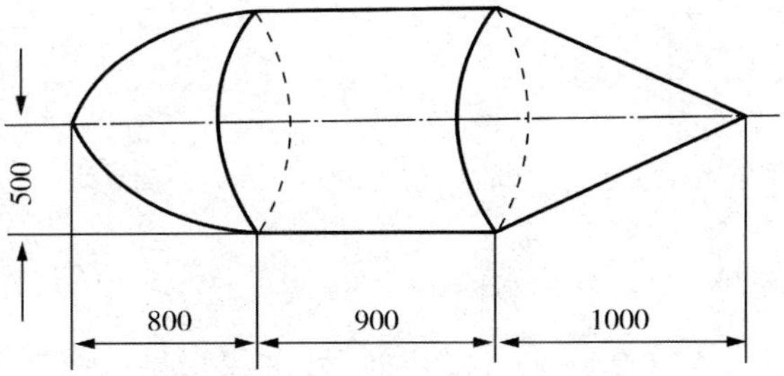

图 3.5.6

4. 设把一金属杆的长度从a拉长到$a+x$时所需的力为$\dfrac{k}{a}x$，其中k为常量. 试求金属杆由长度 a 拉长到长度b 时所做的功.

5. 半径为2m的圆柱形水池中充满了水，现要从池中将水抽出，使水面降低5m，问需做多少功？（水的密度 $\rho=1000\mathrm{kg/m^3}$）

6. 一块高为a米，底为b米的等腰三角形薄板，垂直地沉没在水中，顶在下，底与水面相齐. 计算薄板每面所承受的压力. 如果把它垂直倒放在水中，使它的顶与水面相齐，而底与水面平行，则薄板每面所受的压力为多大？

7. 一抛物线弓形薄片直立的沉于水中，顶点恰于水面相齐，而底平行于水面，又知薄片的底为 15cm，高为 3cm，试求它的每面所承受的压力.

第六节　广义积分

前面我们学习了定积分，积分区间又是有限闭区间，并且被积函数在该区间上都是有界函数，这样的定积分称为正常积分．但是在实际问题中，有时还要考虑无限区间上的定积分或无界函数的定积分，因此有必要将定积分概念推广到上述情况，这两类被推广的定积分统称为反常积分．

一、无穷区间上的广义积分

定义 3.6.1　设函数 $f(x)$ 在区间$[a,+\infty)$上连续，取 $b>a$．如果极限

$$\lim_{b\to+\infty}\int_a^b f(x)\,\mathrm{d}x$$

存在，则称此极限为函数 $y=f(x)$ 在无穷区间$[a,+\infty)$上的广义积分，记作$\int_a^{+\infty} f(x)\,\mathrm{d}x$，即

$$\int_a^{+\infty} f(x)\,\mathrm{d}x=\lim_{b\to+\infty}\int_a^b f(x)\,\mathrm{d}x .$$

这时也称广义积分$\int_a^{+\infty} f(x)\,\mathrm{d}x$ 收敛．

如果上述极限不存在，函数 $f(x)$ 在无穷区间$[a,+\infty)$上的广义积分$\int_a^{+\infty} f(x)\,\mathrm{d}x$ 就没有意义，此时称广义积分$\int_a^{+\infty} f(x)\,\mathrm{d}x$ 发散．

类似地，设函数 $f(x)$ 在区间$(-\infty,b]$上连续，如果极限

$$\lim_{a\to-\infty}\int_a^b f(x)\,\mathrm{d}x(a<b)$$

存在，则称此极限为函数 $f(x)$ 在无穷区间$(-\infty,b]$上的广义积分，记作$\int_{-\infty}^b f(x)\,\mathrm{d}x$，即

$$\int_{-\infty}^b f(x)\,\mathrm{d}x=\lim_{a\to-\infty}\int_a^b f(x)\,\mathrm{d}x .$$

这时也称广义积分$\int_{-\infty}^b f(x)\,\mathrm{d}x$ 收敛．如果上述极限不存在，则称广义积分$\int_{-\infty}^b f(x)\,\mathrm{d}x$ 发散．

设函数 $f(x)$ 在区间$(-\infty,+\infty)$上连续，如果广义积分

$$\int_{-\infty}^0 f(x)\,\mathrm{d}x \text{ 和} \int_0^{+\infty} f(x)\,\mathrm{d}x$$

都收敛，则称上述两个广义积分的和为函数 $f(x)$ 在无穷区间$(-\infty,+\infty)$上的广义积分，记作$\int_{-\infty}^{+\infty} f(x)\,\mathrm{d}x$，即

$$\int_{-\infty}^{+\infty} f(x)\,\mathrm{d}x = \int_{-\infty}^{0} f(x)\,\mathrm{d}x + \int_{0}^{+\infty} f(x)\,\mathrm{d}x$$

$$= \lim_{a \to -\infty} \int_{a}^{0} f(x)\,\mathrm{d}x + \lim_{b \to +\infty} \int_{0}^{b} f(x)\,\mathrm{d}x .$$

这时也称广义积分$\int_{-\infty}^{+\infty} f(x)\,\mathrm{d}x$ 收敛.

如果上式右端有一个广义积分发散,则称广义积分$\int_{-\infty}^{+\infty} f(x)\,\mathrm{d}x$ 发散.

定义 3.6.1′ 连续函数 $f(x)$ 在区间$[a,+\infty)$ 上的广义积分定义为

$$\int_{a}^{+\infty} f(x)\,\mathrm{d}x = \lim_{b \to +\infty} \int_{a}^{b} f(x)\,\mathrm{d}x .$$

在广义积分的定义式中,如果极限存在,则称此广义积分收敛;否则称此广义积分发散.

类似地,连续函数 $f(x)$ 在区间$(-\infty,b]$ 上和在区间$(-\infty,+\infty)$ 上的广义积分定义为

$$\int_{-\infty}^{b} f(x)\,\mathrm{d}x = \lim_{a \to -\infty} \int_{a}^{b} f(x)\,\mathrm{d}x,$$

$$\int_{-\infty}^{+\infty} f(x)\,\mathrm{d}x = \lim_{a \to -\infty} \int_{a}^{0} f(x)\,\mathrm{d}x + \lim_{b \to +\infty} \int_{0}^{b} f(x)\,\mathrm{d}x .$$

广义积分的计算:如果 $F(x)$ 是 $f(x)$ 的原函数,则

$$\int_{a}^{+\infty} f(x)\,\mathrm{d}x = \lim_{b \to +\infty} \int_{a}^{b} f(x)\,\mathrm{d}x = \lim_{b \to +\infty} [F(x)]\Big|_{a}^{b}$$

$$= \lim_{b \to +\infty} F(b) - F(a) = \lim_{x \to +\infty} F(x) - F(a) .$$

可采用如下简记形式:

$$\int_{a}^{+\infty} f(x)\,\mathrm{d}x = [F(x)]\Big|_{a}^{+\infty} = \lim_{x \to +\infty} F(x) - F(a) .$$

类似地

$$\int_{-\infty}^{b} f(x)\,\mathrm{d}x = [F(x)]\Big|_{-\infty}^{b} = F(b) - \lim_{x \to -\infty} F(x),$$

$$\int_{-\infty}^{+\infty} f(x)\,\mathrm{d}x = [F(x)]\Big|_{-\infty}^{+\infty} = \lim_{x \to +\infty} F(x) - \lim_{x \to -\infty} F(x) .$$

例 1 计算广义积分$\int_{-\infty}^{+\infty} \frac{1}{1+x^2}\,\mathrm{d}x$.

解 $\int_{-\infty}^{+\infty} \frac{1}{1+x^2}\,\mathrm{d}x = [\arctan x]\Big|_{-\infty}^{+\infty} = \lim_{x \to +\infty} \arctan x - \lim_{x \to -\infty} \arctan x$

$$= \frac{\pi}{2} - \left(-\frac{\pi}{2}\right) = \pi .$$

例 2 计算广义积分$\int_{0}^{+\infty} t\mathrm{e}^{-pt}\,\mathrm{d}t$($p$ 是常数,且 $p > 0$).

解 $\int_0^{+\infty} t\mathrm{e}^{-pt}\,\mathrm{d}t = \left[\int t\mathrm{e}^{-pt}\,\mathrm{d}t\right]\Big|_0^{+\infty} = \left[-\frac{1}{p}\int t\,\mathrm{d}\mathrm{e}^{-pt}\right]\Big|_0^{+\infty}$

$$= \left[-\frac{1}{p}t\mathrm{e}^{-pt} + \frac{1}{p}\int \mathrm{e}^{-pt}\,\mathrm{d}t\right]\Big|_0^{+\infty}$$

$$= \left[-\frac{1}{p}t\mathrm{e}^{-pt} - \frac{1}{p^2}\mathrm{e}^{-pt}\right]\Big|_0^{+\infty}$$

$$= \lim_{t\to+\infty}\left[-\frac{1}{p}t\mathrm{e}^{-pt} - \frac{1}{p^2}\mathrm{e}^{-pt}\right] + \frac{1}{p^2} = \frac{1}{p^2}.$$

提示：$\lim\limits_{t\to+\infty} t\mathrm{e}^{-pt} = \lim\limits_{t\to+\infty}\frac{t}{\mathrm{e}^{pt}} = \lim\limits_{t\to+\infty}\frac{1}{p\mathrm{e}^{pt}} = 0$.

二、无界函数的广义积分

定义 3.6.2 设函数 $f(x)$ 在区间 $(a,b]$ 上连续，而在点 a 的右邻域内无界.取 $\varepsilon>0$，如果极限

$$\lim_{t\to a^+}\int_t^b f(x)\,\mathrm{d}x$$

存在，则称此极限为函数 $f(x)$ 在 $(a,b]$ 上的广义积分，仍然记作 $\int_a^b f(x)\,\mathrm{d}x$，即

$$\int_a^b f(x)\,\mathrm{d}x = \lim_{t\to a^+}\int_t^b f(x)\,\mathrm{d}x.$$

这时也称广义积分 $\int_a^b f(x)\,\mathrm{d}x$ 收敛.

如果上述极限不存在，就称广义积分 $\int_a^b f(x)\,\mathrm{d}x$ 发散.

类似地，设函数 $f(x)$ 在区间 $[a,b)$ 上连续，而在点 b 的左邻域内无界.取 $\varepsilon>0$，如果极限

$$\lim_{t\to b^-}\int_a^t f(x)\,\mathrm{d}x$$

存在，则称此极限为函数 $f(x)$ 在 $[a,b)$ 上的广义积分，仍然记作 $\int_a^b f(x)\,\mathrm{d}x$，即

$$\int_a^b f(x)\,\mathrm{d}x = \lim_{t\to b^-}\int_a^t f(x)\,\mathrm{d}x.$$

这时也称广义积分 $\int_a^b f(x)\,\mathrm{d}x$ 收敛.如果上述极限不存在，就称广义积分 $\int_a^b f(x)\,\mathrm{d}x$ 发散.

设函数 $f(x)$ 在区间 $[a,b]$ 上除点 $c(a<c<b)$ 外连续，而在点 c 的邻域内无界.如果两个广义积分 $\int_a^c f(x)\,\mathrm{d}x$ 与 $\int_c^b f(x)\,\mathrm{d}x$ 都收敛，则定义

$$\int_a^b f(x)\,\mathrm{d}x = \int_a^c (x)\,\mathrm{d}x + \int_c^b f(x)\,\mathrm{d}x \,.$$

否则，就称广义积分$\int_a^b f(x)\,\mathrm{d}x$ 发散.

瑕点：如果函数 $f(x)$ 在点 a 的任一邻域内都无界，那么点 a 称为函数 $f(x)$ 的瑕点，也称为无界.

定义 3.6.2′ 设函数 $f(x)$ 在区间$(a,b]$上连续，点 a 为 $f(x)$ 的瑕点.函数 $f(x)$ 在$(a,b]$上的广义积分定义为

$$\int_a^b f(x)\,\mathrm{d}x = \lim_{t\to a^+}\int_t^b f(x)\,\mathrm{d}x \,.$$

在广义积分的定义式中，如果极限存在，则称此广义积分收敛；否则称此广义积分发散.

类似地，函数 $f(x)$ 在$[a,b)$(b 为瑕点) 上的广义积分定义为

$$\int_a^b f(x)\,\mathrm{d}x = \lim_{t\to b^-}\int_a^t f(x)\,\mathrm{d}x \,.$$

函数 $f(x)$ 在$[a,c)\cup(c,b]$(c 为瑕点) 上的广义积分定义为

$$\int_a^b f(x)\,\mathrm{d}x = \lim_{t\to c^-}\int_a^t f(x)\,\mathrm{d}x + \lim_{t\to c^+}\int_t^b f(x)\,\mathrm{d}x \,.$$

广义积分的计算：

如果 $F(x)$ 为 $f(x)$ 的原函数，则有

$$\begin{aligned}\int_a^b f(x)\,\mathrm{d}x &= \lim_{t\to a^+}\int_t^b f(x)\,\mathrm{d}x = \lim_{t\to a^+}[F(x)]\Big|_t^b \\ &= F(b) - \lim_{t\to a^+}F(t) = F(b) - \lim_{x\to a^+}F(x) \,.\end{aligned}$$

可采用如下简记形式：

$$\int_a^b f(x)\,\mathrm{d}x = [F(x)]\Big|_a^b = F(b) - \lim_{x\to a^+}F(x) \,.$$

类似地，有

$$\int_a^b f(x)\,\mathrm{d}x = [F(x)]\Big|_a^b = \lim_{x\to b^-}F(x) - F(a).$$

当 a 为瑕点时，$\int_a^b f(x)\,\mathrm{d}x = [F(x)]\Big|_a^b = F(b) - \lim_{x\to a^+}F(x)$；

当 b 为瑕点时，$\int_a^b f(x)\,\mathrm{d}x = [F(x)]\Big|_a^b = \lim_{x\to b^-}F(x) - F(a)$.

当 $c(a < c < b)$ 为瑕点时，

$$\int_a^b f(x)\,dx=\int_a^c f(x)\,dx+\int_c^b f(x)\,dx$$

$$=[\lim_{x\to c^-}F(x)-F(a)]+[F(b)-\lim_{x\to c^+}F(x)].$$

例 3 计算广义积分$\int_0^a \frac{1}{\sqrt{a^2-x^2}}\,dx$.

解 因为$\lim\limits_{x\to a^-}\frac{1}{\sqrt{a^2-x^2}}=+\infty$,所以点 a 为被积函数的瑕点.

$$\int_0^a \frac{1}{\sqrt{a^2-x^2}}\,dx=\left[\arcsin\frac{x}{a}\right]\Big|_0^a=\lim_{x\to a^-}\arcsin\frac{x}{a}-0=\frac{\pi}{2}.$$

例 4 讨论广义积分$\int_{-1}^1 \frac{1}{x^2}\,dx$的收敛性.

解 函数$\frac{1}{x^2}$在区间$[-1,1]$上除 $x=0$ 外连续,且$\lim\limits_{x\to 0}\frac{1}{x^2}=\infty$.

由于$\int_{-1}^0 \frac{1}{x^2}\,dx=\left[-\frac{1}{x}\right]\Big|_{-1}^0=\lim\limits_{x\to 0^-}\left(-\frac{1}{x}\right)-1=+\infty$,即广义积分$\int_{-1}^0 \frac{1}{x^2}\,dx$发散,所以广义积分$\int_{-1}^1 \frac{1}{x^2}\,dx$发散.

例 5 讨论广义积分$\int_a^b \frac{dx}{(x-a)^q}$的敛散性.

解 当 $q=1$ 时,$\int_a^b \frac{dx}{(x-a)^q}=\int_a^b \frac{dx}{x-a}=[\ln(x-a)]\Big|_a^b=+\infty$;

当 $q>1$ 时,$\int_a^b \frac{dx}{(x-a)^q}=\left[\frac{1}{1-q}(x-a)^{1-q}\right]\Big|_a^b=+\infty$;

当 $q<1$ 时,$\int_a^b \frac{dx}{(x-a)^q}=\left[\frac{1}{1-q}(x-a)^{1-q}\right]\Big|_a^b=\frac{1}{1-q}(b-a)^{1-q}$.

因此,当 $q<1$ 时,此广义积分收敛,其值为$\frac{1}{1-q}(b-a)^{1-q}$;当 $q\geqslant 1$ 时,此广义积分发散.

习　题　六

1. 求下列广义积分.

(1) $\int_1^{+\infty}\frac{1}{\sqrt{x}}\,dx$;　　(2) $\int_0^{+\infty} x e^{-x}\,dx$;

(3) $\int_2^{+\infty}\frac{1}{x(\ln x)^k}\,dx\ (k>1)$;　　(4) $\int_0^{+\infty} e^{-\sqrt{x}}\,dx$;

(5) $\int_{2}^{+\infty} \frac{1}{x^2+x-2}\,\mathrm{d}x$.

2. 计算下列广义积分.

(1) $\int_{0}^{1} \frac{1}{\sqrt{1-x}}\,\mathrm{d}x$;

(2) $\int_{-1}^{1} \frac{1}{\sqrt{1-x^2}}\,\mathrm{d}x$;

(3) $\int_{0}^{1} \ln\left(\frac{1}{1-x^2}\right)\mathrm{d}x$;

(4) $\int_{0}^{1} \frac{\arcsin x}{\sqrt{1-x^2}}\,\mathrm{d}x$.

3. 讨论广义积分 $\int_{1}^{2} \frac{1}{(x-1)^{\alpha}}\,\mathrm{d}x\ (\alpha>0)$ 的敛散性. 若收敛,试求其值.

第四章 球面几何和球面三角

球面三角学是数学的一个分支，主要研究球面上由三个大圆弧相交所构成的球面三角形的特性、关系以及解法等问题.

球面三角学和其他学科一样，是人类在生产实践中为了解决生产中的实际问题而发展起来的.它的发展与天文学和航海学有密切的关系，在我国古代，球面三角学早已广泛地应用于天文学领域.如在17世纪后半叶(公元1684年)，我国数学家梅文鼎就著有《弧三角举要》五卷，对球面三角形的解法进行了精辟的论述.

球面几何与平面几何比较，有如下特点：①相对对球半径而言，很小的一片球面可以看成一个平面；②球面几何上的一个大圆在平面几何上相当于一条直线；③球面几何上的一个大圆与平面几何上的一条直线都有反射对称这个性质.在航海上，当球面三角形的三条边与其所在球的半径相比相当小时，则在容许的误差范围内，可视作平面三角形求解.在研究球面三角形时，除恒等式外，其他平面三角学的公式如正弦公式和余弦公式等不能随便应用.又当球的半径给定时，知道了球面三角形的三个角，就可以求出该球面三角形的三条边，而平面三角形没有这样的性质.学习球面三角形除具有一定的平面三角学知识外，还必须有一定的立体几何知识.

球面三角是航海类专业课的主要数学基础知识之一，学好它很有必要，首先要学习球面几何的基本知识.

第一节 球面几何

一、球、球面

定义 4.1.1 空间中到一定点 O 的距离为 r 的点的轨迹，称为以 O 为球心、r 为半径的球面，包围在球面中的实体称为球，连接球面上两点且通过球心的线段称为球直径.半径相等的球称为等球.

航海学和天文航海学的主要问题是定位，即在地球上确定船舶的地理位置，而地球是近似于三轴椭球体的不规则球体，因此在航海实际应用上可以将圆球体作为它的一个近似体，并以它作为研究、分析和解算地面上的几何图形的基础.故必须研究球和球面上的基本点、线、圆以及球面三角形的性质等.

二、球面上的圆

球面上的圆有如下特征：

(1) 任一平面与球面相截的截痕是圆(如图 4.1.1).

过球心的截面在球面上截得的圆称为大圆，大圆的半径等于球半径，它的一段圆周称为大圆弧，当不过球心的截面在球面上截得的圆称为小圆，小圆上的一段圆周称为小圆弧.在同球或等球中，与球心距离相等的两个截面截的圆相同，与球心距离不等的两个截面截的圆不等，距球心距离越近的截面截的圆越大，反之，越小.

(2) 大圆分球和球面为相等的两部分，任何两个大圆都交于对顶的两点(如图 4.1.2).

(3) 过对顶的两点能作无数个大圆，而不能作小圆；不过对顶的两点只能作一个大圆，但能作无数个小圆.

(4) 两个大圆平面的交线是球的直径也是这两个大圆的直径，并且把两个大圆互相平分.

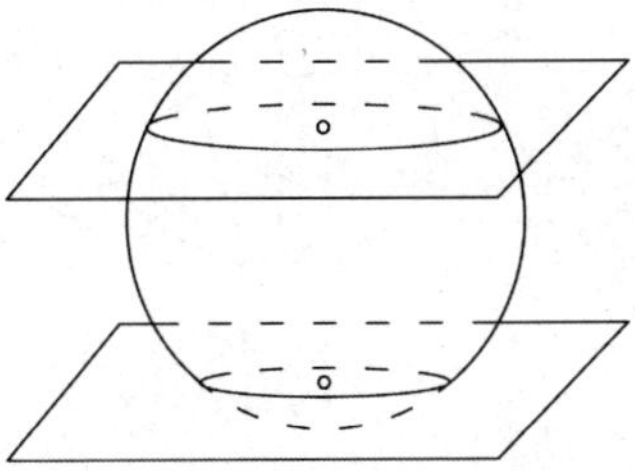

图 4.1.1

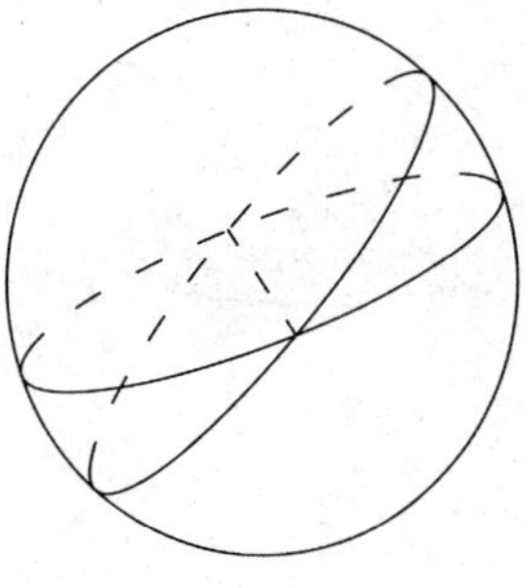

图 4.1.2

三、球面距离

定义 4.1.2 球面上两点 A、B 间小于180° 的大圆弧(也称劣弧)的长称为 A、B 的球面距离.球面距离用度数可以表示.在航海上，称为大圆航线(如图 4.1.3).

注：(1) 球面上任意一个大圆的长是360°；

(2)A、B 的球面距离是 A、B 间的最短距离；

(3) 弧度就是其对应的圆心角；

(4) 地球半径大约为 6370km；

(5) 海上距离用海里表示，把地球子午线上 $1'$ 的弧长作为 1n mile，1n mile＝1852m.

四、轴、极、极距、极线

定义 4.1.3 垂直于任一圆面的球直径称为该圆面的轴.轴与球面的两个交点称为极.显然，球上每一个圆面都有两个极，但是通过两个极可以有无数个圆面.

定义 4.1.4 从大圆弧或小圆弧上的一点到极的球面距离称为极距.

注:同圆上任一点的极距都相等,故极又称为该圆的球面中心,而极距又称为该圆的球面半径.切记,球面中心不是圆心,球面半径不是球半径.

如图 4.1.4 所示,直径 PP' 同时垂直于大圆$\overparen{A_1A_2A_3A_4}$ 和小圆$\overparen{B_1B_2B_3B_4}$,故直径 PP' 是大圆$\overparen{A_1A_2A_3A_4}$ 和小圆$\overparen{B_1B_2B_3B_4}$ 的轴,P、P' 是它们的极,$\overparen{PB_2A_2P'}$ 和$\overparen{PB_3A_3P'}$ 是大圆弧,则 $\overparen{PA_2}$ 和 $\overparen{PA_3}$ 的长是大圆 $\overparen{A_1A_2A_3A_4}$ 到极 P 的极距;$\overparen{P'A_2}$ 和 $\overparen{P'A_3}$ 的长是大圆 $\overparen{A_1A_2A_3A_4}$ 到极 P' 的极距.同样,$\overparen{PB_2}$ 和$\overparen{PB_3}$ 的长是小圆$\overparen{B_1B_2B_3B_4}$ 到极 P 的极距.

注:因为轴和大圆圆面垂直,所以大圆的极距所对的球心角为直角,故大圆的极距为$90°$.

定义 4.1.5 极距等于$90°$ 的大圆弧称为极线或赤道.如在图 4.1.4 中,$\overparen{PA_1}=\overparen{PA_2}=\overparen{PA_3}=\overparen{PA_4}=90°$,所以大圆弧$\overparen{A_1A_2A_3A_4}$ 是极 P 的极线.

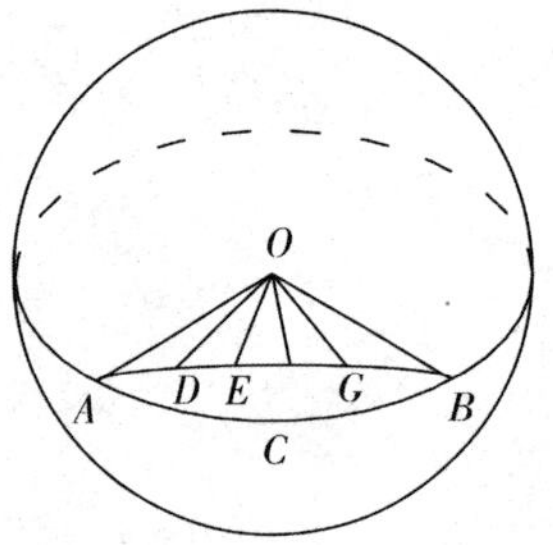

图 4.1.3

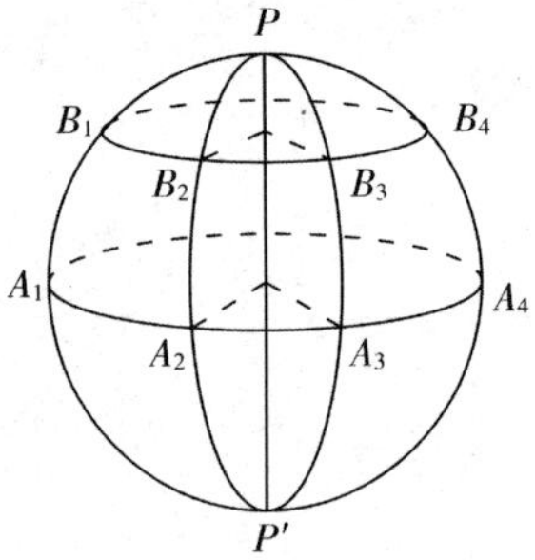

图 4.1.4

注:(1) 因为任一大圆与其极的极距为$90°$,所以大圆弧是它的极的极线,极线必定是大圆弧;

(2) 如果球面上某一点到其他两点(不是直径的两个端点)的球面距离都为$90°$,则前一点必定是通过后两点的大圆的极;

(3) 对某个圆而言,轴、极必定是成对出现,极和极线也是成对出现.

五、球面角及其度量

定义 4.1.6 球面上两个大圆弧所构成的角称为球面角,两个大圆弧的交点称为球面角的顶点,大圆弧称为球面角的边.如图 4.1.5,$\angle APB$ 为一个球面角,有时简写 $\angle P$ 或 P.其中 P 为顶点,$\overparen{PA}$ 和$\overparen{PB}$ 为两个边.$\overparen{CABD}$ 是以球面角顶点 P 为极的极线,PE 和 PF 为边$\overparen{PA}$ 和$\overparen{PB}$ 的切线.

球面角的大小由其两个边所在的两个大圆弧平面构成的二面角来确定.故球面角的度量办法有如下几种:

(1) 两条边的切线构成的平面角,如图 4.1.5 中 $\angle EPF$;

(2) 顶点的极线被球面角两边所截的弧长,如图 4.1.5 中$\overparen{AB}$;

(3) 办法(2) 中$\overset{\frown}{AB}$ 所对应的球心角，如图 4.1.5 中 $\angle AOB$.

注：(1) 极线上的弧长与其所对的球面角同度；

(2) 球面角的取值范围为 $0^\circ \sim 360^\circ$.

例 1 证明两个大圆的极之间的大圆弧所对应的球心角等于此两个大圆面的二面角.

如图 4.1.6，已知 O 为球心，两个大圆弧$\overset{\frown}{CD}$、$\overset{\frown}{CE}$ 相交于 C，A 为$\overset{\frown}{CD}$ 的极，B 为$\overset{\frown}{CE}$ 的极，过 A、B 作大圆弧与$\overset{\frown}{CD}$、$\overset{\frown}{CE}$ 分别交于 F、G. 证明：$\angle AOB = \angle FCG$(球面角) $= \angle FOG$.

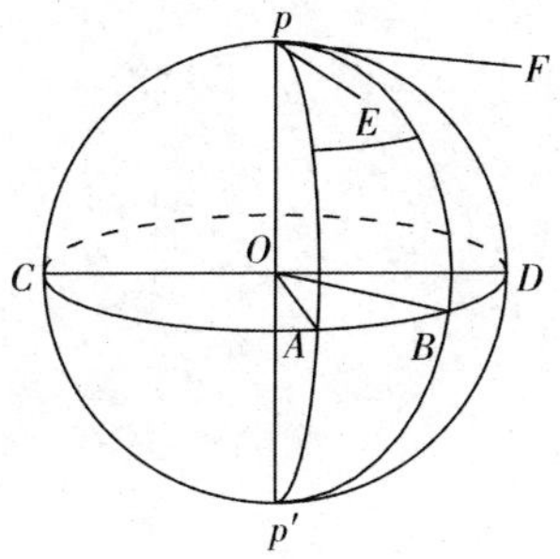

图 4.1.5

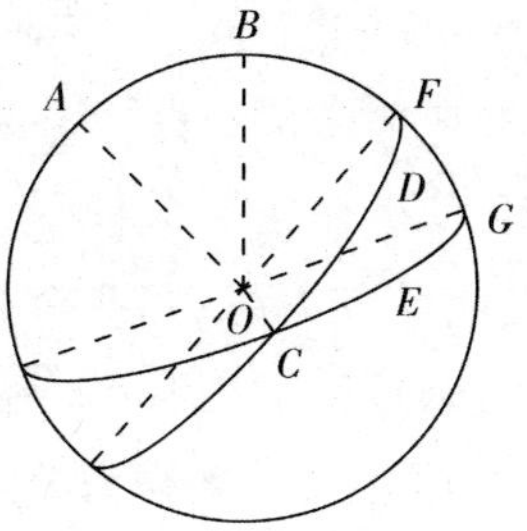

图 4.1.6

证明 连接 OA、OB、OC、OF、OG，则 $AO \perp$ 平面 OCF，$BO \perp$ 平面 OCG，得 $AO \perp OC$，$BO \perp OC$，$OC \perp$ 平面 AOB，故 $OC \perp OF$，$OC \perp OG$，因此 $\angle FOG$ 为平面 FOC 和平面 GOC 的二面角(即球面角 FCG).

又因为 $\angle AOB = \angle AOF - \angle BOF = 90^\circ - \angle BOF = \angle BOG - \angle BOF = \angle FOG$.

证毕.

六、小圆弧长与大圆弧长之比

定理 4.1.1 圆心角相等的小圆弧长与大圆弧长之比等于小圆极距的正弦或小圆纬度的余弦，即 $\sin \overset{\frown}{Pa} = \dfrac{\overset{\frown}{ab}}{\overset{\frown}{AB}} = \cos \overset{\frown}{Aa}$.(如图 4.1.7)

如图 4.1.7，O 为球心，$\overset{\frown}{ab}$ 是球面上的一段小圆弧，其圆心为 O'，$\overset{\frown}{ab}$ 的圆心角为 $\angle aO'b$，P 为$\overset{\frown}{ab}$ 的极. $\overset{\frown}{Pa}$ 为$\overset{\frown}{ab}$ 的极距. 证明：圆心角都等于 $\angle aO'b$ 的$\overset{\frown}{ab}$ 长度与大圆弧$\overset{\frown}{AB}$ 长度之比等于$\sin \overset{\frown}{Pa}$.

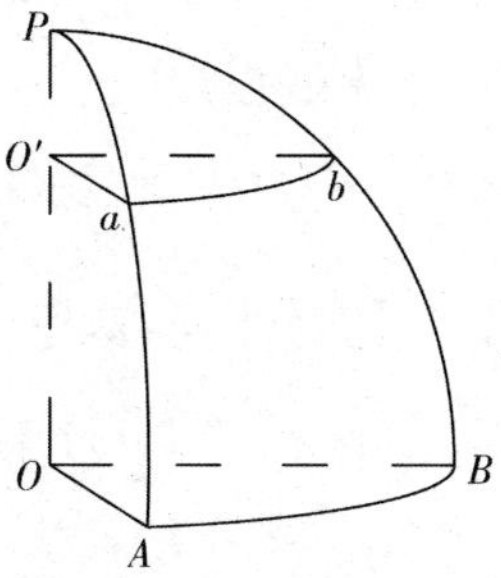

图 4.1.7

证明 过 O 作与小圆弧$\overset{\frown}{ab}$ 所在平面 $O'ab$ 平行的平面 OAB，作大圆弧$\overset{\frown}{PaA}$、$\overset{\frown}{PaB}$，得大圆弧$\overset{\frown}{AB}$，其圆心角为 $\angle AOB$. 显然 $\angle AOB = \angle aO'b$，因为圆心角(弧度) $= \dfrac{\overset{\frown}{ab}(\text{弧长})}{aO'} = \dfrac{\overset{\frown}{AB}(\text{弧长})}{AO}$，所以 $\dfrac{\overset{\frown}{ab}(\text{弧长})}{\overset{\frown}{AB}(\text{弧长})} = \dfrac{aO'}{AO} = \dfrac{aO'}{aO}$. 又因为 $aO' \perp OO'$，故 $\dfrac{\overset{\frown}{ab}(\text{弧长})}{\overset{\frown}{AB}(\text{弧长})} = \dfrac{aO'}{aO} = \sin \overset{\frown}{Pa}$. 证毕.

七、地球上的基本点、线、圈

地球的第一近似体为圆球体，其半径约为 6370km. 地球的自转轴（过球心的旋转中心线）称为地轴，地球绕轴自西向东自转，地轴与地球表面交于两极，用右手法则可确定南北极，大拇指指向为北极（P_n），另一极为南极（P_s），如图 4.1.8 所示，地球南北极与某地 a 所连成的大圆$\overparen{P_n a P_s}$称为 a 地的子午圈，其中通过英国格林尼治天文台的子午圈称为格林子午圈（$\overparen{P_n g P_s}$）. 连接地球南北极和某地之间的半个大圆称为该地的午圈（子午线或经线）. 南北极的极线称为赤道（$\overparen{eGAq}$），格林子午圈将地球分为东、西两个相等的半球，赤道将地球分为南、北两个相等的半球，在某地 a 的子午圈上由赤道至该地的弧长$\overparen{Aa}$ 称为 a 地的纬度. 若 a 地位于南半球，称为南纬，反之称为北纬. 南、北纬取值范围是 $0° \sim 90°$，纬度相同的点的轨迹是平行于赤道的小圆$\overparen{ga}$，该小圆称为纬度圈或等纬圈. 等纬圈的极也是南、北极，其离极的距离等于$90°$ 减去小圆纬度，所以定理 4.1.1 是成立的. 纬度越高，等纬圈的长度越短. 在赤道上由格林子午圈（又称格林子午线或格林经线）至某地 a 的午圈之间的弧长$\overparen{GA}$ 称为 a 地的经度，位于东半球的称为东经，反之称为西经，东、西经的取值范围为 $0° \sim 180°$，经度相同的点的轨迹为午圈. 在航海上，A 地的坐标通常用$A(\varphi,\lambda)$，其中 φ 是纬度，λ 是经度. 北纬39°，常写成39°N；东经116°，写成116°E.

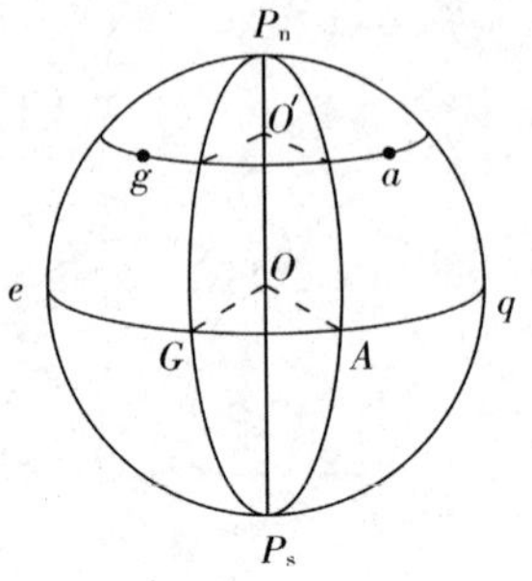

图 4.1.8

例 2 设某船由 A(60°N,100°E)，向东航行至 B(60°N,103°E)，求 AB 距离.

解 由定理4.1.1知：在赤道上，$103°-100°=3°$，$3°\times 60'=180'$，$180'\times 1=180$n mile，所以$\overparen{AB}=180\times\cos 60°=90$n mile.

例 3 设两船同在北纬30°N，相距600n mile，若它们以同速向北航行1800n mile，求两船相距多少海里？

解 由定理 4.1.1 知：两船在赤道上的距离为$\dfrac{600}{\cos 30°}=400\sqrt{3}$，向北航行 1800n mile，即30°，到达北纬60°N，所以此时两船相距 $400\sqrt{3}\cdot\cos 60°=200\sqrt{3}$n mile.

习　题　一

1. 判断题.

(1) 小球分球为相等的两部分；

(2) 过球面上在同一直径两端的两点，只能作一个大圆；

(3) 球面上两点间小于180° 圆弧的长是这两点间的最短球面距离；

(4) 地球子午线上 1″ 的弧长称为 1 海里；

(5) 极到极线的球面距离为90°；

(6) 极距是指任一点到子午线上的球面距离；

(7) 球面半径与球半径相等；

(8) 球面角是与其所对应的大圆弧长相等；

(9) 纬度是指地球上某点到北(南)极的球面距离.

2. 如图 4.1.9 所示，球面上的 P_n 为地球北极，$\overset{\frown}{qcdq'}$ 为赤道，$\overset{\frown}{aefb}$ 为等纬圈，设$\overset{\frown}{cd}$ 长 200n mile，e 点的纬度为45°，求$\overset{\frown}{ef}$ 长(n mile).

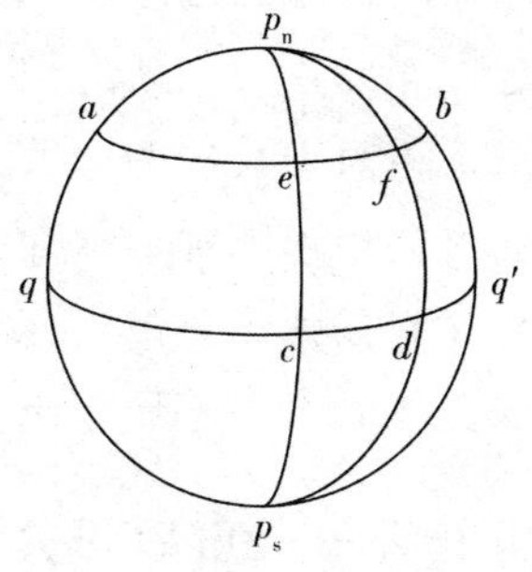

图 4.1.9

3. 设某船由 A(0°N，100°E) 向东航行 120n mile，后沿子午圈向北航行 3600n mile，再转向沿等纬圈向西航行 120n mile，最后转向沿子午圈向南航行 3600n mile，求：

(1) 船舶最后到达点的纬度；

(2) 起航点与到达点相距多少海里？

4. 设 A 船位于(60°N，100°E)，B 船位于(60°N，120°E)，若两船以同速向南航行，则它们在航行 3600n mile 后相距多少海里？

5. 设两船同在北纬30°N，相距 600n mile，若它们以同速向北航行 900n mile，则两船相距多少海里？

第二节　球面三角

一、球面三角形的定义

定义 4.2.1　球面上由三个大圆弧相交于三点所围成的球面部分称为球面三角形. 构成三角形的大圆弧称为球面三角形的边，这三个点称为球面三角形的顶点，任意两个大圆弧相交所构成的球面角称为球面三角形的角. 如图 4.2.1，由大圆弧$\overset{\frown}{AB}$、$\overset{\frown}{AC}$、$\overset{\frown}{BC}$ 所围成的三角形是一个球面三角形. 通常用 A、B、C 表示球面三角形的三个角，用 a、b、c 表示球面三角形的三条边. 球面三角形通常记为球面三角形 ABC 或球面三角形 abc. 三个边和三个角称为球面三角形的六要素. 理论上，六要素的取值范围都是 0° ～ 360°. 但在实际应用中，我们仅讨论六要素取值范围都在 0° ～ 180° 的欧拉球面三角形.

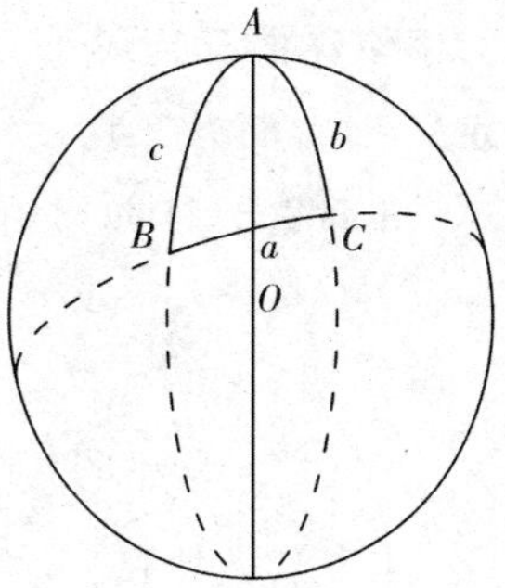

图 4.2.1

二、球面三角形的分类

1. 球面直角三角形和球面直边三角形

定义 4.2.2　至少有一个角为90° 的球面三角形称为球面直角三角形；至少有一个边

为90°的球面三角形称为球面直边三角形.

2. 球面等腰三角形和球面等边三角形

定义 4.2.3 两边或两角相等的球面三角形称为球面等腰三角形;三边或三角都相等的球面三角形称为球面等边三角形.

3. 球面初等三角形

定义 4.2.4 三条边相对于其球半径非常小的球面三角形称为球面小三角形,一个边和其对角相对于其他两边及其对角都很小的球面三角形称为球面窄三角形.球面小三角形和球面窄三角形统称为球面初等三角形.

4. 球面任意三角形

定义 4.2.5 不属于以上三类的球面三角形称为球面任意三角形.

三、两个球面三角形的关系

1. 全等球面三角形

定义 4.2.6 在同球和等球上,边角对应相等且排列顺序相同的球面三角形称为全等三角形.

全等的条件有四种情况:① 两边及其夹角对应相等;② 两角及其夹边对应相等;③ 三边对应相等;④ 三角对应相等.

2. 对称球面三角形

定义 4.2.7 在同球和等球上,边角对应相等且排列顺序不同的球面三角形称为对称球面三角形.如图 4.2.2,从球面三角形 ABC 的三个顶点作直径与球面交于 A_0、B_0、C_0,连接大圆弧 $\overset{\frown}{A_0B_0}$、$\overset{\frown}{B_0C_0}$、$\overset{\frown}{C_0A_0}$,得另一个球面三角形 $A_0B_0C_0$,则球面三角形 ABC 和球面三角形 $A_0B_0C_0$ 为对称球面三角形,该两三角形的边、角对应相等,但边、角排列顺序不同,两者不能重叠.

3. 相似球面三角形

定义 4.2.8 在半径不同的球面上,边角度数对应相等的球面三角形称为相似球面三角形.如图 4.2.3,球面三角形 ABC 和球面三角形 $A_1B_1C_1$ 为相似球面三角形.

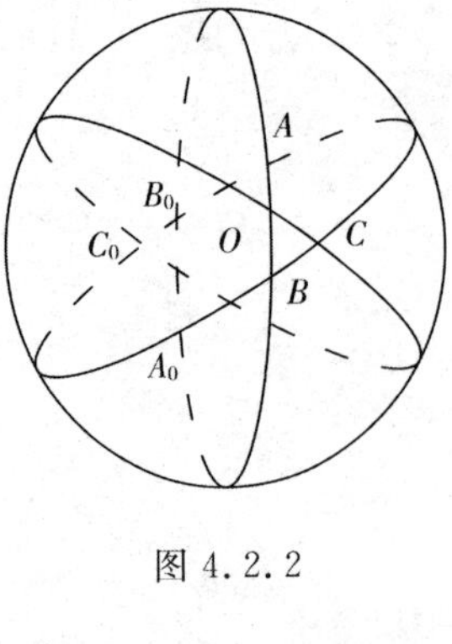

图 4.2.2

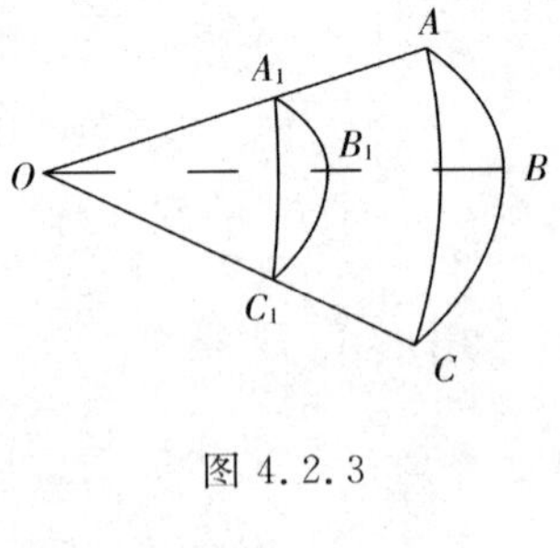

图 4.2.3

4. 极线球面三角形

定义 4.2.9 球面三角形 ABC 的三个顶点的极线所构成的三角形称为原球面三角形 ABC 的极线球面三角形. 用 A'、B'、C' 表示极线球面三角形的三个角，用 a'、b'、c' 表示极线球面三角形的三条边. 故原球面三角形 ABC 的极线球面三角形记为极线球面三角形 $A'B'C'$. 如图 4.2.4.

极线球面三角形 $A'B'C'$ 特点：

(1) 若原球面三角形 ABC 的三边都大于$90°$，则它的极线球面三角形 $A'B'C'$ 在原球面三角形 ABC 之内，如图 4.2.5；

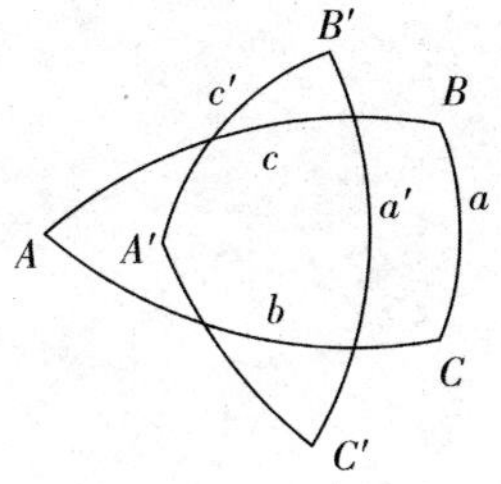

图 4.2.4

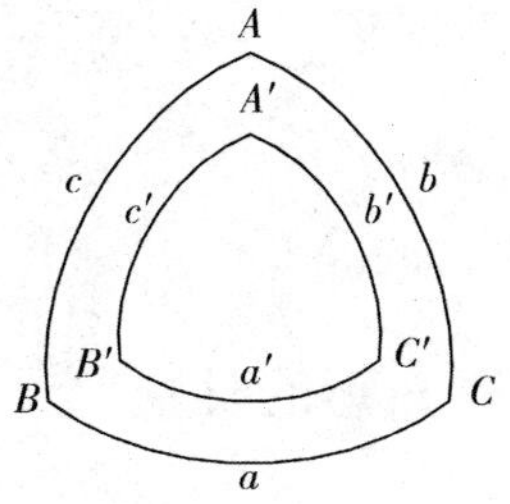

图 4.2.5

(2) 若原球面三角形 ABC 的三边都小于$90°$，则它的极线球面三角形 $A'B'C'$ 在原球面三角形 ABC 之外，如图 4.2.6；

(3) 若原球面三角形 ABC 的一边或两边都大于$90°$，则它的极线球面三角形 $A'B'C'$ 与原球面三角形 ABC 交叉，如图 4.2.4.

原球面三角形 ABC 和它的极线球面三角形 $A'B'C'$ 之间的关系：

(1) 原球面三角形 ABC 的顶点是它的极线球面三角形 $A'B'C'$ 对应边的极；反之，极线球面三角形 $A'B'C'$ 的顶点又是原球面三角形 ABC 对应边的极.

证：如图 4.2.7，球面三角形 $A'B'C'$ 为球面三角形 ABC 的极线球面三角形，根据极线球面三角形定义知：a'、b'、c' 分别为 A、B、C 各顶点的极线，顶点 A、B、C 分别为 a'、b'、c' 各边的极，于是有$\overset{\frown}{AB'}=90°$，$\overset{\frown}{CB'}=90°$，得 B' 为边 b 的极. 同理可证，A' 为 a 的极，C' 为 c 的极. 证毕.

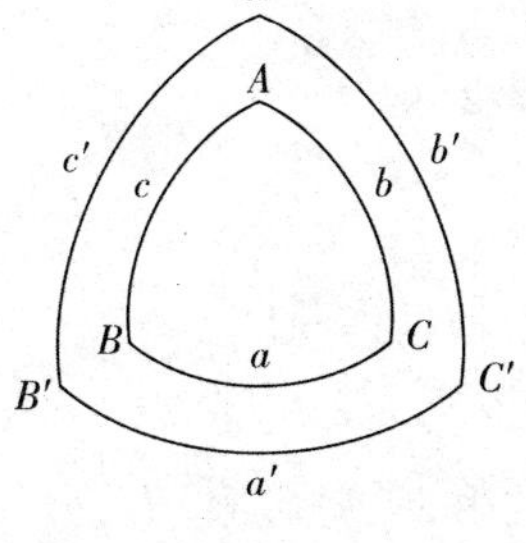

图 4.2.6

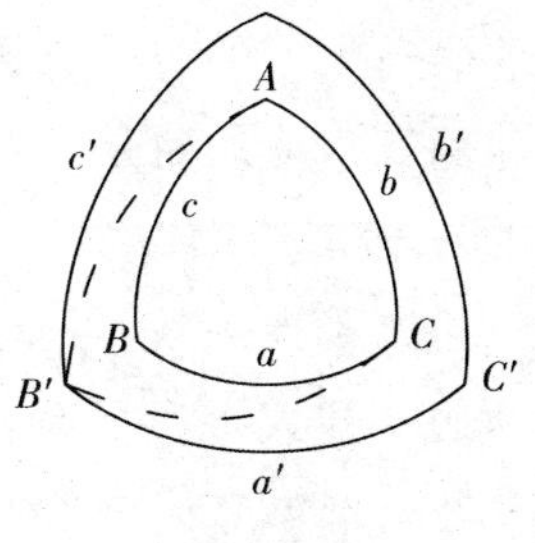

图 4.2.7

（2）原球面三角形 ABC 的角（边）和极线球面三角形 $A'B'C'$ 的边（角）互补，即

$$a+A'=180°, a'+A=180°, b+B'=180°, b'+B=180°,$$

$$c+C'=180°, c'+C=180°.$$

证：如图 4.2.8，设球面三角形 $A'B'C'$ 为球面三角形 ABC 的极线三角形，延长 BC，交 $A'C'$ 和 $A'B'$ 于 D、E 两点，则有

$$a+A'=a+\overset{\frown}{DE}\text{（球面角等于极线弧段之长）}=(a+\overset{\frown}{EB})+(a+\overset{\frown}{CD}).$$

因为 B 为 b' 的极，C 为 c' 的极，则有

$$\overset{\frown}{EBC}=a+\overset{\frown}{EB}=\overset{\frown}{BCD}=a+\overset{\frown}{CD}=90°,$$

故 $a+A'=180°$.

同理可证其他.

四、球面三角形的性质

1. 球面三角形与三面角的关系

球面三角形与三面角之间可以相互度量. 如图 4.2.9，若将球面三角形 ABC 的三个顶点 A、B、C 和球心 O 连接，便得一个三面角；反之，若将三面角的顶点 O 作球心，用等长作半径围成球面，便得一球面三角形. 显然，有如下关系：

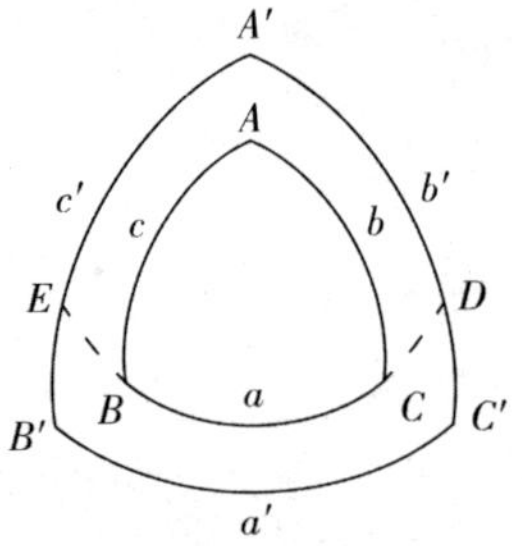

图 4.2.8

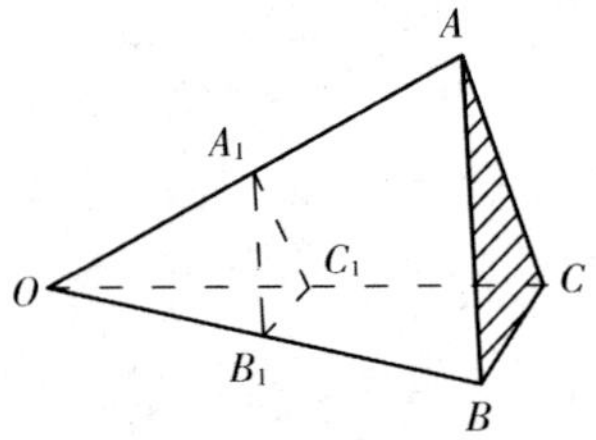

图 4.2.9

（1）球心是三面角的顶点；

（2）球半径是三面角的棱；

（3）球面三角形的边是三面角的平面角；

（4）球面三角形的角是三面角的二面角.

2. 球面三角形边的性质

（1）三边都是大圆弧，且 $0° <$ 每一边 $< 180°$.

（2）两边之和大于第三边，两边之差小于第三边，如 $a-b<c<a+b$.

证：如图 4.2.9，在立体几何中，三面角的两个平面角的和或差与第三个平面角的关系是：

$$\angle BOC-\angle AOC<\angle AOB<\angle BOC+\angle AOC.$$

故有：$a-b<c<a+b$.

同理可证其他.

(3) 三边之和大于 0° 而小于360°，即 $0°<a+b+c<360°$.

证：因为球面三角形每边都大于 0°，所以 $0°<a+b+c$. 又因为球面三角形的三面角的平面角之和小于360°，故有 $a+b+c<360°$.

3. 球面三角形角的性质

(1)$0°<$ 每一角 $<180°$.

(2) 三角之和大于180° 小于540°，即$180°<A+B+C<540°$.

证：由原球面三角形 ABC 和极线球面三角形 $A'B'C'$ 的关系可知：

$A+a'=180°$，即 $a'=180°-A$；$B+b'=180°$，即 $b'=180°-B$；

$C+c'=180°$，即 $c'=180°-C$，

从而可得 $a'+b'+c'=540°-(A+B+C)$.

又因为 $a'+b'+c'<360°$，所以$360°>540°-(A+B+C)$，从而得 $A+B+C>180°$.

又因 $a'+b'+c'>0°$，所以有$540°-(A+B+C)>0°$，得 $A+B+C<540°$.

证毕.

(3) 两角之和减去第三角小于180°，即$A+B-C<180°$，$A+C-B<180°$，$B+C-A<180°$.

证：由两边之和大于第三边得 $a'+b'>c'$.

将 $a'=180°-A$，$b'=180°-B$，$c'=180°-C$ 代入上式得：

$360°-(A+B)>180°-C$，从而得到：$A+B-C<180°$. 同理可证其他.

(4) 两角之和(差) 大于(小于) 第三角的外角，如 $A-B<D<A+B$.

证：如图 4.2.10，D 是球面三角形角 C 的外角.

因为 $A+B+C>180°$，而$C+D=180°$，所以有$A+B+C>C+D$，故 $A+B>D$.

又因为 $C+A-B<180°$，所以$C+A-B<C+D$，得 $A-B<D$. 证毕.

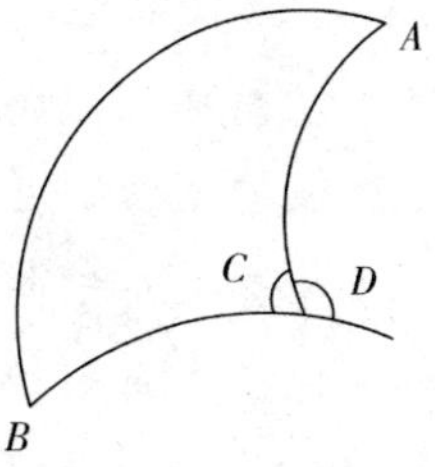

图 4.2.10

4. 边与角的关系

(1) 等边对等角，等角对等边；

(2) 大(小) 边对大(小) 角，大(小) 角对大(小) 边.

五、球面三角形成立的条件

(1) 已知球面三角形的三个边时：

① $0°<$ 每一边 $<180°$；

② $0°<a+b+c<360°$；

③ 两边之和大于第三边，两边之差小于第三边.

(2) 已知球面三角形的三个角时：

① $0° <$ 每一角 $< 180°$；

② $180° < A + B + C < 540°$；

③ 两角之和减去第三角小于180°.

(3) 若给定球面三角形的两个角(边)及其夹边(角)，则仅需要满足每一个角和每一个边大于 0°、小于180° 的条件，球面三角形都成立.

例 1 判断下列球面三角形是否存在：

(1) $A = 100°, B = 170°, C = 70°$；

(2) $a = 100°, b = 170°, c = 70°$；

(3) $A = 100°, B = 100°, C = 100°$；

(4) $a = 100°, b = 100°, c = 100°$；

(5) $a = 170°, b = 170°, C = 170°$.

解 (1) 因为 $A + B - C = 200° > 180°$，所以球面三角形不存在；

(2) 因为 $a + c = 170° = b$，所以球面三角形不存在；

(3) 因为满足已知三个角的三个条件，所以球面三角形存在；

(4) 因为满足已知三个边的三个条件，所以球面三角形存在；

(5) 因为两个边及其夹角都满足大于 0°、小于180° 的条件，所以球面三角形存在.

习 题 二

1. 判断题.

(1) 球面直边三角形是指只有一个边为90° 的球面三角形；

(2) 在同球上，边角对应相等的球面三角形称为球面全等三角形；

(3) 球面三角形三边之和大于 0°、小于540°；

(4) 球面三角形两角之和必小于第三角；

(5) 球面三角形外角小于相邻的两内角之和.

2. 由极线上任一点和极线相连的大圆弧与极线构成怎样的球面角？

3. 已知一球面三角形的三个角分别为90°、90°、60°，则该球面三角形的三边各为何值？

4. 判断下列球面三角形是否存在：

(1) $a = 110°, b = 60°, c = 50°$；　(2) $A = 110°, B = 60°, C = 50°$；

(3) $a = 120°, b = 120°, c = 120°$；　(4) $A = 120°, B = 120°, C = 120°$；

(5) $a = 100°, b = 170°, c = 90°$；　(6) $A = 100°, B = 170°, C = 90°$；

(7) $a = 60°, b = 60°, b = 60°$；　(8) $A = 60°, B = 60°, C = 60°$；

(9) $a=1°, B=179°, c=179°$；　　　　(10) $A=28°, b=179°, C=181°$.

5. 设球面三角形 ABC 的三边为 a、b、c，且 $a>b>c$，它的极线三角形的三边为 a'、b'、c'，求证：$a'<b'<c'$.

6. 在球面三角形 ABC 中，设 $A=90°$，且 $B>C$，求证：

(1) $270°>B+C>90°$；　　　　(2) $B-C<90°$.

7. 在球面三角形 ABC 中，设 $a=90°$，求证：

(1) $270°>b+c>90°$；　　　　(2) $b-c<90°$.

8. 在球面三角形 ABC 中，求证：

(1) $-90°<\frac{1}{2}(A+B-C)<90°$；　(2) $0°<\frac{1}{2}(a+b-c)<180°$.

9. 如图 4.2.11，$\overset{\frown}{AP}$、$\overset{\frown}{BP}$、$\overset{\frown}{CP}$、$\overset{\frown}{DP}$、$\overset{\frown}{EP}$ 和 $\overset{\frown}{ABCDE}$ 都是大圆弧，求证：

$$\angle APB+\angle BPC+\angle CPD+\angle DPE+\angle EPA=360°.$$

10. 如图 4.2.12，球面上点 P 是大圆弧 $\overset{\frown}{QER}$ 的极，点 Z 是大圆弧 $\overset{\frown}{SEN}$ 的极，求证：

(1) $\overset{\frown}{SE}=\overset{\frown}{EN}=\overset{\frown}{QE}=\overset{\frown}{ER}=90°$；　　(2) $\overset{\frown}{ZP}=\overset{\frown}{SQ}$，$\overset{\frown}{QZ}=\overset{\frown}{PN}$.

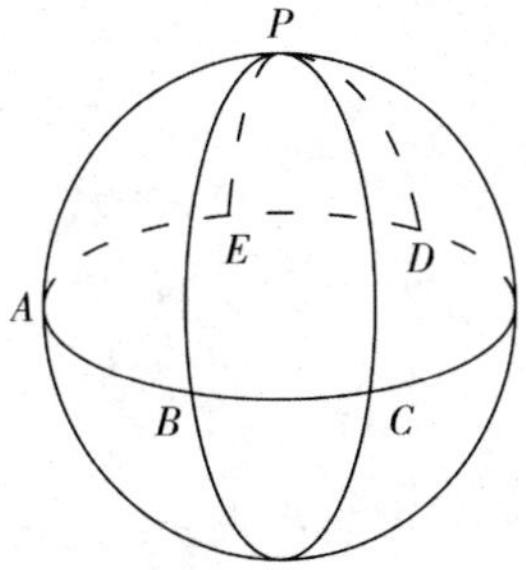

图 4.2.11

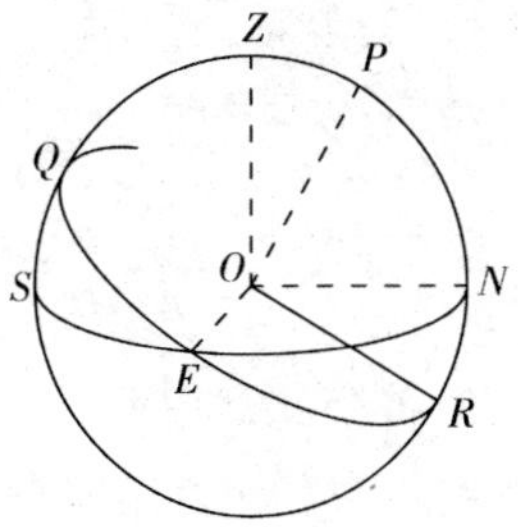

图 4.2.12

第三节　球面三角形公式

一、余弦公式

1. 边的余弦公式

球面三角形一个边的余弦等于其他两边余弦的乘积加上这两边正弦及其夹角余弦的乘积，即

$$\begin{cases}\cos a=\cos b\cos c+\sin b\sin c\cos A,\\ \cos b=\cos a\cos c+\sin a\sin c\cos B,\\ \cos c=\cos a\cos b+\sin a\sin b\cos C.\end{cases}\qquad(4.3.1)$$

证明：如图 4.3.1，设 $\triangle ABC$ 是球面任意三角形，O 为球心，由 A 作边 AB 和 AC 的切线分别交 OB 和 OC 的延长线于 D、E，连接 DE. 在平面三角形 $\triangle ODE$、$\triangle ADE$ 中，由平面三角形的余弦定理 $a^2=b^2+c^2-2bc\cos A$，有

$$DE^2=OD^2+OE^2-2OD\cdot OE\cos a, \qquad (1)$$

$$DE^2=AD^2+AE^2-2AD\cdot AE\cos A. \qquad (2)$$

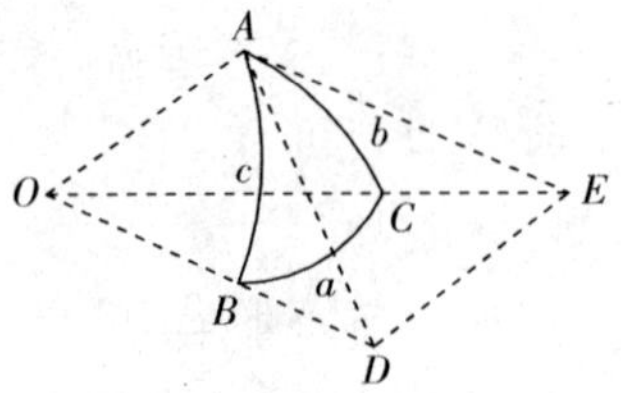

图 4.3.1

(1)－(2) 并整理得：

$$2OD\cdot OE\cos a=(OD^2-AD^2)+(OE^2-AE^2)+2AD\cdot AE\cos Al.$$

而 $\triangle OAD$、$\triangle OAE$ 都是平面直角三角形，故有

$$OD^2-AD^2=OA^2, OE^2-AE^2=OA^2,$$

因此，

$$\cos a=\frac{OA}{OD}\frac{OA}{OE}+\frac{AD}{OD}\frac{AE}{OE}\cos A.$$

又因为

$$\frac{OA}{OD}=\cos c, \frac{OA}{OE}=\cos b, \frac{AD}{OD}=\sin c, \frac{AE}{OE}=\sin b,$$

代入上式，便得公式. 证毕.

注：公式(4.3.1) 常用于已知两边及其夹角求第三边或者已知三边求一角. 它是航海上常用公式之一，如求起航点与到达点之间的大圆弧距离(大圆航程) 时就用到它.

2. 角的余弦公式

球面三角形一个角的余弦等于其他两角余弦的乘积冠以负号加上这两角正弦及其夹边余弦的乘积，即

$$\begin{cases}\cos A=-\cos B\cos C+\sin B\sin C\cos a,\\ \cos B=-\cos A\cos C+\sin A\sin C\cos b,\\ \cos C=-\cos A\cos B+\sin A\sin B\cos c.\end{cases} \qquad (4.3.2)$$

证：设球面三角形 $A'B'C'$ 为球面三角形 ABC 的极线球面三角形，由公式(4.3.1) 有：

$$\cos a'=\cos b'\cos c'+\sin'\sin c'\cos A,$$

而

$$a'=180°-A, b'=180°-B, c'=180°-C, A'=180°-a,$$

代入上式得：

$$-\cos A=\cos B\cos C-\sin B\sin C\cos a,$$

即：

$$\cos A=-\cos B\cos C+\sin B\sin C\cos a.$$

同理可证另外两个公式.

注：公式(4.3.2)常用于两角及其夹边求第三角或者已知三角求一边.

二、正弦公式

球面三角形各边的正弦和它对应角的正弦成正比，即：

$$\frac{\sin a}{\sin A}=\frac{\sin b}{\sin B}=\frac{\sin c}{\sin C}. \tag{4.3.3}$$

证：如图 4.3.2，设 $\triangle ABC$ 是球面三角形，O 为球心，过 A 作 $AD\perp$ 平面 BOC，过 D 作 $DE\perp OB$，$DF\perp OC$. 连接 AE、AF，则有 $AE\perp OB$、$AF\perp OC$，所以 $\angle AEO=90^\circ=\angle AFO$，$\angle AED=\angle B$，$\angle AFD=\angle C$，$\angle AOF=b$，$\angle AOE=c$. 在 $\triangle ADE$ 中，$\frac{AD}{AE}=\sin B$，所以 $AD=AE\sin B$，$\frac{AE}{OA}=\sin c$，则 $AE=OA\sin c$，故有

$$AD=OA\sin B\sin c. \tag{1}$$

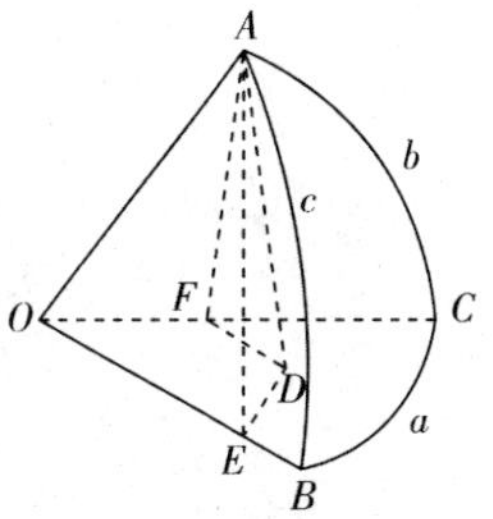

图 4.3.2

在 $\triangle ADF$ 中，

$$\frac{AD}{AF}=\sin C,\text{所以 } AD=AF\sin C,$$

$$\frac{AF}{OA}=\sin b,\text{所以 } AF=OA\sin b.$$

故有

$$AD=OA\sin C\sin b. \tag{2}$$

由(1)、(2)得 $\sin B\sin c=\sin C\sin b$，从而有

$$\frac{\sin b}{\sin B}=\frac{\sin c}{\sin C}.$$

同理可证其他.

注：公式(4.3.3)常用于已知两边及其一边的对角求另一边的对角，或已知两角及其一

角的对边求另一角的对边.在航海上,常用于求起航点与到达点之间的初始航向,但利用此公式求得的解是两个互补的解,应根据实际问题进行选择.

三、边角的正余弦公式(五联公式)

球面三角形相邻的边角正余弦的乘积等于邻边第三边正余弦的乘积减去邻边第三边余正弦及其夹角余弦的乘积,即

$$\begin{cases}\sin a\cos B=\sin c\cos b-\cos c\sin b\cos A,\\ \sin a\cos C=\sin b\cos c-\cos b\sin c\cos A,\\ \sin b\cos A=\sin c\cos a-\cos c\sin a\cos B,\\ \sin b\cos C=\sin a\cos c-\cos a\sin c\cos B,\\ \sin c\cos A=\sin b\cos a-\cos b\sin a\cos C,\\ \sin c\cos B=\sin a\cos b-\cos a\sin b\cos C.\end{cases}\tag{4.3.4}$$

证:由边的余弦公式

$$\cos a=\cos b\cos c+\sin b\sin c\cos A,\tag{1}$$

$$\cos c=\cos a\cos b+\sin b\sin a\cos C.\tag{2}$$

把(1)代入(2)并展开得:

$$\cos c\sin b^2=\sin b\sin c\cos b\cos A+\sin b\sin a\cos C,$$

两边同除以$\sin b$,并移项得:

$$\sin a\cos C=\sin b\cos c-\cos b\sin c\cos A.$$

同理可证其他.

注:(1)公式(4.3.4)常用于推导其他的球面三角公式,而不用于解球面三角形;

(2)五联公式的记忆,主要在于弄清邻边和第三边得概念,可以套用口诀

$$\sin 边\cos 角=\sin 邻边\cos 第三边-\cos 邻边\sin 第三边\cos 夹角.$$

例如五个联起来的要素:a—B—c—A—b,称a为边,B为角,c为邻边,A为夹角,b为第三边.套用上面的口诀便得第一个公式.

四、余切公式(四联公式)

球面三角形外边余切内边正弦的乘积等于外角余切内角正弦的乘积加上内边内角余弦的乘积,即:

$$\begin{cases}\cot a\ \sin b=\cot A\ \sin C+\cos b\ \cos C,\\ \cot a\ \sin c=\cot A\ \sin B+\cos c\ \cos B,\\ \cot b\ \sin a=\cot B\ \sin C+\cos a\ \cos C,\\ \cot b\ \sin c=\cot B\ \sin A+\cos c\ \cos A,\\ \cot c\ \sin a=\cot C\ \sin B+\cos a\ \cos B,\\ \cot c\ \sin b=\cot C\ \sin A+\cos b\ \cos A.\end{cases}\tag{4.3.5}$$

证：根据球面三角形边角正余弦公式(4.3.4)有：

$$\sin c\ \cos A=\sin b\ \cos a-\cos b\ \sin a\ \cos C.$$

两边同除以$\sin a$，得

$$\frac{\sin c}{\sin a}\cos A=\sin b\ \frac{\cos a}{\sin a}-\cos b\ \cos C,$$

而

$$\frac{\sin c}{\sin a}=\frac{\sin C}{\sin A},$$

所以

$$\frac{\sin C}{\sin A}\cos A=\sin b\ \frac{\cos a}{\sin a}-\cos b\ \cos C,$$

即有

$$\cot A\ \sin C=\cot a\ \sin b-\cos C\ \cos b.$$

证毕．同理可证其他．

注：(1) 公式(4.3.5) 通常用于求四个联起来要素中的外边或者外角，是航海实际工作中常用公式之一，如求起航点与到达点之间的初始航向．

(2) 四联公式的记忆，主要在于弄清内(外) 边和内(外) 角的概念，可以套用口诀

cot 外边sin 内边 ＝cot 外角sin 内角 ＋ cos 内边cos 内角．

例如四个联起来的要素：$a—C—b—A$，称 a 为外边，b 为内边，A 为外角，C 为内角．套用上面的口诀便得第一个公式．

例 1　在球面三角形 ABC 中，已知 $A=a$，求证：B 与 b、C 与 c 相等或互补．

证明　由正弦公式知：$\frac{\sin a}{\sin A}=\frac{\sin b}{\sin B}=\frac{\sin c}{\sin C}=1$，故有$\sin B=\sin b$，$\sin C=\sin c$，即 B 与 b、C 与 c 相等或互补，证毕．

例 2　球面三角形 ABC 各边都等于$60°$，求证每个角的余弦为$\frac{1}{3}$．

证明　由边的余弦公式$\cos a=\cos b\ \cos c+\sin b\ \sin c\ \cos A$ 得：

$$\cos A=\frac{\cos a-\cos b\ \cos c}{\sin b\ \sin c}=\frac{\cos 60°-\cos 60°\ \cos 60°}{\sin 60°\ \sin 60°}=\frac{1}{3}.$$

证毕.其他同理可证.

习　题　三

1. 在球面三角形 ABC 中，若 $C=90°$，求证：(1) $\cos c=\cos a\cos b$；(2) $\cos c=\cot A\cot B$；(3) $\sin b=\cot A\tan a$；(4) $\sin b=\sin B\sin c$.

2. 球面三角形各角都等于120°，求证每个边的余弦为 $-\frac{1}{3}$.

3. 在周长为12的球面上，一个球面三角形 ABC 的三边长分别为 $AB=1$，$BC=2$，$AC=\frac{3}{2}$，求它的三个内角.

4. 如图4.3.3，在球面三角形 ABC 中，D 是 $\overset{\frown}{AB}$ 的中点，过 C、D 两点作大圆弧 $\overset{\frown}{CD}$，$\overset{\frown}{CD}$ 分角 C 为 x、y 两个部分，求证：$\frac{\sin x}{\sin y}=\frac{\sin b}{\sin a}$.

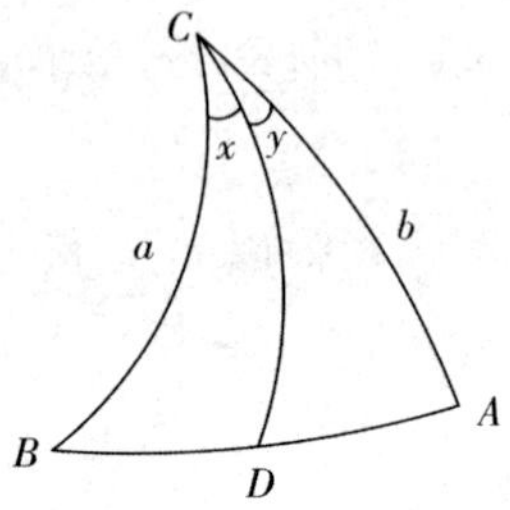

图 4.3.3

5. 设 $C=90°$，$a=60°$，$b=45°$，求：(1) 边 c；(2) 角 A.

6. 设球面三角形 ABC 为等边三角形，求证：

(1) $2\cos\frac{a}{2}\sin\frac{A}{2}=1$；(2) $\sec A=1+\sec a$.

7. 在球面三角形 ABC 的边 $\overset{\frown}{AB}$ 上任取一点 D，过 C、D 作一大圆弧 $\overset{\frown}{CD}$，求证：

$$\cos a\sin\overset{\frown}{AD}+\cos b\sin\overset{\frown}{BD}=\cos c\sin\overset{\frown}{CD}.$$

8. 如图4.3.4，P_n 为地球北极，$\overset{\frown}{qCDq'}$ 为赤道，设 A 点纬度为10°N，经度为120°E，B 点纬度为40°N，经度为150°E，试写出求由 A 到 B 的大圆航程 $\overset{\frown}{AB}$ 以及起始航向 H 的计算公式.

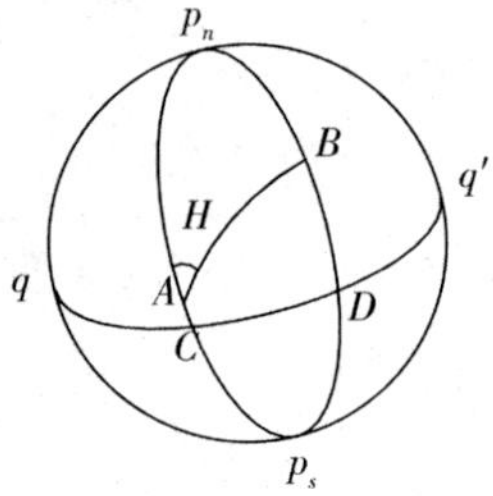

图 4.3.4

第四节　球面直角三角形和球面直边三角形

一、球面直角三角形

1. 定义4.4.1　至少有一个角为直角的球面三角形称为球面直角三角形

注：若三个角都是90°，则三边也都是90°；若两个角为90°，则直角的两对边也是90°，此时第三个角所对应的顶点和对边是极点和极线的关系，并且第三个角与其对边在数值上必相等(同度).上述两种情况，边角关系已很清楚，下面仅讨论一个角为直角的球面直角三角形的边角关系.

2. **球面直角三角形公式**

在球面三角形 ABC 中，设 $C=90°$，则有 $\sin C=1$，$\cos C=0$，对照边的余弦公式、角的余弦公式、正弦公式、余切公式，得到表 4.4.1 中的 10 个公式.

表 4.4.1

公式名称	球面任意三角形	球面直角三角形($C=90°$)
边的余弦公式	$\cos c=\cos a\cos b+\sin a\sin b\cos C$	$\cos c=\cos a\cos b$
角的余弦公式	$\cos A=-\cos B\cos C+\sin B\sin C\cos a$ $\cos B=-\cos A\cos C+\sin A\sin C\cos b$ $\cos C=-\cos A\cos B+\sin A\sin B\cos c$	$\cos A=\sin B\cos a$ $\cos B=\sin A\cos b$ $\cos c=\cot A\cot B$
正弦公式	$\frac{\sin a}{\sin A}=\frac{\sin b}{\sin B}=\frac{\sin c}{\sin C}$	$\sin a=\sin A\sin c$ $\sin b=\sin B\sin c$
余切公式	$\cot a\sin b=\cot A\sin C+\cos b\cos C$ $\cot b\sin a=\cot B\sin C+\cos a\cos C$ $\cot c\sin a=\cot C\sin B+\cos a\cos B$ $\cot c\sin b=\cot C\sin A+\cos b\cos A$	$\sin b=\cot A\tan a$ $\sin a=\cot B\tan b$ $\cos B=\tan a\cot c$ $\cos A=\tan b\cot c$

由此我们得到了这 10 个公式，它包括了球面直角三角形在 $C=90°$ 时的所有情况，即：

$$\begin{cases}\cos c=\cot A\cot B=\cos a\cos b,\\ \sin a=\sin A\sin c=\cot B\tan b,\\ \sin b=\cot A\tan a=\sin B\sin c,\\ \cos A=\tan b\cot c=\sin B\cos a,\\ \cos B=\tan a\cot c=\sin A\cos b.\end{cases}\tag{4.4.1}$$

注：此公式仅适用于 $C=90°$；若 $A=90°$，$B=90°$，只需要将相应的字母改换即可.

3. **球面直角三角形的记忆法则 —— 纳比尔法则**

由于 10 个球面直角三角形公式难以记忆，因此，英格兰科学家纳比尔设计了一套图形和记忆法则，用于记忆这些公式，该法则称为纳比尔法则. 纳比尔法则具体内容有：在非直角的五个循环要素中，任一要素的正弦，等于其相邻两要素正切的乘积，或等于其相隔两要素余弦的乘积.

注：(1) 五个循环要素的确定：首先在纸上作一个"大"字的图形，在"大"的上方标以球面直角三角形直角的名称，然后在它的上部两边空格处分别写上夹直角的两边的名称，而在下部三个空格处分别按顺序写上其余两角及直角的对边被90° 减去的差，则在图中得到首尾循环的五个要素. 如图 4.4.1，在球面直角三角形 ABC 中，$C=90°$，按照此法则就可以得出球面直角三角形 ABC 的 10 个公式. 比如已知 a、b，求 c. 从图中可知 a、b 是$90°-c$ 的两

个相隔要素，由法则得：$\sin(90°-c)=\cos a\cos b$，即$\cos c=\cos a\cos b$.

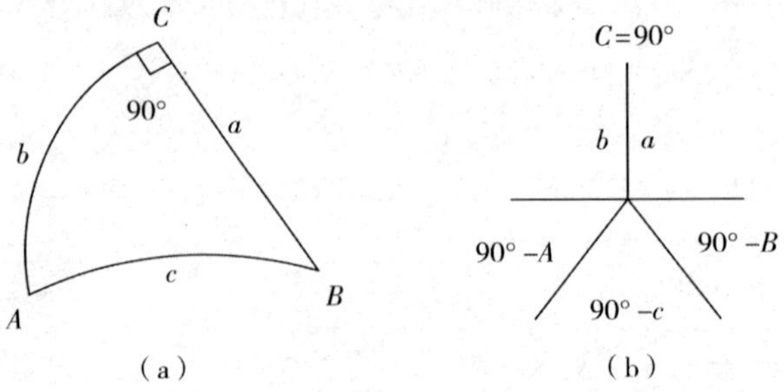

图 4.4.1

(2) 法则中的五个循环要素中，不包括直角要素.

(3) 纳比尔法则的图形像“大”，故又称大字法则.

二、球面直边三角形

1. 定义 4.4.2　至少有一个边为90°的球面三角形称为球面直边三角形

注：若三条边都是90°，则此三角形的任一顶点都是其对边的极，故有三个角也都是90°；若两边是90°，则此两边的对角也都是90°，而第三条边与其角在数值上必相等. 上述两种情况的边角关系已很清楚，下面仅讨论一条边为直边的球面三角形的边角关系.

2. 球面直边三角形公式

在球面三角形 ABC 中，设 $c=90°$，则有$\sin c=1$，$\cos c=0$. 类似于球面直角三角形公式的推导，对照边的余弦公式、角的余弦公式、正弦公式、余切公式便得 10 个公式，即：

$$\begin{cases}\cos C=-\cot A\cot B=-\cos A\cos B,\\ \sin A=\cot b\tan B=\sin a\sin C,\\ \sin B=\cot a\tan A=\sin b\sin C,\\ \cos a=-\cot C\tan B=\sin b\cos A,\\ \cos b=-\cot C\tan A=\sin a\cos B.\end{cases}\tag{4.4.2}$$

注：此公式仅适用于 $c=90°$；若 $b=90°$，$a=90°$，则只需将公式中的字母作改换即可.

3. 球面直边三角形公式的记忆法则 —— 纳比尔法则

与球面直角三角形公式类似，球面直边三角形也有纳比尔法则，纳比尔法则具体内容：在五个循环要素中，任一要素的正弦等于其相邻两要素正切的乘积，或等于其相隔两要素余弦的乘积. 但是，在等式右边的两项乘积中，如遇到有两个要素全是边或角时，则在乘积之前冠以负号.

注：(1) 五个循环要素的确定：和球面直角三角形不同的是将直边 c 标在“大”字图形上方，将直边 c 的两个邻角分别写在图形上部的两个空格内，而将其余两边及直边的对角被90°减去的差按顺序写在下部的三个空格内，则在图中得到首尾循环的五个要素. 如图

4.4.2，在球面三角形 ABC 中，设 $c=90°$，且已知 A、b，求 C. 从图中可知：

$$\sin(90°-b)=-\tan A\tan(90°-C)\text{，故有}\cot C=-\frac{\cos b}{\tan A}.$$

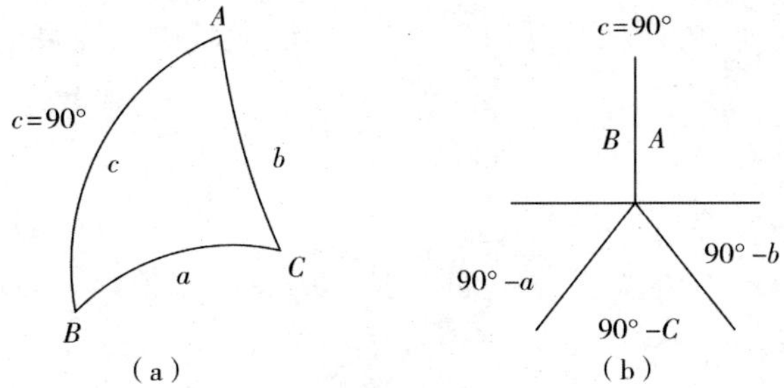

图 4.4.2

习　题　四

1. 填空题：

(1) 在球面三角形 ABC 中，设 $B=90°$，则 $\cos b=$________或________；

(2) 在球面三角形 ABC 中，设 $a=90°$，则 $\cos A=$________或________.

2. 在球面三角形 ABC 中，$b=90°$，$a=60°$，$C=30°$，求出其余的三要素.

3. 在球面三角形 ABC 中，$a=90°$，$B=30°$，$C=45°$，求出其余的三要素.

4. 在球面三角形 ABC 中，$C=90°$，求证：

(1) $\tan a\cos c=-\sin b\cot B$；

(2) $\sin^2 A=1-\sin^2 B\cos^2 a$；

(3) $\sin(c-a)=\sin b\cos a\tan\dfrac{B}{2}$.

5. 在球面三角形 ABC 中，$C=90°$，从 C 点引一大圆弧 $\overset{\frown}{CD}$ 垂直于 $\overset{\frown}{AB}$（c 边），交点为 D，求证：

(1) $\cos c=\cos\overset{\frown}{BD}\cos\overset{\frown}{AD}\cos^2\overset{\frown}{CD}$；

(2) $\cot^2\overset{\frown}{CD}=\cot^2 a\cot^2 b$.

6. 在球面三角形 PZS 中，设 $Z=90°$，试按纳比尔法则写出下列各题的运算公式：

(1) 已知 $\overset{\frown}{PZ}$、$\overset{\frown}{SZ}$，求 P；

(2) 已知 S、P，求 $\overset{\frown}{PZ}$；

(3) 已知 S、$\overset{\frown}{SZ}$，求 P.

7. 在球面三角形 PZS 中，设 $\overset{\frown}{SZ}=90°$，试按纳比尔法则写出下列各题的运算公式：

(1) 已知 $\overset{\frown}{PZ}$、$\overset{\frown}{PS}$，求 P；

(2) 已知 S、P，求 Z；

(3) 已知 $\overset{\frown}{PZ}$、P，求 Z.

第五节　球面初等三角形

在研究航海学天文和船位误差时，经常遇到一条边与其球半径相比甚小或三边均甚小的球面三角形，这种球面三角形称为球面初等三角形. 球面初等三角形分两种：球面小三角形和球面窄三角形.

一、球面小三角形

1. 定义 4.5.1　相对于球半径，三边都非常小的球面三角形称为球面小三角形

注：(1) 球面小三角形虽然三边甚小，但三个角不会很小，其内角和接近$180°$，且大于$180°$.

(2) 如果不要求过高的精度，在允许误差范围内，球面小三角形可看作平面三角形进行近似计算，这点在下面将证明.

2. 球面角盈

定义 4.5.2　三个内角和大于$180°$的部分，称为球面角盈，记为E，即$E = A+B+C-180°$.

求球面角盈可采用下列公式：

(1) 若已知三角，则 $E = A + B + C - 180°$.

(2) 若已知三边，则 $E'' = \dfrac{S}{R^2 \sin 1''}\left(1 + \dfrac{a^2 + b^2 + c^2}{24R^2}\right)$，

其中：S 为球面三角形面积，

$$S = \frac{1}{4}\sqrt{(a+b+c)(a+b-c)(b+c-a)(a+c-b)}\,;$$

R 为球半径(地球半径：6370km)；a、b、c 为三边长.

当地面上的球面小三角形各边长分别为 10n mile、40n mile、70n mile、100n mile 时，由上式得球面角盈分别约为 $1''$、$12''$、$37''$、$76''$，说明在地面上距离为数十海里时，球面角盈很小. 因此，当精度要求不是很高时，可将球面小三角形看成平面三角形求解. 比如，航海上，在视野范围内观测陆标定位时，完全可将球面三角形看成平面三角形来处理. 其计算公式为：

$$\begin{cases} a^2 = b^2 + c^2 - 2bc\cos A, \\ b^2 = a^2 + c^2 - 2ac\cos B, \\ c^2 = a^2 + b^2 - 2ab\cos C. \end{cases} \tag{4.5.1}$$

$$\frac{a}{\sin A} = \frac{b}{\sin B} = \frac{c}{\sin C}. \tag{4.5.2}$$

即平面三角形的余弦和正弦公式.

对球面小三角形为何可以看作平面三角形来处理，下面给出简单解释.

分别把$\sin x$、$\cos x$ 展开成级数，有：

$$\sin x = x - \frac{x^2}{3!} + \frac{x^5}{5!} - \cdots ;\cos x = 1 - \frac{x^2}{2!} + \frac{x^4}{4} - \cdots.$$

而$\frac{a}{R}$、$\frac{b}{R}$、$\frac{c}{R}$看成三边，将他们代入上式. 因它们很小，所以忽略其展开式的三次及三次以上的项，于是有

$$\sin\frac{a}{R} \approx \frac{a}{R}, \sin\frac{b}{R} \approx \frac{b}{R}, \sin\frac{c}{R} \approx \frac{c}{R};$$

$$\cos\frac{a}{R} \approx 1 - \frac{a^2}{2R^2}, \cos\frac{b}{R} \approx 1 - \frac{b^2}{2R^2}, \cos\frac{c}{R} \approx 1 - \frac{c^2}{2R^2}.$$

将它们的近似值代入边的余弦公式和正弦公式，有：

$$\left(1 - \frac{c^2}{2R^2}\right) = \left(1 - \frac{a^2}{2R^2}\right)\left(1 - \frac{b^2}{2R^2}\right) + \frac{ab}{R^2}\cos C; \frac{a/R}{\sin A} = \frac{b/R}{\sin B} = \frac{c/R}{\sin C}.$$

或

$$c^2 = a^2 + b^2 - 2ab\cos C - \frac{a^2 b^2}{2R^2}; \frac{a}{\sin A} = \frac{b}{\sin B} = \frac{c}{\sin C}.$$

而$\frac{a^2 b^2}{2R^2}$很小，可以忽略，这样就得平面三角形的余弦公式和正弦公式.

二、球面窄三角形

1.定义 4.5.3　一条边与其球半径小比甚小的球面三角形称为球面窄三角形

如图 4.5.1，在解球面窄三角形时，常会遇到已知小边 a 和它的邻角 B 及 B 的邻边 c，而求另一边 b 和小角 A. 由于球面窄三角形有一边及其对角很小，并且其余两边之差也很小的条件，因此我们一般不用球面三角形公式求解，而是用比较简单的近似公式求解.

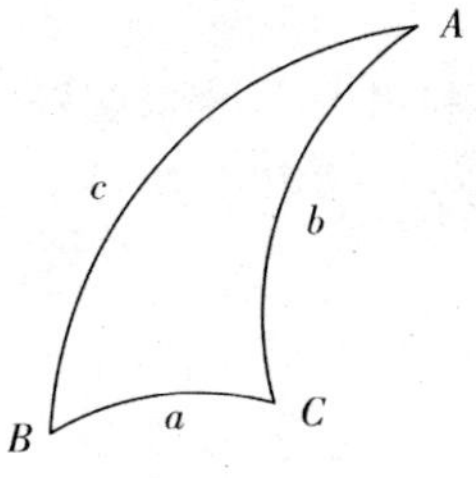

图 4.5.1

2.近似公式

已知小边 a 和它的邻角 B 及 B 的邻边 c，求另一边 b 和小角 A. 如图 4.5.1.

(1) 两边之差 $c - b$ 的第一近似公式为：

$$c - b = a\cos B. \tag{4.5.3}$$

证明：由五联公式可知，

$$\sin a\cos B=\sin c\cos b-\cos c\sin b\cos A$$
$$=(\sin c\cos b-\cos c\sin b)+\cos c\sin b(1-\cos A)$$
$$=\sin(c-b)+2\cos c\sin b\sin^2\frac{A}{2},$$

所以

$$\sin(c-b)=\sin a\cos B-2\cos c\sin b\sin^2\frac{A}{2}.$$

因为 a、A 很小，所以 $b\approx c$，$\sin a\approx a$，$\sin(c-b)\approx c-b$，$\sin^2\frac{A}{2}\approx 0$，故有 $c-b=a\cos B$.

(2) 角 A 的第一近似公式为：

$$A=\frac{a\sin B}{\sin c}. \tag{4.5.4}$$

证明：由球面正弦公式有，

$$\frac{\sin A}{\sin B}=\frac{\sin a}{\sin b},$$

而 a、A 很小，则

$$A=\frac{a\sin B}{\sin b}.$$

将 $b=c-(c-b)$ 代入上式，则

$$A=\frac{a\sin B}{\sin[c-(c-b)]}=\frac{a\sin B}{\sin c\cos(c-b)-\cos c\sin(c-b)}.$$

又 $c-b$ 很小，故 $\cos(c-b)\approx 1$，$\sin(c-b)\approx c-b$，从而有

$$A=\frac{a\sin B}{\sin c-(c-b)\cos c}=\frac{a\sin B}{\sin c}\left[\frac{1}{1-(c-b)\cot c}\right]=\frac{a\sin B}{\sin c}[1-(c-b)\cot c]^{-1}.$$

利用中学的二项展开式 $(1+x)^n=1+nx+\frac{n(n-1)}{2!}x^2+\frac{n(n-1)(n-2)}{3!}x^3+\cdots$，上式变为：

$$[1-(c-b)\cot c]^{-1}=1+(-1)[-(c-b)\cot c]+\frac{-1\times(-1-1)}{2}[-(c-b)\cot c]+\cdots$$
$$1+(c-b)\cot c+(c-b)^2\cot^2 c+\cdots$$

忽略上式二次以上的项，有

$$A=\frac{a\sin B}{\sin c}[1+(c-b)\cot c]=\frac{a\sin B}{\sin c}+\frac{a(c-b)\sin B\cot c}{\sin c} \tag{$*$}$$

由于 a、$c-b$ 很小，所以 $\frac{\sin B\cot c}{\sin c}$ 也不大，故上式第二项可以忽略，故有

$$A=\frac{a\ \sin B}{\sin c}.$$

(3) 两边之差 $c-b$ 的第二近似公式为：

$$c-b=a\cos B-\frac{1}{2}a^2\ \sin^2 B\cdot\cot c. \tag{4.5.5}$$

证明(略).

(4) 角 A 的第二近似公式为：

$$A=\frac{a\ \sin B}{\sin c}+\frac{1}{2}a^2\ \sin 2B\cdot\cot c\cdot\csc c. \tag{4.5.6}$$

证明(略).

注：当第一近似公式不能满足精度要求时，可以用第二近似公式.

例 1 测得地面上三角形的三边分别为 18km、52km、65km，求该球面三角形的球面角盈.

解 因为

$$S=\frac{1}{4}\sqrt{(a+b+c)(a+b-c)(b+c-a)(a+c-b)}=359.8,$$

所以

$$E''=\frac{S}{R^2\ \sin 1''}\left(1+\frac{a^2+b^2+c^2}{24R^2}\right)=\frac{359.8}{6370^2\ \sin 1''}\left(1+\frac{18^2+52^2+65^2}{24\times 6370^2}\right)=3''.$$

例 2 设球面三角形 ABC 为一球面窄三角形，c 比 a、b 小很多. 已知 $c=0°48'06''$，$A=86°00'00''$，$b=40°00'00''$，求 C、a.

解 由两边之差的第一近似公式有：$b-a=c\cos A=3.36$，所以 $a=40°\times 60-3.36=2396.64$(n mile).

由角的第一近似公式有：

$$C=\frac{c\ \sin A}{\sin b}=1°14'39''.$$

习 题 五

1. 已知球面三角形 $A=71°28'15''$，$B=45°56'09''$，$C=62°36'35''$，求球面角盈 E.

2. 测得地面上的三角形三边分别为 20km、50km、60km，求球面角盈 E.

3. 已知球面三角形 ABC 为一球面窄三角形，c 比 a、b 小很多，而 $c=0°50'00''$，$A=60°00'00''$，$b=45°00'00''$，求 C、a.

第六节　任意球面三角形

一、任意球面三角形求解

对于任意的球面三角形，在已知三要素的条件下，求另外三要素，有下面六种情况：

1. 已知两边 a、b 及其夹角 C，求其余两角 A、B 及第三边 c

求法：第三边 c 可通过边的余弦公式求出，即

$$\cos c=\cos a\cos b+\sin a\sin b\cos C;$$

其余两角 A，B 可通过余切公式求得，即由

$$\cot a\sin b=\cot A\sin C+\cos b\cos C,$$

得

$$\cot A=\frac{\cot a\sin b-\cos b\cos C}{\sin C}.$$

同理可得

$$\cot B=\frac{\cot b\sin a-\cos a\cos C}{\sin C}.$$

2. 已知两角 A、B 及其夹边 c，求其余两边 a、b 及第三角 C

求法：第三角 C 可通过角的余弦公式求出，即

$$\cos C=-\cos A\cos B+\sin A\sin B\cos c;$$

其余两边 a，b 可通过余切公式求得，即由

$$\cot a\sin c=\cot A\sin B+\cos c\cos B,$$

得

$$\cot a=\frac{\cot A\sin B+\cos c\cos B}{\sin c}.$$

同理可得

$$\cot b=\frac{\cot B\sin A+\cos c\cos A}{\sin c}.$$

3. 已知三边 a、b、c，求三个角 A、B、C

求法：由边的余弦公式

$$\cos a=\cos b\cos c+\sin b\sin c\cos A,$$

得

$$\cos A=\frac{\cos a-\cos b\cos c}{\sin b\sin c}.$$

同理可得

$$\cos B=\frac{\cos b-\cos a\cos c}{\sin a\sin c};$$

$$\cos C=\frac{\cos c-\cos a\cos b}{\sin a\sin b}.$$

4. 已知三角 A、B、C，求三边 a、b、c

求法：由角的余弦公式

$$\cos A=-\cos B\cos C+\sin B\sin C\cos a,$$

得

$$\cos a=\frac{\cos A+\cos B\cos C}{\sin B\sin C}.$$

同理可得

$$\cos b=\frac{\cos B+\cos A\cos C}{\sin A\sin C};$$

$$\cos c=\frac{\cos C+\cos A\cos B}{\sin A\sin B}.$$

5. 已知两边 a、b 及其一对角 $A(B)$，求另一角 $B(A)$ 和第三边 c 及其对角 C

求法：由正弦公式可求出另一角，即由

$$\frac{\sin a}{\sin A}=\frac{\sin b}{\sin B},$$

得

$$\sin B=\frac{\sin b\sin A}{\sin a}.$$

而第三边 c 及其对角 C 可由边的余弦公式和余切公式求出，即由

$$\cos a=\cos b\cos c+\sin b\sin c\cos A,$$

运用平面三角知识求出第三边 c.

同理，由

$$\cot a\sin b=\cot A\sin C+\cos b\cos C,$$

可求出第三角 C.

6. 已知两角 A、B 及其一对边 $a(b)$，求另一边 $b(a)$ 和第三边 c 及其对角 C

求法：由正弦公式可求出另一角，即由

$$\frac{\sin a}{\sin A}=\frac{\sin b}{\sin B},$$

得

$$\sin b=\frac{\sin a\ \sin B}{\sin A}.$$

而第三边 c 及其对角 C 可由边的余切公式和角的余弦公式求出，即由

$$\cot a\ \sin c=\cot A\ \sin B+\cos c\ \cos B,$$

运用平面三角知识求出第三边 c.

同理，由

$$\cos A=-\cos B\ \cos C+\sin B\ \sin C\ \cos a,$$

可求出第三角 C.

以上六种中，与航海关系最密切的是第一种，而且在航海上对问题的要求也往往是解球面三角形中个别未知要素，而不是求解整个球面三角形，因而在求解时对公式选择应注意，在实际应用中利用公式求边或角，可以使用函数计算器进行计算.

二、求解球面三角形的一般步骤

(1). 根据已知条件，画出该三角形的示意图；

(2) 根据已知条件，选择解该三角形所运用的适当公式.

注：① 画图时，只要根据已知度数粗略画出图形即可，当然图形越正确，对检验结果越有价值，对解的判断也能起到很大作用. 熟练画图，对日后学习天文航海也有帮助.

② 因为求解球面三角形有很多公式，有的用起来方便，有的不方便，所得结果的准确度也有不同，所以在解球面三角形时应根据具体情况选择最适当的公式；否则，由于求解公式选择不当，不仅演算麻烦，而且精度不高.

③ 尽量利用余弦公式和余切公式求解，如果用正弦公式求解，所得结果需要判别是锐角还是钝角.

(4) 尽量用已知要素求未知要素.

例 1 已知 $C=120°$, $a=45°$, $b=60°$，求其他三要素.

解 画图(4.6.1)，第三边 c 可由余弦公式求出，即：

$$\cos c=\cos a\ \cos b+\sin a\ \sin b\ \cos C$$
$$=\cos 45°\ \cos 60°+\sin 45°\ \sin 60°\ \cos 120°,$$

解得：

$$c=87°17'6''.$$

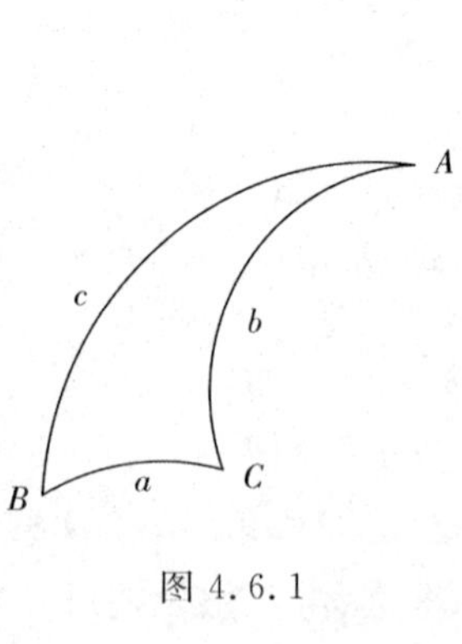

图 4.6.1

其余两角 A、B 可由余切公式求出，即

$$\cot a\ \sin b = \cot A\ \sin C + \cos b\ \cos C.$$

解得 $A = 37°48'40''$. 同理由 $\cot b\ \sin a = \cot B\ \sin C + \cos a\ \cos C$，解得：

$$B = 48°39'48''.$$

习　题　六

1. 解下列球面三角形.

(1) $a = 38°15.'5, b = 75°10.'0, C = 52°14.'0$，求边 c 及角 A、B；

(2) $a = 50°10.'5, b = 40°00.'2, c = 121°36.'3$，求 A、B、C；

(3) $b = 49°30.'2, B = 66°06.'6, C = 57°17.'3$，求边 a、b 及角 A.

第七节　大圆航程和大圆起始航向

一、经差

定义 4.7.1　终点地经度 λ_2 与出发地经度 λ_1 之差，称为经差，用 D_λ 表示，取值范围为：

$$0° \leqslant D_\lambda \leqslant 180°.$$

注：(1) 航海上规定经度以东经为正，西经为负（纬度以北纬为正，南纬为负）；经差也是以东经为正，西经为负.

(2) 当经差 $D_\lambda = \lambda_2 - \lambda_1$ 的数值超过 $180°$ 或为负值时，按下面方法计算：

① 当 D_λ 的数值超过 $180°$ 时，用 $360°$ 减之，并改变符号；

② 当 D_λ 的数值为负值时，分两种情况：

一是：当 $-180° \leqslant D_\lambda < 0°$ 时，则将负号去掉，并以西经表示，即 $|D_\lambda|W$；

二是：当 $-360° < D_\lambda < -180°$ 时，则用 $360°$ 加之，并改变符号.

例 1　设 $\lambda_1 = 62°10.'0E, \lambda_2 = 105°20.'0E$，求 D_λ.

解　$D_\lambda = \lambda_2 - \lambda_1 = 43°10.'0E$.

例 2　设 $\lambda_1 = 133°15.'0W, \lambda_2 = 165°11.'0E$，求 D_λ.

解　$D_\lambda = \lambda_2 - \lambda_1 = 165°11.'0 - (-133°15.'0) = 298°26.'0 = -(360° - 298°26.'0) = 61°34'.0W$.

例 3　设 $\lambda_1 = 153°55'.0E, \lambda_2 = 147°18.'0W$，求 D_λ.

解　$D_\lambda = \lambda_2 - \lambda_1 = -147°18.'0 - 153°55'.0 = -301°13.'0 = -(360° - 301°13.'0)$

$= -58°47.'0 = 58°47.'0E$.

二、大圆航程 S_L 与大圆起始航向

1. 大圆航程、大圆起始航向

定义 4.7.2 船舶在海上驶大圆航线(沿大圆弧行驶航线)的距离称为大圆航程,用 S_L 表示,取值范围为:$0° < S_L \leqslant 180°$;连接地球北极 P_n 与出发地之间的大圆弧与大圆航线间按顺时针方向的球面角,称为大圆起始航向,用 C_I 表示,取值范围为:$0° \leqslant C_I < 360°$. 如图 4.7.1.

2. 求大圆航程、大圆起始航向公式

设某船由 $A(\varphi_A, \lambda_A)$ 行驶到 $B(\varphi_B, \lambda_B)$,驶大圆航线,求大圆航程 S_L 和大圆起始航向 C_I. 如图 4.7.2 所示.

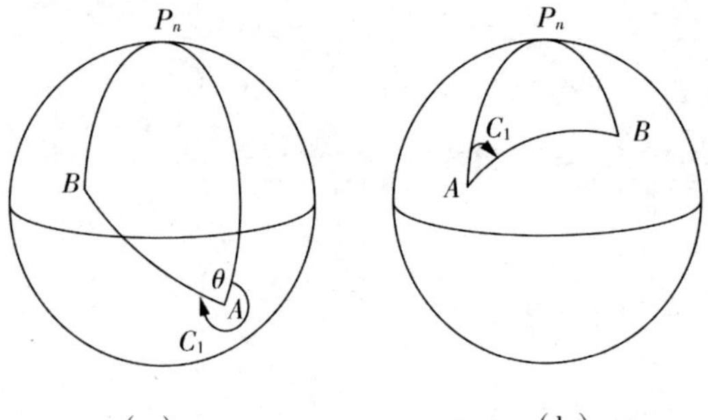

图 4.7.1

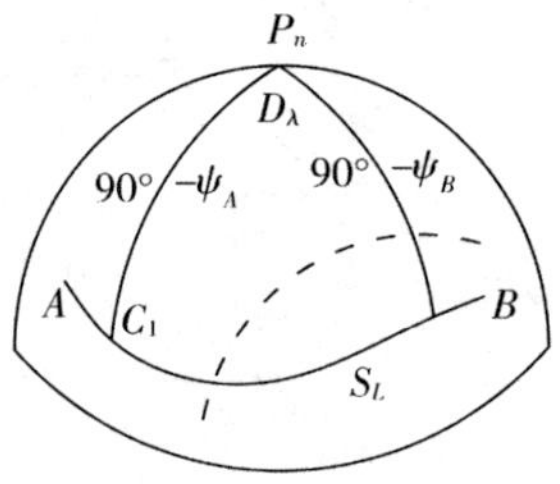

图 4.7.2

由图可知:$\overset{\frown}{P_nA} = 90° - \varphi_A$, $\overset{\frown}{P_nB} = 90° - \varphi_B$, $D_\lambda = \lambda_B - \lambda_A$. 由边的余弦公式有:

$$\begin{aligned}\cos S_L &= \cos \overset{\frown}{P_nA} \cos \overset{\frown}{P_nB} + \sin \overset{\frown}{P_nA} \sin \overset{\frown}{P_nB} \cos D_\lambda \\ &= \cos(90° - \varphi_A) \cos(90° - \varphi_B) + \sin(90° - \varphi_A) \sin(90° - \varphi_B) \cos D_\lambda \\ &= \sin\varphi_A \sin\varphi_B + \cos\varphi_A \cos\varphi_B \cos D_\lambda. \end{aligned} \tag{4.7.1}$$

式(4.7.1)为求大圆航程 S_L 的公式.

又由余切公式得:

$$\cot \overset{\frown}{P_nB} \sin \overset{\frown}{P_nA} = \cot C_I \sin D_\lambda + \cos D_\lambda \cos \overset{\frown}{P_nA},$$

即:

$$\cot(90° - \varphi_B) \sin(90° - \varphi_A) = \cot C_I \sin D_\lambda + \cos D_\lambda \cos(90° - \varphi_A),$$

从而

$$\tan\varphi_B \cos\varphi_A = \cot C_I \sin D_\lambda + \cos D_\lambda \sin\varphi_A,$$

故

$$\cot C_I = \frac{\tan\varphi_B \cos\varphi_A - \cos D_\lambda \sin\varphi_A}{\sin D_\lambda}. \tag{4.7.2}$$

或者由正弦公式得

$$\frac{\sin \widehat{P_n B}}{\sin C_I} = \frac{\sin S_L}{\sin D_\lambda},$$

从而

$$\sin C_I = \frac{\sin D_\lambda \cos\varphi_B}{\sin S_L}. \tag{4.7.3}$$

式(4.7.2)和式(4.7.3)均为求大圆起始航向 C_I 的公式.

注:(1)大圆航程 S_L 的单位是海里;

(2)求大圆起始航向 C_I 时,要求$\sin C_I$和$\cot C_I$都求出,t通过判断$\sin C_I$和$\cot C_I$的符号,得 C_I 的取值范围.

(1)$\begin{cases}\cot C_I > 0 \\ \sin C_I > 0\end{cases}$,$0° < C_I < 90°$;

(2)$\begin{cases}\cot C_I < 0 \\ \sin C_I > 0\end{cases}$,$90° < C_I < 180°$;

(3)$\begin{cases}\cot C_I > 0 \\ \sin C_I < 0\end{cases}$,$180° < C_I < 270°$;

(4)$\begin{cases}\cot C_I < 0 \\ \sin C_I < 0\end{cases}$,$270° < C_I < 360°$.

例 4 某船拟由 $\varphi_A = 17°15.'0\text{N}$,$\lambda_A = 108°26.'0\text{E}$ 到 $\varphi_B = 23°20.'0\text{N}$,$\lambda_B = 134°47.'0\text{E}$,驶大圆航线,求大圆航程 S_L 和大圆起始航向 C_I.

解 由题可知:$D_\lambda = \lambda_B - \lambda_A = 26°21.'0\text{E}$,所以

$$\begin{aligned}\cos S_L &= \sin 17°15.'0 \sin 23°20.'0 + \cos 17°15.'0 \cos 23°20.'0 \cos 26°21.'0 \\ &= 0.9,\end{aligned}$$

从而,

$$S_L = 25.°41 = 1524.6(\text{n mile}).$$

又由

$$\cot C_I=\frac{\cos 17°15.'0\tan 23°20.'0-\sin 17°15.'0\cos 26°21.'0}{\sin 26°21.'0}\approx 0.33,$$

得：$\cot C_I>0$，所以 C_I 在第一或第三象限. 为确定起始航向，可用正弦公式检验：

$$\sin C_I=\frac{\cos\varphi_B\sin D_\lambda}{\sin S_L}=\frac{\cos 23°20.'0\sin 26°21.'0}{\sin 25.°25.'0}\approx 0.95>0,$$

所以 C_I 在第一象限，即 $C_I=71.8°$.

例 5 某船拟由 $A(30°0'\text{N},70°20'\text{E})$ 到 $B(30°0'\text{S},130°20'\text{E})$，驶大圆航线，求大圆航程 S_L 和大圆起始航向 C_I.

解 由题知：$D_\lambda=\lambda_B-\lambda_A=60°0'\text{E}$，所以

$$\cos S_L=\sin 30°\sin(-30°)+\cos 30°\cos(-30°)\cos 60°=-0.25,$$

从而，

$$S_L=104.°48=6268.7(\text{n mile}).$$

又由

$$\cot C_I=\frac{\cos 30°\tan(-30°)-\sin 30°\cos 60°}{\sin 60°}\approx -0.866,$$

得：$\cot C_I<0$，所以 C_I 在第二或第四象限. 为确定起始航向，可用正弦公式检验：

$$\sin C_I=\frac{\cos\varphi_B\sin D_\lambda}{\sin S_L}=\frac{\cos 30°\sin 60°}{\sin 104°.48}\approx 0.7746>0,$$

所以 C_I 在第二象限，即 $C_I=130.9°$.

习 题 七

1. 填空题：

(1) 已知出发地经度为146°16.′0W，终点地经度为163°42.′0E，则两地经差为______；

(2) 已知出发地经度为146°16.′0E，终点地经度为163°42.′0W，则两地经差为______；

(3) 已知出发地经度为146°16.′0W，终点地经度为163°42.′0W，则两地经差为______；

(4) 已知出发地经度为163°42.′0W，终点地经度为146°16.′0W，则两地经差为______；

(5) 已知出发地经度为146°16.′0E，终点地经度为163°42.′0E，则两地经差为______；

(6) 已知出发地经度为163°42.′0E，终点地经度为146°16.′0E，则两地经差为______；

(7) 已知出发地经度为65°11.′0E，终点地经度为36°18.′0E，则两地经差为______；

(8) 已知出发地经度为36°18.′0E，终点地经度为65°11.′0E，则两地经差为______.

2. 计算：

(1) 某船拟由 $A(30°N,20°E)$ 到 $B(60°N,110°E)$，驶大圆航线，求大圆航程 S_L 和大圆起始航向 C_I.

(2) 某船拟由 $\varphi_A=17°15.'0N$，$\lambda_A=108°26.'0E$ 到 $\varphi_B=23°20.'0N$，$\lambda_B=134°47.'0E$，驶大圆航线，求大圆航程 S_L 和大圆起始航向 C_I.

(3) 从我国台湾省的台北附近(25°30.′0N，121°05.′0E) 到檀香山(22°00.′0N，158°00.′0W) 作大圆航行，求大圆航程 S_L 和大圆起始航向 C_I.

参考文献

[1] 盛祥耀.高等数学.北京:高等教育出版社,1993.

[2] 同济大学数学教研室.数学分析.北京:高等教育出版社,1986.

[3] 陶煌.高等数学.北京:北京师范大学出版社,2011.

[4] 辽宁省中等专业学校教材编写组.数学.沈阳:辽宁大学出版社,1996.

[5] 工科中专数学教材编写组.数学.北京:高等教育出版社,1997.

[6] 王人连.航海数学.大连:大连海事大学出版社,2000.

[7] 张玉祥.航海数学.厦门:厦门大学出版社,2011.

[8] 郭禹.航海学.大连:大连海事大学出版社,2005.